Titel der polnischen Originalausgabe ›Król Maciuś Pierwszy‹
Erschienen im Verlag Nasza Ksiegarnia, Warschau
Deutsch von Katja Weintraub
Mit einem Nachwort von Elisabeth Heimpel

Ungekürzte Ausgabe
April 1974
13. Auflage November 1992
Deutscher Taschenbuch Verlag GmbH & Co. KG, München

Umschlaggestaltung: Celestino Piatti
unter Verwendung eines Bildes von Jerzy Srokowski
Gesamtherstellung: Kösel, Kempten
Printed in Germany · ISBN 3-423-07128-1

Janusz Korczak

König Hänschen I.

Deutscher
Taschenbuch
Verlag

dtv

Als ich noch so aussah wie auf dieser Fotografie, da wollte ich selbst all das tun, was hier geschrieben steht. Aber dann habe ich es vergessen, und heute bin ich alt. Und ich habe weder die Zeit noch die Kraft mehr, um Krieg zu führen oder zu den Menschenfressern zu fahren. Und dieses Bild habe ich hier hingesetzt, weil es darauf ankommt, wann ich einmal König sein wollte, und nicht, wann ich über den König Hänschen schreibe. Ich halte es überhaupt für besser, Bilder von Königen, Reisenden und Schriftstellern zu bringen, auf denen man sie sieht, als sie noch nicht erwachsen und alt waren, denn sonst könnte man ja auf den Gedanken kommen, sie wären schon immer so klug und niemals klein gewesen. Die Kinder denken dann, sie selbst könnten niemals Minister, Reisende oder Schriftsteller werden, und dabei stimmt das gar nicht.
Erwachsene sollten mein Buch überhaupt nicht lesen, denn manche Kapitel darin sind nicht für sie bestimmt, sie werden es nicht verstehen und nur darüber lachen. Na, aber wenn sie durchaus wollen, dann können sie es ja einmal versuchen. Den Erwachsenen kann man ja doch nichts verbieten, weil sie nicht gehorchen – und wer soll sie daran hindern?

Und das war so . . .

Der Doktor hatte gesagt, wenn der König nicht in drei Tagen gesund würde, dann wäre es sehr schlimm.

So hatte der Doktor gesagt: „Der König ist schwerkrank, und wenn er in drei Tagen nicht gesund wird, dann wird es schlimm."

Alle waren in großer Sorge, und der älteste Minister setzte seine Brille auf und fragte: „Was passiert also, wenn der König nicht gesund wird?"

Das wollte der Doktor nicht klar und deutlich sagen, aber alle hatten verstanden, daß der König dann sterben mußte.

Der Ministerpräsident machte sich große Sorgen und rief die Minister zu einer Beratung zusammen.

Die Minister trafen sich in einem großen Saal und nahmen in bequemen Sesseln um einen langen Tisch herum Platz. Auf dem Tisch lag vor jedem Minister ein Blatt Papier und zwei Bleistifte, ein gewöhnlicher und einer, der war an einem Ende rot und am anderen blau. Und vor dem Ministerpräsidenten stand noch eine Klingel.

Die Minister schlossen die Tür ab, damit niemand sie stören sollte, knipsten das Licht an — und sagten nichts.

Dann klingelte der Ministerpräsident und sagte: „Wir wollen jetzt beraten, was wir tun sollen. Denn der König ist krank und kann nicht regieren." „Meiner Meinung nach", sagte der Kriegsminister, „sollten wir den Doktor rufen. Er muß uns klar und deutlich sagen, ob der König geheilt werden kann oder nicht."

Vor dem Kriegsminister hatten alle Minister große Angst, weil er immer Säbel und Revolver trug, also hörten sie auf ihn.

„Gut, rufen wir den Doktor", sagten die Minister.

Sie schickten auch gleich zum Doktor, aber der konnte nicht kommen, weil er den König gerade zur Ader ließ.

„Da ist nichts zu ändern", sagte der älteste Minister, „wir müssen warten. Bis dahin könnt ihr aber sagen, was wir tun wollen, wenn der König stirbt."

„Ich weiß", sagte der Justizminister. „Nach dem Gesetz folgt dem König, wenn er stirbt, der älteste Königssohn auf dem Thron und wird regieren. Darum heißt er auch der Thronfolger. Wenn der König stirbt, kommt sein ältester Sohn auf den Thron."

„Aber unser König hat doch nur einen Sohn."

„Mehr sind ja auch nicht nötig."

„Na ja, aber der Königssohn ist doch das kleine Hänschen — wie kann der denn König sein? Hänschen kann ja noch nicht einmal schreiben."

„Da läßt sich gar nichts machen", antwortete der Justizminister. „In unserem Staat hat es noch keinen solchen Fall gegeben, aber in Spanien, in Belgien und in anderen Ländern ist es schon vorgekommen, daß der König gestorben ist und nur einen unmündigen Sohn hinterlassen hat. Und dieses kleine Kind mußte dann König sein."

„Ja, ja", sagte der Postminister, „ich habe sogar schon Briefmarken mit dem Bild eines so kleinen Königs gesehen."

„Aber, meine verehrten Herren", sagte der Bildungsminister, „es geht doch nicht, daß der König weder schreiben noch rechnen kann, daß er weder Geographie noch die Grammatik kennt."

„Das meine ich auch", sagte der Finanzminister, „wie soll der König denn abrechnen, wie soll er befehlen können, wieviel neues Geld gedruckt werden muß, wenn er das Einmaleins nicht kennt?"

„Das Schlimmste, meine Herren, ist", sagte der Kriegsminister, „daß vor einem so kleinen König niemand Angst haben wird. Wie soll er denn mit den Soldaten und Generälen fertig werden?"

„Ich denke", sagte der Innenminister, „vor einem so kleinen König werden nicht nur die Soldaten, vor ihm wird überhaupt niemand Angst haben. Wir werden dauernd Streiks und Krawalle haben. Ich kann für nichts bürgen, wenn Hänschen König wird."

„Ich weiß gar nicht, was werden soll", sagte zornrot der Justizminister, „ich weiß nur eins: Das Gesetz gebietet, daß dem König nach dem Tode sein Sohn auf dem Throne folgt."

Und es wäre bestimmt zu einem fürchterlichen Streit gekommen — aber in diesem Augenblick öffnete sich die Tür, und ein ausländischer Botschafter betrat den Saal.

Vielleicht wird es euch wundern, daß ein ausländischer Botschafter einfach in den Ministerrat hereinplatzte, wo doch die Tür abgeschlossen war. Ich muß euch also sagen, daß die Minister vergessen hatten, die Tür wieder abzuschließen, als sie nach dem Doktor schickten. Später sagten sogar einige, das sei Verrat gewesen, und der Justizminister hätte die Tür mit Absicht offengelassen, weil er wußte, daß der Botschafter kommen würde.

„Guten Abend", sagte der Botschafter. „Ich komme im Namen meines Königs und fordere, daß Hänschen I. König wird, und wenn ihr nicht wollt, dann gibt es Krieg."

Der Ministerpräsident bekam einen großen Schreck, aber er tat so, als ginge ihn das nichts an. Er schrieb mit seinem Blaustift auf ein Blatt Papier: *Gut, dann gibt es eben Krieg,* und gab dem ausländischen Botschafter dieses Papier.

Der nahm das Papier, verbeugte sich und sagte: „Schön, ich werde das meiner Regierung schreiben."

In diesem Moment kam der Doktor in den Saal, und alle Minister baten ihn, den König doch zu retten, denn es könne Krieg und Unglück geben, wenn der König stürbe.

„Ich habe dem König schon jede Medizin gegeben, die ich kenne. Ich habe ihn zur Ader gelassen, und mehr vermag ich nicht. Aber man kann noch andere Doktoren rufen."

Die Minister hörten auf diesen Rat und riefen alle berühmten Doktoren, um zu erfahren, wie der König gerettet werden könne. Sie schickten alle königlichen Autos in die Stadt, sie selbst aber baten inzwischen den Hofkoch um das Abendbrot, denn sie hatten großen Hunger; weil sie nämlich nicht gewußt hatten, daß die Beratung so lange dauern würde, hatten sie nicht einmal daheim zu Mittag gegessen.

Der Koch stellte silberne Teller auf den Tisch, goß vom besten Wein in die Gläser, denn er wollte auch nach dem Tod des alten Königs am Hofe bleiben.

Da saßen nun also die Minister und aßen und tranken, sie wurden sogar schon wieder fröhlich, und inzwischen versammelten sich im Saal die Doktoren.

„Ich glaube", sagte ein alter Doktor mit einem Bart, „wir müssen den König operieren."

„Und ich denke", sagte der zweite Doktor, „man muß dem König einen heißen Umschlag machen, und gurgeln soll er."

„Und Pulver muß er einnehmen", sagte ein hervorragender Professor.

„Tropfen sind bestimmt besser", sagt wieder ein anderer.

Jeder Doktor hatte ein dickes Buch mitgebracht und zeigte nun, daß in seinem Buch etwas anderes geschrieben stand, wie man diese Krankheit heilt. Es war schon spät, und die Minister wollten gerne schlafengehen, aber sie mußten warten, was die Doktoren sagen würden. Und im ganzen Palast war ein solcher Lärm, daß der kleine Thronfolger Hänschen schon zweimal aufgewacht war.

Ich muß doch einmal nachsehen, was da los ist, dachte Hänschen. Er stand auf, zog sich schnell an und ging auf den Korridor.

Vor der Eßzimmertür blieb er stehen, nicht um zu horchen, aber die Türklinken im Königspalast waren so hoch angebracht, daß Hänschen die Tür nicht allein aufmachen konnte.

„Guten Wein hat der König!" rief der Finanzminister. „Trinken wir noch ein bißchen, meine Herren. Wenn Hänschen König wird, braucht er sowieso keinen Wein, denn Kinder dürfen keinen trinken."

„Zigarren dürfen Kinder auch nicht rauchen. Also kann man ein paar Zigarren mit nach Hause nehmen!" sagte der Handelsminister.

„Und wenn es Krieg gibt, meine Lieben, bleibt von diesem Palast sowieso kein Stein auf dem anderen, darauf könnt ihr Gift nehmen, denn Hänschen wird uns doch nicht verteidigen."
Alle fingen an zu lachen und riefen:
„Trinken wir auf das Wohl unseres Verteidigers, des großen Königs Hänschen I.!"
Hänschen verstand nicht so ganz, was sie da sagten, er wußte nur, daß sein Vater krank war und daß die Minister oft zusammenkamen, um sich zu beraten. Aber warum sie über ihn, Hänschen, lachten, warum sie ihn König nannten und was das für ein Krieg sein sollte, das begriff er überhaupt nicht.
Ein wenig verschlafen und ein bißchen furchtsam ging er weiter über den Korridor und hörte durch die Tür zum Beratungssaal ein anderes Gespräch: „Und ich sage euch, der König wird sterben. Ihr könnt ihm Pülverchen und Tropfen geben, das hilft ihm alles nichts mehr."
„Dafür lege ich meine Hand ins Feuer, daß der König keine Woche mehr am Leben bleibt."
Hänschen hörte nicht mehr zu. Er rannte über den Korridor, durch zwei große königliche Zimmer und stürzte atemlos ins Schlafgemach des Königs. Der König lag sehr bleich im Bett und atmete schwer. Und beim König saß derselbe gute alte Doktor, der auch Hänschen gesund machte, wenn er krank war.
„Vati, Vati", rief Hänschen unter Tränen, „ich will nicht, daß du stirbst!"
Der König machte die Augen auf und blickte seinen kleinen Sohn traurig an.
„Ich will ja auch nicht sterben", sagte der König leise. „Ich möchte dich, mein Kleiner, nicht allein zurücklassen."
Der Doktor nahm Hänschen auf den Schoß, und dann sagten sie gar nichts mehr.
Plötzlich mußte Hänschen daran denken, wie er schon einmal so an einem Bett gesessen hatte. Damals hatte ihn der Vater auf dem Schoß gehalten, und im Bett hatte die Mutter gelegen, auch so bleich, und hatte ebenso schwer geatmet.

Vati wird sterben, wie die Mutti gestorben ist, dachte Hänschen.
Und ihm wurde furchtbar traurig zumute, aber dann erfaßte ihn Wut und Ärger auf die Minister, die über ihn, Hänschen, und den Tod seines lieben Vaters lachten.
Wartet nur, bis ich König bin, dachte Hänschen, dann zahle ich euch das alles heim.

Das Begräbnis des Königs wurde mit großem Prunk abgehalten. Die Laternen waren mit schwarzem Krepp umwickelt. Alle Glocken läuteten. Das Orchester spielte einen Trauermarsch. Kanonen fuhren vorbei, die Truppen marschierten. Extrazüge mußten aus den wärmsten Ländern Blumen bringen. Alle waren sehr traurig. Und die Zeitungen schrieben, das ganze Volk weine über den Verlust des geliebten Königs.

Hänschen saß niedergedrückt in seinem Zimmer, denn wenn er nun auch König werden sollte, so hatte er doch seinen Vater verloren, und nun hatte er niemanden mehr auf der ganzen Welt.

Hänschen erinnerte sich noch gut an seine Mutter; sie hatte ihm eben den Namen Hänschen gegeben. Und wenn die Mutter auch Königin war, so war sie doch gar nicht stolz gewesen, sie hatte mit ihm gespielt, mit ihm aus Klötzchen Häuser gebaut, ihm Märchen erzählt und Bilderbücher mit ihm angesehen. Mit dem Vater war Hänschen nicht soviel zusammengewesen, denn der König war oft zu seinen Truppen gefahren oder hatte andere Könige zu Besuch. Ein andermal wieder hatte er Beratungen und Sitzungen gehabt.

Aber es war auch vorgekommen, daß der König ein wenig Zeit für Hänschen fand, er spielte dann mit ihm Kegel, oder sie ritten, der König auf dem Pferd und Hänschen auf seinem Pony, durch die langen Alleen des Schloßparks. Und was sollte nun werden? Immer nur dieser langweilige ausländische Erzieher, der ein Gesicht machte, als hätte er gerade ein Glas Essig getrunken? Wenn wenigstens noch Krieg gewesen wäre, dann hätte man sich ordentlich herumraufen können. Aber was hat ein König im Frieden zu tun?

Traurig war Hänschen, wenn er da so ganz allein in seinem Zimmer saß, und traurig war er, wenn er durch das Gitter des

Schloßparks den fröhlichen Spielen der Kinder auf dem Schloßhof zusah.

Sieben Jungen waren es, die da meistens Soldaten spielten. Und einer leitete immer den Angriff, exerzierte mit ihnen und war überhaupt der Anführer. Das war so ein kleiner, furchtbar lustiger Junge, der hieß Fritz. Wie oft wollte Hänschen ihn rufen und sich wenigstens durch das Gitter ein bißchen mit ihm unterhalten, aber er wußte nicht, ob man das darf und ob sich das gehört, und dann wußte er auch nicht, was er sagen sollte und wie man überhaupt so ein Gespräch beginnt.

Inzwischen waren an allen Litfaßsäulen große Plakate angeklebt worden, auf denen stand, daß Hänschen König geworden sei, daß er seine Untertanen grüße, daß die gleichen Minister geblieben seien wie vorher und daß sie ihm bei der Arbeit helfen würden.

Alle Geschäfte waren voller Fotos von Hänschen. Hänschen auf seinem Pony, Hänschen im Matrosenanzug, Hänschen in Uniform, Hänschen bei der Truppenparade. Auch im Kino war Hänschen zu sehen. Alle Illustrierten im In- und Ausland zeigten Hänschen.

Und man muß die Wahrheit sagen: Alle hatten Hänschen gern. Den Älteren tat er leid, weil er noch so klein war und nun Vater und Mutter verloren hatte. Die Jungen freuten sich, weil es nun unter ihnen endlich einen gab, dem alle gehorchten, vor dem selbst die Generäle strammstehen und die großen Soldaten das Gewehr präsentieren mußten. Auch den kleinen Mädchen gefiel der kleine König auf dem hübschen Pferdchen. Aber am meisten liebten ihn doch die Waisenkinder.

Als die Königin noch lebte, hatte sie immer zu allen Feiertagen Bonbons in die Waisenhäuser geschickt. Als sie starb, befahl der König, die Bonbons sollten weiter hingeschickt werden. Hänschen wußte gar nichts davon, aber seit langer Zeit waren den Kindern in seinem Namen Süßigkeiten und Spielsachen geschickt worden. Viel später erst sollte Hänschen begreifen, wieviel Freude man den Menschen bereiten kann, ohne überhaupt davon zu wissen, wenn nur im Haushaltsplan Geld dafür vorgesehen ist.

Etwa ein halbes Jahr nach seiner Thronbesteigung wollte es der Zufall, daß Hänschen beim Volk sehr beliebt wurde. Das bedeutet, daß alle von ihm sprachen, aber nicht, weil er eben der König war, sondern weil er etwas getan hatte, das den Menschen gefiel.

Aber ich will euch erzählen, wie das zugegangen war.

Hänschen hatte sich mit Hilfe des Doktors die Erlaubnis zu Spaziergängen in der Stadt erbettelt. Lange hatte Hänschen den Doktor gequält, man möchte ihn doch wenigstens einmal in der Woche in den Garten führen, in dem alle Kinder spielten.

„Ich weiß, daß es im Schloßpark hübsch ist, aber wenn man allein ist, dann hat man auch den allerhübschesten Garten bald satt."

Schließlich versprach der Doktor ihm zu helfen, und er ging erst zum Hofmarschall und dann zur Schloßverwaltung, damit der Kammerherr des Königs im Ministerrat für den König Hänschen die Erlaubnis zu drei Spaziergängen in Abständen von je vierzehn Tagen erwirke.

Vielleicht kommt euch das komisch vor, daß es für einen König so schwer sein soll, ganz einfach spazierenzugehen. Ich will noch hinzufügen, daß sich der Hofmarschall nur deshalb einverstanden erklärte, weil ihn der Doktor vor kurzem von seinen Schmerzen kuriert hatte, als er nicht mehr ganz frischen Fisch gegessen hatte. Die Schloßverwaltung bemühte sich schon seit langem um Geld für den Bau eines neuen Stalles, in dem auch der Kammerherr des Königs seine Pferde unterstellen sollte, und der Innenminister war einverstanden, um den Finanzminister zu ärgern. Für jeden Spaziergang des Königs erhielt nämlich die Polizei dreitausend Dukaten, die Sanitätsabteilung aber eine ganze Tonne Kölnischwasser und tausend Goldstücke.

Denn vor jedem Spaziergang von Hänschen reinigten zweihundert Arbeiter und hundert Frauen ganz gründlich den Garten.

Sie fegten ihn aus, malten die Bänke an, alle Alleen wurden mit Kölnischwasser begossen, und von den Bäumen und Blättern wurde der Staub gewischt. Die Doktoren achteten darauf, daß es überall schön sauber war, daß es keinen Staub gab, denn Schmutz und Staub schaden der Gesundheit. Und die Polizei paßte auf, daß während des Spaziergangs keine ungezogenen Rangen im Garten waren, solche, die immer mit Steinen werfen, andere stoßen, sich schlagen und schreien.

König Hänschen amüsierte sich sehr gut. Er war angezogen wie andere Kinder auch, also wußte niemand, daß er ein König war, denn keiner erkannte ihn. Und niemand kam auf den Gedanken, der König könne in einen ganz gewöhnlichen Garten kommen. König Hänschen ging zweimal durch den ganzen Garten, dann sagte er, er wolle sich auf eine Bank bei dem Platz setzen, wo die Kinder spielten. Aber kaum hatte er ein wenig gesessen, da kam ein kleines Mädchen auf ihn zu und fragte: „Willst du nicht mit im Kreis spielen, Junge?"

Sie nahm Hänschen bei der Hand, und sie spielten zusammen.

Die Mädchen sangen Lieder und drehten sich im Kreis. Und dann, als sie auf ein neues Spiel warteten, begann das Mädchen, sich mit ihm zu unterhalten.

„Hast du eine Schwester, Junge?"

„Nein, die habe ich nicht."

„Und was ist dein Vati, Junge?"

„Mein Vati ist tot. Er war König."

Vielleicht dachte das Mädchen, Hänschen mache einen Witz, denn es fing an zu lachen und sagte: „Wenn mein Papa König wäre, dann müßte er mir eine Puppe kaufen, die bis an die Decke reicht."

König Hänschen erfuhr, daß der Vater des Mädchens Feuerwehrhauptmann war, daß es Irene hieß und die Feuerwehrleute sehr gern hatte, weil die ihm manchmal erlaubten, auf einem richtigen Pferd zu reiten.

Hänschen wäre gerne noch lange geblieben, aber er hatte nur bis vier Uhr zwanzig Minuten und dreiundvierzig Sekunden Zeit.

Ungeduldig wartete Hänschen auf den nächsten Spaziergang, aber da regnete es, und der Doktor ließ ihn nicht gehen, damit er sich nicht erkälte.
Beim zweiten Mal passierte Hänschen ein Mißgeschick. Er spielte wieder mit den Mädchen im Kreis, da kamen ein paar Jungen, und einer von ihnen rief: „Schau nur, ein Junge, der mit Mädchen spielt." Und sie fingen alle an zu lachen.
Da sah König Hänschen, daß er wirklich der einzige Junge war, der im Kreis spielte.
„Spiel lieber mit uns", sagte der Junge.
Hänschen schaute ihn sich genau an.
Nanu, das war ja Fritz, den er doch schon so lange kennenlernen wollte. Auch Fritz schaute ihn aufmerksam an und schrie, so laut er konnte: „Sieht der aber dem König Hänschen ähnlich!"
Hänschen war es schrecklich unangenehm, weil ihn jetzt alle anstarrten, und er wollte so schnell er konnte zu dem Adjutanten laufen, der sich auch verkleidet hatte und einen ganz gewöhnlichen Anzug trug, damit ihn niemand erkennen sollte. Weil er sich aber so beeilte, vielleicht auch, weil er sich schämte, fiel er hin und schlug sich das Knie auf.
Auf der Sitzung des Ministerrats wurde beschlossen, man könne es dem König nicht mehr gestatten, in den Garten zu gehen. Es würde alles getan werden, was der König sich auch nur wünschen sollte, aber in den Stadtpark dürfe er nicht gehen, denn dort seien ungezogene Kinder, die ihn anrempelten und über ihn lachten, und der Ministerrat könne nicht gestatten, daß über den König gelacht würde, das vertrage die königliche Ehre nicht.
Hänschen war sehr traurig, und er dachte lange über seine beiden lustigen Spiele im Stadtpark nach, und dabei fiel ihm Irenes Wunsch ein: Sie will eine Puppe bis zur Decke haben.
Der Gedanke ließ ihm keine Ruhe mehr.
Ich bin der König, also habe ich das Recht, zu befehlen. Und dabei muß ich allen gehorchen. Ich lerne lesen und schreiben genauso wie alle anderen Kinder. Ich muß mir Ohren und Hals

waschen und die Zähne putzen wie die anderen Kinder. Das Einmaleins ist für die Könige genauso da wie für die anderen. Was habe ich nun eigentlich davon, daß ich König bin? Hänschen bockte, und während der Audienz forderte er mit lauter Stimme vom Ministerpräsidenten, es solle die größte Puppe der Welt gekauft und Irene geschickt werden.
„Geruhen Majestät zu berücksichtigen ...", begann der Ministerpräsident.
Hänschen dachte sich gleich, was nun kommen würde; dieser unerträgliche Mensch würde nun lange über viele unverständliche Dinge sprechen, und zum Schluß würde aus der ganzen Puppe nichts werden. Es fiel ihm ein, wie der gleiche Minister einmal dem Vater ganz ebenso etwas zu erklären angefangen hatte. Da hatte der König mit dem Fuß aufgestampft und gesagt: „Ich will das so, und damit basta!"
Also stampfte Hänschen genauso und sagte sehr laut: „Herr Minister, ich will das so, und damit basta!"
Der Ministerpräsident schaute ihn ganz verwundert an, dann schrieb er etwas in sein Notizbuch und murmelte:
„Ich werde die Forderung Eurer Majestät dem Ministerrat unterbreiten."
Was auf der Sitzung des Ministerrats gesagt wurde, weiß keiner, denn die Beratung fand bei verschlossenen Türen statt. Aber man beschloß, die Puppe zu kaufen, und der Handelsminister lief zwei Tage lang durch alle Geschäfte und schaute sich die größten Puppen an. Aber eine so große Puppe gab es nirgends. Da rief der Handelsminister alle Fabrikanten zusammen, und einer erklärte sich bereit, in seiner Fabrik innerhalb von vier Wochen für viel Geld so eine Puppe herzustellen. Und als sie fertig war, da stellte er sie in seinem Schaufenster aus und legte einen Zettel daneben, auf dem stand geschrieben: *Der Hoflieferant Seiner Majestät des Königs hat diese Puppe für Irene, die Tochter des Feuerwehrhauptmanns, angefertigt.*
Gleich brachten die Zeitungen Aufnahmen, wie die Feuerwehr einen Brand löscht, und Bilder von Irene und der Puppe. Man sagte, König Hänschen sehe es sehr gerne, wenn die Feuerwehr

fahre und wenn es brenne. Jemand schrieb einen Brief an die Zeitung, er sei bereit, sein Haus anzuzünden, wenn der geliebte König Hänschen so gerne Feuer habe. Viele kleine Mädchen schrieben an König Hänschen, sie wollten auch Puppen haben. Aber der Hofsekretär las Hänschen diese Briefe gar nicht erst vor, denn der Ministerpräsident war sehr böse und hatte es ihm streng verboten.

Vor dem Geschäft standen drei Tage lang viele Menschen und schauten sich das Geschenk des Königs an, und erst am vierten Tag wurde die Puppe auf Anordnung des Polizeipräfekten aus dem Fenster genommen, weil die Straßenbahnen und Autos nicht mehr durchkommen konnten.

Lange noch sprach man von der Puppe und von Hänschen, der der kleinen Irene ein so schönes Geschenk gemacht hatte.

Hänschen stand gewöhnlich um sieben Uhr auf, wusch sich selbst, zog sich an, putzte sich die Schuhe und machte sein Bett. Diese Gewohnheit hatte noch Hänschens Urgroßvater, der kühne König Paul der Siegreiche, eingeführt. Nach dem Waschen und Anziehen trank Hänschen sein Gläschen Lebertran und setzte sich an den Frühstückstisch, doch durfte dies nicht länger dauern als sechzehn Minuten und fünfunddreißig Sekunden. So lange hatte nämlich Hänschens hervorragender Großvater, der gute König Julius der Tugendreiche, gefrühstückt. Dann ging Hänschen in den Thronsaal, wo es sehr kalt war, und empfing die Minister. Im Thronsaal gab es keinen Ofen, denn die verständige Anna die Fromme, die Urgroßmutter des Königs Hänschen, war hier einmal beinahe erstickt, als sie noch klein war; und zur Erinnerung an ihre glückliche Rettung war beschlossen worden — so stand es auch im Hofzeremoniell — im Thronsaal dürfe ganze fünfhundert Jahre lang kein Ofen stehen.

Da saß nun also Hänschen auf seinem Thron und klapperte vor Kälte mit den Zähnen. Und die Minister erzählten ihm, was im Staate los war. Das machte gar keinen Spaß, denn — ich weiß nicht warum — alle Nachrichten waren traurig.

Der Außenminister erzählte, wer sich über den Staat ärgerte und wer sich mit ihm befreunden wolle — und Hänschen verstand fast gar nichts davon. Der Kriegsminister zählte auf, wieviele Festungen zerfallen, wieviel Kanonen entzweigegangen waren, so daß man mit ihnen überhaupt nicht mehr schießen konnte, und wieviel Soldaten krank waren.

Der Eisenbahnminister erklärte, man müsse neue Lokomotiven kaufen. Der Bildungsminister beklagte sich, die Kinder lernten schlecht, kämen zu spät in die Schule, die Jungen rauchten heimlich Zigaretten und rissen die Seiten aus den Heften heraus. Die Mädchen zankten und stritten sich, die Jungen rauften miteinander, schmissen mit Steinen und zerschlügen die Fensterscheiben.

Und der Finanzminister ärgerte sich ununterbrochen, weil er kein Geld hatte, er wollte weder neue Kanonen noch neue Maschinen kaufen, denn das wäre alles viel zu teuer.

Dann ging Hänschen in den Park und konnte dort ein Stündchen lang herumtollen und spielen. Aber so ganz allein, wie er war, machte ihm das Spiel keinen rechten Spaß.

Also kehrte er ganz gern zum Unterricht ins Schloß zurück.

Hänschen lernte gut, denn er wußte, daß man kein König sein kann, wenn man nichts weiß. So lernte er denn auch sehr schnell seinen Namen schreiben, sogar mit einem langen Schnörkel dran. Er mußte Französisch und andere Sprachen lernen, damit er mit anderen Königen sprechen konnte, wenn er einmal zu ihnen auf Besuch fahren würde.

Hänschen hätte noch lieber und besser gelernt, wenn er hätte alles fragen können, was ihm so durch den Kopf ging.

Lange Zeit hatte Hänschen darüber nachgedacht, ob man nicht ein Brennglas erfinden könnte, das aus weiter Entfernung Schießpulver anzünden würde. Wenn Hänschen so ein Glas besäße, dann würde er allen Königen den Krieg erklären und am Tag vor der Schlacht alle feindlichen Pulverkammern in die Luft jagen. Dann müßte er den Krieg gewinnen, weil ja nur er allein Schießpulver hatte. Und dann wäre er sofort ein großer König, obwohl er doch noch so klein war. Aber der Lehrer zog nur die Schultern hoch und gab ihm keine Antwort.

Ein andermal fragte Hänschen, ob es nicht möglich wäre, daß ein Vater bei seinem Tode dem Sohn seinen Verstand hinterläßt. Hänschens Vater, Stefan der Vernünftige, war sehr klug gewesen. Und nun saß Hänschen auf demselben Thron und trug dieselbe Krone, aber er mußte ganz von Anfang an alles wieder lernen und wußte nicht einmal, ob er irgendwann einmal so viel können würde wie sein Vater. So aber hätte er mit Krone und Thron auch gleich den Mut vom Urgroßvater Paul dem Siegreichen, die Frömmigkeit seiner Urgroßmutter und das ganze Wissen seines Vaters geerbt.

Aber auch diese Frage blieb unbeantwortet.
Lange Zeit hindurch dachte Hänschen darüber nach, ob man nicht irgendwoher eine Tarnkappe bekommen könnte. Das wäre fein: Hänschen hätte sich dann so eine Mütze aufsetzen und überall hingehen können, ohne daß ihn jemand sehen konnte. Er würde sagen, er hätte Kopfschmerzen, damit er auch am Tage im Bett bleiben dürfte und sich gut ausschlafen könnte. Nachts aber würde er die Tarnkappe aufsetzen und in die Stadt laufen, sich die Schaufenster ansehen und ins Theater gehen.
Ein einziges Mal war Hänschen im Theater zu einer Galavorstellung gewesen, da lebten Papa und Mama noch — er hatte schon fast alles vergessen, denn er war damals noch sehr klein gewesen, er wußte nur noch, daß es wunderschön gewesen war.
Wenn Hänschen nur eine Tarnkappe hätte, dann könnte er aus dem Park in den Schloßhof gehen und mit Fritz spielen. Und auch im Schloß könnte er überall hingehen, in die Küche zum Beispiel, um zuzugucken, wie das Essen gekocht wird, oder in den Stall zu den Pferden und in all die Gebäude, die er jetzt nicht betreten durfte.
Vielleicht wundert ihr euch, daß so viele Dinge für einen König verboten sein können. Da muß ich euch erklären, daß es an den Königshöfen eine sehr strenge Etikette gibt. Etikette — das heißt, daß es die Könige immer so gemacht haben, und daß ein neuer König daran nichts ändern darf, denn wenn er irgend etwas anders machen wollte, dann würde er seine Ehre verlieren, und alle würden aufhören, vor ihm Respekt zu haben und ihn zu achten. Das würde nämlich bedeuten, daß er selbst seinen großen königlichen Vater, Großvater und Urgroßvater nicht achtete. Wenn ein König irgend etwas anders machen will, dann muß er erst den Zeremonienmeister fragen, der über die Hofetikette wacht und der weiß, was die Könige immer gemacht haben.
Ich habe schon gesagt, daß das Frühstück des Königs Hänschen sechzehn Minuten und fünfunddreißig Sekunden dauerte, weil sein Großvater es so gemacht hatte, und daß es im Thronsaal

keinen Ofen gab, weil seine Urgroßmutter das so gewollt hatte, die aber war schon lange tot, und man konnte sie nicht mehr fragen, ob sie nun vielleicht doch erlaubte, einen Ofen aufzustellen.

Manchmal kann der König etwas ein ganz klein bißchen ändern, aber dann gibt es lange Beratungen, so wie das mit Hänschens Spaziergang gewesen war. Und darum machte es gar keinen Spaß, um etwas zu bitten und lange Zeit hindurch zu warten.

König Hänschen war noch schlimmer dran als andere Könige, denn die Etikette war ja für erwachsene Könige aufgestellt, und Hänschen war doch noch ein Kind. Ein bißchen mußte man sie also ändern. So mußte Hänschen statt des guten Weines zwei Gläschen Lebertran trinken, der ihm gar nicht schmeckte. Und statt Zeitungen zu lesen, schaute er sich nur die Bilder an, denn so gut lesen konnte er noch nicht.

Alles wäre anders gewesen, wenn Hänschen den Verstand seines königlichen Vaters und die Zauber-Tarnkappe gehabt hätte. Dann wäre er wirklich König gewesen, aber so wußte er manchmal selber nicht recht, ob es nicht besser wäre, wenn er als ganz gewöhnlicher Junge auf die Welt gekommen wäre, um in die Schule zu gehen, Seiten aus den Heften herauszureißen und mit Steinen zu schmeißen.

Da kam Hänschen eines Tages auf den Gedanken, wenn er erst richtig schreiben könnte, dann würde er Fritz auf einem Blatt Papier einen Brief schreiben — und vielleicht würde Fritz ihm antworten — das wäre dann genauso, als wenn er sich mit Fritz unterhielt.

Jetzt machte sich Hänschen aber ans Schreibenlernen. Tagelang schrieb er, aus seinem Buch schrieb er kleine Erzählungen und Gedichte ab, und wenn man es ihm erlaubt hätte, dann wäre er nicht einmal in den Schloßpark gegangen und hätte nur von morgens bis abends geschrieben. Das konnte er aber nicht tun, denn die Etikette und das Hofzeremoniell verlangten, daß der König direkt aus dem Thronsaal in den Garten ging. Und da warteten schon zwanzig Lakaien, um die Tür vom Saal in den Garten aufzumachen. Wenn Hänschen nicht in den Garten ge-

gangen wäre, dann hätten diese zwanzig Lakaien nichts zu tun gehabt und hätten sich sehr gelangweilt.
Vielleicht wird jemand sagen, das sei doch schließlich keine Arbeit, die Tür aufzumachen. So kann aber nur jemand sprechen, der die Hofetikette nicht kennt. Ich muß also hier erklären, daß diese Lakaien ganze fünf Stunden lang sehr beschäftigt waren. Jeder von ihnen nahm morgens ein kaltes Bad, dann kam der Frisör, der kämmte ihnen die Haare und rasierte ihnen den Bart, ihr Anzug mußte immer blitzsauber sein, kein einziges Stäubchen durfte darauf liegen, denn vor dreihundert Jahren, als König Heinrich der Aufbrausende noch regierte, da war einmal ein Floh von einem Lakaien auf das königliche Zepter gesprungen, und der Henker hatte diesem schlampigen Kerl den Kopf abgeschlagen, der Hofmarschall aber war nur um Haaresbreite dem Tod entgangen. Seitdem prüfte der Oberaufseher immer selbst nach, ob die Lakaien auch sauber waren, wenn sie angezogen und frisch gebadet schon von elf Uhr sieben Minuten an im Korridor standen und warteten, bis es ein Uhr siebzehn war, denn dann musterte sie auch noch der Zeremonienmeister. Und sie mußten dabei sehr aufpassen, denn wenn sie ihre Livree nicht ganz zugeknöpft hatten, dann drohte ihnen sechs Jahre Gefängnis, waren sie schlecht gekämmt, vier Jahre Zwangsarbeit. Und wenn sie sich nicht geschickt genug verbeugten, bekamen sie zwei Monate Arrest bei Wasser und Brot.
Von all dem wußte Hänschen so ein bißchen etwas, daher kam ihm nicht einmal der Gedanke, nicht in den Park zu gehen; und wer konnte es im übrigen voraussehen: Vielleicht hätten sie noch irgendwo in der Geschichte gefunden, daß irgendein König überhaupt nicht in den Park gegangen war, und dann hätten sie gesagt, er richte sich nach diesem König. Und dann hätte ihm ja auch das ganze Schreiben nichts genützt, denn wie sollte Hänschen dann Fritz durch das Gitter seinen Brief zuschieben.
Hänschen war begabt und besaß einen starken Willen. Er sagte sich: In einem Monat schreibe ich meinen ersten Brief an Fritz. Und trotz aller Hindernisse schrieb und schrieb er so lange, daß

sein Brief an Fritz ohne fremde Hilfe nach einem Monat fertig war.

Lieber Fritz, schrieb Hänschen, *schon lange schau ich zu, wie ihr auf dem Hof so fröhlich spielt. Und ich möchte sehr gerne auch spielen, aber ich bin König, darum darf ich nicht. Aber Du gefällst mir sehr gut. Schreib mir, wer Du bist, denn ich möchte Dich gerne kennenlernen. Wenn Dein Papa beim Militär ist, dann werden sie Dir vielleicht erlauben, manchmal in den Schloßpark zu kommen. Hänschen — König.*

Hänschen schlug das Herz, als er Fritz durch das Gitter rief und ihm seinen Brief übergab.

Und er hatte auch Herzklopfen, als er auf dem gleichen Wege am nächsten Tag die Antwort erhielt.

König, schrieb Fritz, *mein Papa ist Unteroffizier der Hofwache und ist beim Militär — und ich möchte sehr gern im Schloßpark spielen. Und ich bin Dir, König, treu und bin bereit, für Dich durch Feuer und Wasser zu gehen und Dich bis zum letzten Blutstropfen zu verteidigen. So oft Du Hilfe brauchst, pfeife nur, und ich werde auf Deinen ersten Ruf hin erscheinen. Fritz.*

Hänschen legte diesen Brief ganz unten in die Schublade unter alle Bücher und — lernte pfeifen. Hänschen war sehr vorsichtig, denn er wollte sich nicht verraten. Wenn er fordern würde, Fritz in den Schloßpark zu lassen, dann würden sofort wieder die Beratungen beginnen: Warum und woher er weiß, wie Fritz heißt und wie sie sich kennengelernt haben? Und was soll geschehen, wenn sie es herausbekommen und es dann doch nicht erlauben? Der Sohn eines Unteroffiziers — wenn es wenigstens noch der eines Leutnants gewesen wäre! Dem Sohn eines Offiziers hätten sie es ja vielleicht erlaubt. Aber so werden sie es ganz bestimmt ablehnen.

Ich muß noch ein bißchen warten, entschied Hänschen. Erst einmal lerne ich pfeifen.

Es ist gar nicht so leicht, pfeifen zu lernen, wenn man niemanden hat, der es einem zeigt. Aber Hänschen hatte einen starken Willen, und so lernte er es eben. Und er pfiff.

Er pfiff nur einmal so zur Probe, nur um sich selbst davon zu

überzeugen, daß er es konnte. Und wie groß war sein Erstaunen, als einen Augenblick später, gespannt wie eine Saite, Fritz vor ihm stand.
„Wie bist du bloß hierhergekommen?"
„Ich bin übers Gitter geklettert."
Im Schloßpark wuchsen dichte Himbeersträucher, und dort versteckte sich König Hänschen mit seinem Freund, um zu beraten, was weiter zu tun wäre.

Hör mal zu, Fritz, ich bin ein ganz unglücklicher König. Seit ich schreiben kann, unterschreibe ich alle Papiere, das nennt man, ich regiere den ganzen Staat, aber in Wirklichkeit tue ich nur, was sie mir sagen, und dabei lassen sie mich lauter langweilige Dinge tun und verbieten mir alles, was mir Spaß macht."

„Wer kann denn Eurer Majestät etwas verbieten und befehlen?"

„Die Minister", antwortete Hänschen. „Als Vati noch lebte, habe ich immer getan, was er mir sagte."

„Na ja, damals warst du Königliche Hoheit, der Thronfolger. Und dein Vati war Seine Majestät, der König, aber jetzt ..."

„Jetzt ist es noch hundertmal schlimmer. Von diesen Ministern gibt es einen ganzen Haufen."

„Militär oder Zivil?"

„Nur einer ist beim Militär, der Kriegsminister."

„Und die übrigen sind Zivilpersonen?"

„Ich weiß nicht, was das heißt, Zivilpersonen."

„Zivilpersonen, das sind Leute, die keine Uniform und keinen Säbel tragen."

„Ja, dann sind sie Zivilpersonen."

Fritz nahm eine Handvoll Himbeeren in den Mund und dachte tief nach. Dann fragte er langsam: „Gibt es im Schloßpark Kirschen?"

Hänschen wunderte sich über diese Frage, aber er hatte großes Vertrauen zu Fritz. Er sagte also, daß Kirschen und Birnen da wären, und versprach, er würde Fritz durch das Gitter so viel davon zustecken, wie der nur haben wollte.

„Na schön. Oft dürfen wir uns aber nicht sehen, denn sie könnten uns hinter die Schliche kommen. Wir müssen so tun, als ob wir uns überhaupt nicht kennen. Wir werden uns eben Briefe schreiben. Die Briefe legen wir oben auf die Mauer —

neben dem Brief können Kirschen liegen. Wenn diese geheime Korrespondenz da liegt, dann pfeifen Majestät — und ich komme alles holen."

„Und wenn du mir schreibst, dann pfeifst du." Hänschen freute sich.

„Nach einem König pfeift man nicht", brauste Fritz auf. „Ich kann den Kuckucksruf ertönen lassen. Ich stelle mich in großer Entfernung auf und rufe wie ein Kuckuck."

„Gut." Hänschen war einverstanden. „Und wann kommst du wieder?" Fritz dachte lange nach und antwortete schließlich: „Ohne Erlaubnis kann ich nicht hierher kommen. Mein Vater ist Unteroffizier und hat sehr gute Augen. Mein Vater erlaubt mir nicht einmal, dem Zaun vom Schloßpark zu nahezukommen, und er hat mir schon oft gesagt: «Fritz, ich warne dich, laß es dir nicht in den Sinn kommen, im Hofgarten Kirschen zu stibitzen, denn vergiß nicht, so wahr ich dein Vater bin, wenn sie dich da schnappen, dann zieh ich dir das Fell über die Ohren. Lebendig kommst du dann aus meinen Händen nicht mehr heraus»."

Hänschen war entsetzt.

Das wäre schrecklich. Mit so viel Schwierigkeiten hatte er endlich einen Freund gefunden, und diesem Freund sollte das Fell über die Ohren gezogen werden, Hänschen aber wäre schuld daran. Nein, wirklich, die Gefahr war zu groß.

„Wie kommst du jetzt bloß nach Hause?" fragte Hänschen beunruhigt.

„Geruhen Majestät sich zu entfernen, ich werde schon einen Weg finden." Hänschen sah, daß dieser Rat richtig war, und kroch aus dem Gebüsch heraus. Es war aber auch höchste Zeit, denn der ausländische Erzieher hielt bereits Ausschau, wo der König heute blieb.

Hänschen und Fritz handelten nun gemeinsam, wenn auch durch das Gitter getrennt. Hänschen stöhnte oft in Gegenwart des Doktors, der ihn jede Woche wog und maß, um sich davon zu überzeugen, wie der kleine König wuchs und wann er endlich groß sein würde; er beklagte sich über seine Einsamkeit und einmal sagte er sogar dem Kriegsminister, er möchte so gerne das Exerzieren lernen.

„Herr Minister, kennen Sie nicht vielleicht irgendeinen Unteroffizier, der mich unterrichten könnte?"

„O ja, das Streben Eurer Majestät, sich militärische Kenntnisse anzueignen, ist lobenswert. Aber warum muß es gerade ein Unteroffizier sein?"

„Es kann auch der Sohn eines Unteroffiziers sein", sagte Hänschen erfreut. Der Kriegsminister runzelte die Stirn und notierte sich die Forderung des Königs.

Hänschen seufzte: Er wußte schon, was er nun hören würde.

„Ich werde die Forderung Eurer Majestät auf der nächsten Sitzung dem Ministerrat unterbreiten."

Es wird nichts draus; gewiß würde man ihn zu irgendeinem alten General schicken. Aber es kam anders.

Auf der nächsten Sitzung der Minister gab es nur ein Thema aller Gespräche und Beratungen: Drei Staaten gleichzeitig hatten König Hänschen den Krieg erklärt.

Krieg!

Nicht umsonst war Hänschen der Urenkel des kühnen Pauls des Siegreichen — sein Blut begann zu wallen.

Ach, wenn er doch jetzt das Brennglas hätte, das aus weiter Ferne das feindliche Schießpulver entzünden würde, und die Tarnkappe!

Hänschen wartete bis zum Abend, er wartete bis zum nächsten Mittag. Und nichts geschah. Vom Krieg hatte ihm Fritz berichtet. Bei den früheren Briefen hatte Fritz nur dreimal Kuckuck gerufen, heute waren es wohl hundertmal. Hänschen begriff, daß der Brief eine außergewöhnliche Nachricht enthalten mußte. Aber er wußte nicht, daß sie so außergewöhnlich war. Es hatte schon lange keinen Krieg mehr gegeben, denn Stefan der Vernünftige hatte es verstanden, mit seinen Nachbarn so zu leben, daß er selbst niemandem den Kampf ansagte und daß niemand wagte, ihm den Krieg zu erklären, wenn auch die Freundschaft nicht sehr herzlich gewesen war.

Es war klar: Sie wollten Hänschens Jugend und Unerfahrenheit ausnutzen.
Aber Hänschen wollte ihnen beweisen, wie sehr sie sich getäuscht hatten, und daß König Hänschen, wenn auch noch klein, imstande war, sein Land zu verteidigen. Fritzens Brief lautete:
Drei Staaten haben Eurer Majestät den Krieg erklärt. Mein Vater hat immer gesagt, bei der ersten Nachricht von einem Krieg würde er sich vor Freude betrinken. Ich warte darauf, denn wir müssen uns sehen.
Und Hänschen wartete. Er dachte, noch an diesem Tage würde man ihn zu einer Sondersitzung des Ministerrates rufen, und dann würde er, Hänschen, der rechtmäßige König, das Steuer des Staates ergreifen. Und wirklich gab es in der Nacht irgendeine Beratung, aber Hänschen wurde nicht gerufen.
Am nächsten Tag unterrichtete ihn der ausländische Lehrer ganz wie gewöhnlich.
Hänschen kannte die Hofetikette, er wußte, ein König darf keine Launen haben, nicht eigensinnig sein und sich nicht ärgern, und in einem so ernsten Augenblick wollte er der königlichen Würde und Ehre um gar keinen Preis Abbruch tun. Er runzelte nur die Stirn und zog die Augenbrauen zusammen, und als sein Blick während des Unterrichts in den Spiegel fiel, da kam ihm der Gedanke: Ich sehe fast so aus wie König Heinrich der Aufbrausende. Hänschen wartete auf die Stunde der Audienz.
Als ihm jedoch der Zeremonienmeister mitteilte, die Audienz falle heute aus, da sagte Hänschen ruhig, aber sehr bleich und entschieden: „Ich fordere, daß der Kriegsminister unverzüglich in den Thronsaal gerufen wird." Das Wort Kriegsminister sprach Hänschen mit solchem Nachdruck aus, daß der Zeremonienmeister gleich merkte, Hänschen wußte schon über alles Bescheid.
„Der Kriegsminister ist auf der Sitzung."
„Dann werde auch ich auf der Sitzung sein", erwiderte König Hänschen und wollte zum Sitzungssaal gehen.

„Geruhen Majestät nur ein Augenblickchen zu warten. Geruhen Majestät Mitleid mit mir zu haben. Ich darf das doch nicht. Ich trage die Verantwortung." Und der Alte begann laut zu weinen.

Hänschen tat der Zeremonienmeister leid, der ja wirklich ganz genau wußte, was ein König tun kann und was sich für ihn nicht geziemt. Manchmal hatten sie lange Abende zusammen am Kamin gesessen, und es hatte viel Spaß gemacht, den interessanten Erzählungen vom König-Vater und der Königin-Mutter, von der Hofetikette, den Bällen im Ausland, den Galavorstellungen im Theater und den Manövern zu lauschen, an denen der König teilgenommen hatte.

Hänschen hatte kein ganz reines Gewissen. Das Briefeschreiben an den Sohn eines Unteroffiziers war eine schwere Verfehlung, am meisten aber quälten Hänschen die Kirschen und Himbeeren, die er für Fritz gemaust hatte. Der Garten gehörte zwar ihm, und er hatte die Früchte nicht für sich selbst gepflückt, sondern sie verschenkt, aber er hatte das heimlich getan, und wer konnte wissen, ob damit nicht die ritterliche Ehre seiner großen Vorfahren geschändet war.

Im übrigen hatte Hänschen ein gutes Herz, er war ja auch der Urenkel von Anna der Frommen, und die Tränen des Alten ergriffen ihn. Und vielleicht hätte Hänschen jetzt wieder etwas Falsches getan, nämlich seine Rührung zu erkennen gegeben, doch beherrschte er sich im letzten Augenblick und sagte nur kalt, wobei er die Stirn noch stärker runzelte: „Ich warte zehn Minuten."

Der Zeremonienmeister lief hinaus. Im Königsschloß herrschte große Aufregung.

„Woher hat Hänschen das nur erfahren?" fragte der Innenminister.

„Was hat dieser Lausebengel vor?" rief aufbrausend der Ministerpräsident. Doch da rief ihn der Justizminister zur Ordnung: „Herr Ministerpräsident, das Gesetz verbietet, bei öffentlichen Sitzungen so über den König zu sprechen. Privat können Sie sagen, was Sie wollen, aber unsere Beratung ist offiziell, und Sie dürfen so etwas nur denken, es aber nicht aussprechen."

„Die Beratung wurde unterbrochen", versuchte sich der überrumpelte Ministerpräsident zu verteidigen.

„Dann hätten Sie sagen müssen, daß Sie die Sitzung unterbrechen, das haben Sie aber nicht getan."

„Verzeihung, ich habe es vergessen."

Der Kriegsminister schaute auf die Uhr:

„Meine Herren, der König hat uns zehn Minuten Bedenkzeit gegeben. Vier Minuten sind schon vergangen. Also wollen wir uns doch nicht zanken. Ich bin Militär und muß einen königlichen Befehl erfüllen."

Der arme Ministerpräsident hatte Grund zur Furcht; auf dem Tisch lag das Blatt Papier, auf dem mit Blaustift deutlich geschrieben stand: *Gut, dann also Krieg.*

Damals war es leicht gewesen, den Mutigen zu spielen, aber jetzt war es schwer, die Verantwortung für diese unbedacht hingeschriebenen Worte zu tragen. Und was sollte er auch sagen, wenn ihn der König fragen würde, warum er das damals geschrieben hatte? Denn alles hatte ja damit begonnen, daß sie Hänschen nach dem Tode des alten Königs nicht hatten wählen wollen. Alle Minister wußten davon und freuten sich sogar ein bißchen, denn sie mochten den Ministerpräsidenten nicht, weil er schon gar zu überheblich geworden war.

Niemand wollte ihm einen Rat geben, aber jeder dachte darüber nach, was zu tun war, damit der königliche Zorn über die Verheimlichung einer so wichtigen Nachricht auf die anderen falle.

„Wir haben nur noch eine Minute", sagte der Kriegsminister, schloß den letzten Knopf, brachte seine Orden in die richtige Lage, zwirbelte seinen Schnurrbart, nahm den Revolver vom Tisch und stand eine Minute später in strammer Haltung vor dem König.

„Also Krieg?" fragte Hänschen leise.

„Jawohl, Majestät."

Hänschen fiel ein Stein vom Herzen; ich muß hinzufügen, daß auch Hänschen diese zehn Minuten in großer Unruhe verbracht hatte.
Vielleicht hatte Fritz das nur so hingeschrieben? Vielleicht stimmte es gar nicht? Vielleicht hatte er nur einen schlechten Witz gemacht?
Das kurze „Jawohl" zerstreute alle Zweifel. Es war Krieg, und zwar ein großer Krieg. Sie hatten das ohne ihn erledigen wollen, aber Hänschen hatte — wie, wußte nur er allein — das Geheimnis aufgedeckt.
Eine Stunde später riefen die Zeitungsjungen aus vollem Halse: „Extraausgabe! Regierungskrise!"
Das hieß, daß sich die Minister gezankt hatten.

Mit der Regierungskrise war es so: Der Ministerpräsident spielte den Beleidigten und wollte nicht mehr oberster Minister sein. Der Eisenbahnminister sagte, er könne die Truppen nicht befördern, weil er nicht soviel Lokomotiven habe, wie er brauche. Der Bildungsminister sagte, die Lehrer gingen nun gewiß in den Krieg, also würden in den Schulen noch mehr Scheiben zerschlagen und noch mehr Bänke entzweigemacht werden, daher trete auch er zurück.

Für vier Uhr wurde eine Sondersitzung einberufen.

König Hänschen nutzte die Verwirrung aus, schlich in den Schloßpark und pfiff grell ein-, zweimal, aber Fritz zeigte sich nicht.

Mit wem soll ich mich nun in einem so wichtigen Augenblick beraten? Hänschen fühlte die große Verantwortung, die auf ihm lastete, und er sah keinen Ausweg. Was soll ich nur tun?

König Hänschen fing an zu weinen. Plötzlich fiel ihm wieder ein, daß man jede wichtige Frage mit einem Gebet beginnen soll. Das hatte ihm seine gute Mutter einmal gesagt.

Er ging also weiter in den Garten hinein, bis ihn niemand mehr sah, und betete inbrünstig zu Gott:

„Lieber Gott", betete Hänschen, „ich bin noch ein kleiner Junge, und ohne deine Hilfe kann ich gar nichts tun. Durch deinen Willen habe ich die Königskrone erhalten, hilf mir nun auch, denn ich bin in einer sehr schwierigen Lage."

Lange bat Hänschen Gott um Hilfe, und heiße Tränen rannen ihm über die Wangen. Aber vor Gott braucht sich selbst ein König seiner Tränen nicht zu schämen.

Hänschen betete, dann weinte er wieder. Schließlich schlief er ein, den Rücken an den Stumpf einer gefällten Birke gelehnt.

Und er träumte, sein Vater sitze auf dem Thron, und alle Minister ständen vor ihm stramm. Plötzlich fing die große Uhr im Thronsaal, die vor vierhundert Jahren zum letzten Mal aufgezogen worden war, an zu läuten wie eine Kirchenglocke. Der Zeremonienmeister betrat den Saal, und ihm folgten zwanzig Lakaien, die trugen einen goldenen Sarg. Da stieg der Vater vom Thron herab und legte sich in den Sarg, der Zeremonienmeister nahm ihm die Krone ab und setzte sie Hänschen auf. Hänschen wollte sich auf den Thron setzen, aber er schaute hin — sein Vater saß wieder dort, allerdings nun ohne Krone und ganz anders, wie ein Schatten. Und der König sagte:

„Hänschen, der Zeremonienmeister hat dir meine Krone gegeben, ich aber gebe dir — meinen Verstand."

Dann nahm der Schatten des Königs den Kopf in die Hand — und Hänschen begann das Herz zu schlagen: Was würde geschehen?

Da rüttelte ihn jemand — und Hänschen wachte auf.

„Majestät, es ist gleich vier Uhr."

Hänschen erhob sich vom Rasen, auf dem er eben noch geschlafen hatte — und das war viel schöner, als wenn er aus seinem Bett aufstand. Hänschen wußte nicht, daß er noch so manche Nacht unter freiem Himmel auf dem Rasen verbringen sollte, daß er würde für lange Zeit von seinem königlichen Bett Abschied nehmen müssen.

Genauso wie er es geträumt hatte, reichte der Zeremonienmeister Hänschen die Krone. Punkt vier Uhr läutete König Hänschen im Sitzungssaal und sagte: „Meine Herren, wir beginnen mit den Beratungen."

„Ich bitte um das Wort", sprach der Ministerpräsident.

Und er fing eine lange Rede an, er könne nicht länger arbeiten, es tue ihm leid, den König in einem so schweren Augenblick zu verlassen, er müsse jedoch gehen, er sei krank.

Das gleiche sagten die anderen Minister.

Hänschen ließ sich nicht erschrecken, er antwortete: „Das ist ja alles schön und gut, aber jetzt ist Krieg — und wir haben keine Zeit für Krankheiten und Müdigkeit. Sie, Herr Ministerpräsident, kennen alle Angelegenheiten, also müssen Sie bleiben. Wenn ich den Krieg gewinne, können wir weiter darüber sprechen."

„Aber es hat in den Zeitungen gestanden, daß ich zurücktrete."

„Dann werden sie jetzt eben schreiben, daß Sie bleiben, weil ich Sie — darum bitte."

König Hänschen hatte eigentlich sagen wollen: Weil ich es Ihnen befehle, aber wahrscheinlich hatte ihm der Schatten seines Vaters geraten, das Wort „befehlen" in einem so wichtigen Augenblick durch „bitten" zu ersetzen.

„Meine Herren, wir müssen das Vaterland verteidigen, wir müssen unsere Ehre retten."

„Also wollen Majestät gegen drei Staaten losschlagen?" fragte der Kriegsminister.

„Ja, wollen Sie denn vielleicht, Herr Minister, daß ich um Frieden bitte? Ich bin doch der Urenkel von Paul dem Siegreichen. Gott wird uns helfen."

Diese Rede gefiel den Ministern, und der Ministerpräsident war sehr froh, daß ihn der König gebeten hatte. Er tat noch ein Weilchen so, als ob er an seinem Entschluß festhalten wollte, aber schließlich blieb er doch.

Die Beratung dauerte lange, und als sie zu Ende war, da schrien die Jungen auf den Straßen: „Extraausgabe! Regierungskrise beigelegt!"

Das bedeutete, daß sich die Minister wieder vertragen hatten.

Hänschen war ein wenig verwundert, daß auf der Beratung nicht davon die Rede gewesen war, er, Hänschen, solle zum Volk sprechen und auf einem Schimmel seinen mutigen Truppen voranreiten. Sie hatten von Eisenbahnen, von Geld, von Zwieback und Schuhen für die Truppen gesprochen, von Heu, Hafer, Rindern und Schweinen, als handelte es sich gar nicht um den Krieg, sondern um etwas ganz anderes.

Hänschen hatte sehr viel von früheren Kriegen gehört, aber den modernen Krieg kannte er überhaupt nicht. Er sollte ihn erst kennenlernen, bald schon sollte er verstehen, wozu Zwieback und Schuhe nötig waren und was sie mit dem Krieg zu tun hatten.

Hänschens Unruhe wuchs, als am nächsten Tage zu gewohnter Stunde sein ausländischer Erzieher zum Unterricht erschien.

Kaum war jedoch die Hälfte der Stunde vergangen, da wurde Hänschen in den Thronsaal gerufen.

„Die Gesandten der Staaten, die uns den Krieg erklärt haben, reisen ab."

„Und wohin fahren sie?"

„Nach Hause."

Das schien Hänschen merkwürdig, daß man sie einfach so ruhig wegfahren ließ, aber es war ihm doch lieber, als hätte man sie auf einen Pfahl gespießt oder sonst irgendwie gefoltert.

„Und wozu sind sie hierhergekommen?"

„Um sich von Eurer Majestät zu verabschieden."

„Muß ich beleidigt sein?" fragte er leise, damit es die Lakaien nicht hören sollten, denn dann hätten sie vor ihm den Respekt verloren.

„Nein, Majestät sollen sich höflich von ihnen verabschieden. Im übrigen werden sie das schon allein machen."

Die Gesandten trugen keine Handschellen und keine Ketten an Händen und Füßen.

„Wir sind gekommen, um uns von Eurer Majestät zu verabschieden. Es tut uns außerordentlich leid, daß es Krieg geben muß. Wir haben alles getan, um den Krieg zu verhindern, leider ist uns das nicht gelungen. Wir sind gezwungen, Eurer Majestät die Orden zurückzugeben, die wir erhalten haben, denn es ziemt sich für uns nicht, die Orden eines Staates zu tragen, mit dem unsere Regierungen Krieg führen."

Der Zeremonienmeister nahm ihnen die Orden ab.

„Wir danken Eurer Majestät für die Gastfreundschaft in Eurer Majestät schöner Hauptstadt, aus der wir die liebsten Erinnerungen mitnehmen werden. Und wir zweifeln nicht daran, daß das Mißverständnis bald beigelegt und daß die frühere herzliche

Freundschaft unsere Regierungen wieder miteinander verbinden wird."

Hänschen stand auf und erwiderte mit ruhiger Stimme: „Sagen Sie Ihren Regierungen, ich sei aufrichtig froh, daß der Krieg ausgebrochen ist. Ich werde mich bemühen, euch so schnell wie möglich zu besiegen — aber ich stelle dann milde Friedensbedingungen. So haben es meine Vorfahren gehalten."

Einer der Gesandten lächelte, dann kam eine tiefe Verbeugung — der Zeremonienmeister klopfte mit einem silbernen Stab dreimal auf den Boden und sagte: „Die Audienz ist beendet."

König Hänschens Rede erschien in allen Zeitungen und sie wurde vom Volk begeistert begrüßt.

Vor dem Königspalast versammelte sich eine riesige Menschenmenge. Die Vivatrufe wollten kein Ende nehmen.

So vergingen drei Tage. Und König Hänschen wartete vergeblich, wann man ihn endlich rufen würde. Denn schließlich ist ja der Krieg nicht dazu da, daß die Könige weiter Grammatik lernen, Diktate schreiben und Rechenaufgaben lösen.

Tief bekümmert ging Hänschen durch den Garten, da hörte er den bekannten Kuckucksruf.

Gleich darauf hielt er einen wichtigen Brief von Fritz in der Hand.

Ich fahre an die Front. Mein Vater hat sich betrunken, wie er vorausgesagt hat, aber statt sich schlafen zu legen, bereitete er alles für die Reise vor. Er konnte sein Kochgeschirr, sein Taschenmesser und seinen Patronengürtel nicht finden. Da hat er gedacht, daß ich das alles stibitzt habe — und hat mir fürchterlich das Fell gegerbt. Heute oder morgen nacht laufe ich von zu Hause weg. Ich war schon bei der Eisenbahn. Die Soldaten haben versprochen, mich mitzunehmen. Falls Majestät mir irgendeinen Auftrag geben wollen, ich warte um sieben Uhr. Für die Reise könnte ich Wurst brauchen, am besten Dauerwurst, eine Flasche Schnaps und ein bißchen Tabak.

Schlimm ist das, wenn ein König heimlich aus seinem Palast entschlüpfen muß wie ein Dieb. Schlimmer noch, wenn er vorher in das Eßzimmer schleicht, wo dann gleichzeitig eine Flasche

Kognak, eine Wurst und ein großes Stück Lachs verschwinden.
Krieg, dachte Hänschen, im Krieg darf man ja sogar Menschen totschlagen.
Hänschen war sehr traurig. Fritz aber strahlte über das ganze Gesicht. „Kognak ist noch besser als Schnaps. Daß kein Tabak da ist, schadet nichts." Fritz hatte Blätter getrocknet, und später würde er seine Soldatenration bekommen. „Alles in Butter. Es ist nur schade, daß der Oberbefehlshaber — eine Schlafmütze ist."
„Was heißt Schlafmütze — wer?"
Hänschen stieg das Blut zu Kopfe. Da hatten ihn die Minister also wieder betrogen. Es stellte sich heraus, daß die Truppen schon seit einer Woche auf dem Marsch waren, daß es bereits zwei nicht sehr gelungene Schlachten gegeben hatte, daß an der Spitze der Truppen ein alter General stand, von dem Fritzens Vater, der allerdings ein bißchen betrunken gewesen war, gesagt hatte, er wäre ein Einfaltspinsel. Hänschen würde vielleicht später einmal zu den Truppen fahren, aber nur an einen Ort, wo ihm nichts passieren konnte. Hänschen sollte weiter lernen, und das Volk sollte ihn verteidigen. Wenn die Verwundeten in die Hauptstadt gebracht würden, dann dürfte Hänschen sie im Lazarett besuchen; und falls ein General totgeschlagen würde, müßte Hänschen zur Beerdigung gehen.
„Was heißt das? Also soll nicht ich mein Volk, sondern das Volk soll mich verteidigen?"
Wie vertrug sich das mit der königlichen Ehre, was würde Irene von ihm denken? Ist er, König Hänschen, nur darum König, um Grammatik zu lernen und den Mädchen Puppen zu schenken, die bis zur Decke reichen? Nein, wenn die Minister so dachten, dann kannten sie Hänschen aber schlecht.
Fritz verspeiste gerade die fünfte Handvoll Himbeeren, da faßte ihn Hänschen am Arm und sagte: „Fritz."
„Zu Befehl, Majestät."
„Willst du mein Freund sein?"
„Zu Befehl, Majestät."

„Fritz, was ich dir jetzt sage, ist ein Geheimnis. Du darfst mich nicht verraten, denke daran."

„Zu Befehl, Majestät."

„Heute nacht laufe ich weg und gehe mit dir an die Front."

„Zu Befehl, Majestät."

„Gib mir einen Kuß."

„Zu Befehl, Majestät."

„Und sag «du» zu mir."

„Zu Befehl, Majestät."

„Ich bin jetzt kein König mehr. Ich bin, warte mal — wie soll ich denn eigentlich heißen? Ich bin Tommy Däumling. Ich sage zu dir Fritz und zu mir Tommy."

„Zu Befehl", sagte Fritz, wobei er schnell ein Stück Lachs hinunterschluckte. Sie beschlossen: Heute nacht um zwei Uhr sollte Hänschen am Gitter stehen. „Hör mal, Tommy, wenn wir zu zweit sind, brauchen wir mehr Proviant." „Gut", sagte Hänschen unlustig, denn ihm schien, in einem so wichtigen Augenblick dürfe man nicht an den Magen denken.

Der ausländische Erzieher zog ein schiefes Gesicht, als er auf Hänschens Wange eine Spur von Himbeeren bemerkte, die von Fritzens Kuß zurückgeblieben war, aber weil die Verwirrung durch den Krieg auch in den Palast gedrungen war, sagte er nichts.

Es war unerhört: Irgend jemand hatte gestern aus der königlichen Kredenz eine eben erst angefangene Flasche Kognak, ausgezeichnete Wurst und einen halben Lachs gestohlen. Das waren Lebensmittel gewesen, die sich der ausländische Erzieher von vornherein ausbedungen hatte, als er noch zu Lebzeiten des alten Königs diese Stellung als Lehrer des Thronfolgers übernommen hatte. Und heute war er zum ersten Mal ohne seine Leckerbissen. Denn wenn auch der Koch den Verlust sehr gern ersetzen wollte, so mußte doch erst eine neue Anforderung geschrieben werden, die Palastverwaltung mußte ihren Stempel darauf drücken, der Hofmarschall mußte sie unterschreiben — und erst dann konnte er auf Befehl des Oberkellermeisters eine neue Flasche erhalten. Und wenn einer sich weigern sollte und seine Genehmigung erst nach Beendigung der Untersuchung erteilte, dann — leb wohl, geliebter Kognak, für einen Monat oder gar zwei.

Wütend goß der Erzieher dem König sein Gläschen Lebertran ein und sagte Hänschen fünf Sekunden früher, als das Reglement erlaubt, er solle schlafengehen.

Bist du da, Tommy?"

„Bist du es, Fritz?"

„Ja. Mensch, ist das dunkel, wir werden noch der Wache in die Arme laufen." Nur mit Mühe kam Hänschen auf den Baum, vom Baum auf die Mauer und von der Mauer auf den Boden.

„So was will nun ein König sein, dabei ist er ungeschickt wie ein altes Weib", murmelte Fritz vor sich hin, als Hänschen aus gar nicht so großer Höhe auf den Boden kullerte und man von weitem die Palastwache rufen hörte: „Wer da?"

„Kein Wort", flüsterte Fritz.

Beim Hinfallen hatte sich Hänschen die Hand abgeschürft: seine erste Wunde in diesem Krieg.

Sie krochen über den Weg in den Graben und von dort auf dem Bauch direkt vor der Nase der Wache bis zur Pappelallee, die zu den Kasernen führte. Sie umgingen die Kasernen auf der rechten Seite und richteten sich nach dem Licht der großen elektrischen Lampe im Arrestlokal, dann schlichen sie über die Brücke und gingen geradeaus bis zum Militärbahnhof.

Was Hänschen jetzt sah, erinnerte ihn an die Erzählungen aus alten Zeiten. Ja, das war das Lager. Soweit das Auge reichte, brannten Lagerfeuer, an denen die Soldaten Tee kochten, sich unterhielten oder auch schliefen.

Hänschen bewunderte Fritz gar nicht, daß er ihn mit solcher Sachkenntnis auf dem kürzesten Weg zu seiner Abteilung führte. Er dachte nämlich, alle Jungen, die nicht Könige wären, müßten so und nicht anders sein. Dabei war Fritz selbst unter den Allermutigsten noch eine Ausnahme. In dieser Menge, wo jede Stunde ein Zug neue Truppen brachte, wo die Abteilungen immerzu den Ort wechselten, weil sie entweder der Bahn näherkommen oder sich einen bequemeren Lagerplatz suchen wollten, in diesem Wirrwarr konnte man wirklich leicht den Überblick verlieren. Auch Fritz wußte einige Male nicht mehr, wo er sich befand, und blieb stehen. Er war am Tage hier gewesen, und seitdem hatte sich viel verändert. Vor einigen Stunden hatten hier noch Kanonen gestanden, aber der Zug hatte sie bereits weggebracht. Dafür war inzwischen ein Feldlazarett angekommen. Die Pioniere waren zum Bahndamm verlagert worden, und an ihrer Stelle standen jetzt die Funker. Ein Teil des Lagers war durch große Scheinwerfer erhellt, der andere versank in der Finsternis. Um das Unglück voll zu machen, hatte es zu regnen begonnen, und weil das Gras zertrampelt war, sank man bis über die Knöchel im zähen Schlamm ein.

Hänschen wagte nicht stehenzubleiben, um Fritz nicht zu verlieren, dabei kriegte er kaum noch Luft, denn Fritz rannte und schupste dabei die vorübergehenden Soldaten beiseite, wofür er selbst auch wieder geschupst wurde. „Hier, glaube ich, müßte es eigentlich sein", sagte er plötzlich, wobei er sich mit zusammengekniffenen Augen umschaute. Da fiel sein Blick auf Hänschen.

„Hast du denn keinen Mantel mitgenommen?" fragte er.

„Nein, mein Mantel hängt in der Schloßgarderobe."

„Und einen Rucksack hast du auch nicht? Na, weißt du, so in den Krieg zu gehen, da muß man schon völlig blöd sein", entfuhr es Fritz.

„Oder ein Held", erwiderte Hänschen beleidigt.

Fritz biß sich auf die Zunge: Er hatte ganz vergessen, daß Hänschen ja immerhin der König war. Aber er war wütend, daß es ausgerechnet regnen mußte, daß seine Bekannten, die ihm versprochen hatten, ihn in ihrem Wagen zu verbergen, ihm entwischt waren, und schließlich, daß er Hänschen mitgenommen hatte, ohne ihm ganz genau zu sagen, was er unterwegs brauchte. Fritz hatte vom Vater eine Tracht Prügel bekommen, aber dafür hatte er jetzt auch Kochgeschirr, Taschenmesser und Gürtel, ohne die kein vernünftiger Mensch in den Krieg zieht. Hänschen aber, du lieber Himmel, war in Lackschuhen und hatte einen grünen Schlips um den Hals. Und dieser in der Eile schlecht gebundene Schlips voller Schmutzspritzer gab Hänschens Gesicht einen so erbarmungswürdigen

Ausdruck, daß Fritz bestimmt laut losgelacht hätte, wären nicht die quälenden Gedanken gewesen, die ihm eben jetzt, vielleicht zu spät, durch den Kopf gingen.

„Fritz, Fritz!“ hörte er plötzlich rufen.

Ein großer Junge näherte sich ihnen, auch ein Freiwilliger, der bereits einen Soldatenmantel trug, fast schon ein richtiger Soldat.

„Ich habe dich hier erwartet. Unsere Freunde sind schon auf dem Bahnhof. In einer Stunde werden sie verladen. Schneller!“

Noch schneller, dachte König Hänschen.

„Was hast du denn da für ein Püppchen?“ fragte er und zeigte auf Hänschen.

„Das erzähle ich dir später. Es ist eine lange Geschichte; ich mußte ihn mitnehmen.“

„Na, wenn ich nicht wäre, hätten sie dich ganz bestimmt nicht mitgenommen. Und da kommst du noch mit so einer Rotznase an.“

„Werd bloß nicht frech“, antwortete Fritz zornig. „Von ihm habe ich eine Flasche Kognak“, fügte er flüsternd hinzu, damit Hänschen es nicht hören sollte.

„Laß mal probieren.“

„Später.“

Lange schritten die drei Freiwilligen dahin. Der Älteste war böse, daß Fritz nicht auf ihn gehört hatte, Fritz unruhig, weil er sich da wirklich etwas eingebrockt hatte, und Hänschen beleidigt, tödlich beleidigt, daß er diesem hergelaufenen Bengel ganz bestimmt geantwortet hätte, wie eben Könige auf Beleidigungen antworten, aber er mußte ja den Mund halten.

„Hör mal, Fritz“, ihr Führer blieb plötzlich stehen, „wenn du mir den Kognak nicht gibst, dann geh man schön allein. Den Platz habe ich dir besorgt, und du hast versprochen, mir zu gehorchen. Was soll denn daraus werden, wenn du gleich zu bocken anfängst?“

Es kam zu einem Streit, und daraus wäre vielleicht sogar eine Rauferei geworden, aber da flog plötzlich eine Kiste Raketen in die Luft, die wohl irgend jemand unvorsichtigerweise angestoßen hatte. Zwei Artilleriepferde scheuten und gingen durch. Es gab eine große Verwirrung, ein Schrei — und da lag ihr Führer mit zerschmettertem Bein in einer Blutlache.

Fritz und Hänschen standen ratlos da. Was sollten sie tun? Auf Tod, Blut und Wunden waren sie zwar vorbereitet, aber sie hatten das erst in der Schlacht, im Felde erwartet, jedenfalls ein bißchen später.

„Was treiben sich bloß diese Bengels hier herum, was ist denn das für eine Ordnung?" knurrte jemand, offenbar ein Doktor, und stieß sie zur Seite. „Das habe ich mir doch gleich gedacht: ein Freiwilliger. Wärst du nur zu Hause geblieben und hättest am Schnuller gelutscht, du Lausejunge", brummte er und schnitt ihm das Hosenbein mit einer Schere auf, die er seinem Rucksack entnommen hatte.

„Hauen wir ab, Tommy!" rief Fritz plötzlich, weil er von weitem zwei Feldpolizisten mit einer Bahre kommen sah, auf die sie wahrscheinlich den unglücklichen Freiwilligen legen wollten.

„Können wir ihn denn so liegenlassen?" fragte Hänschen schüchtern.

„Was denn sonst? Der kommt ins Krankenhaus. Für den Krieg taugt er sowieso nicht mehr."

Sie versteckten sich im Schatten eines Zeltes. Ein Weilchen später lag der Platz verlassen da, nur ein Stiefel und ein Mantel waren übriggeblieben, die die Sanitäter weggeworfen hatten, als sie den Verwundeten auf die Tragbahre legten, und im Matsch war noch das Blut zu sehen.

„Den Mantel können wir brauchen", sagte Fritz. „Wenn er gesund wird, bekommt er ihn zurück", fügte er zu seiner Rechtfertigung hinzu. „Los, gehen wir zum Bahnhof. Wir haben mindestens zehn Minuten verloren." Die Abteilung wurde gerade nachgezählt, als sie sich auf dem Bahnsteig durchdrängelten.

„Nicht auseinandergehen!" befahl ein junger Leutnant. „Ich bin gleich wieder da."

Fritz erzählte von dem Abenteuer des Freiwilligen und stellte Hänschen nicht ohne Angst vor.

„Der Leutnant wird ihn auf der ersten Station aus dem Waggon herausschmeißen. Von dir haben wir ihm schon gesagt; und sogar da hat er gebrummt."

„Wie alt bis du denn, du Krieger?"

„Zehn."

„Na, daraus wird bestimmt nichts. Wenn du durchaus willst, kannst du ja in den Waggon steigen. Aber der Leutnant wirft dich bestimmt hinaus, und wir kriegen was zu hören."

„Wenn mich der Leutnant aus dem Waggon herausschmeißt, dann gehe ich eben zu Fuß!" brauste Hänschen auf.

Er schluckte an seinen Tränen. Was sollte das eigentlich bedeuten? Er, der König, der an der Spitze seiner Truppen auf einem Schimmel hätte die Hauptstadt verlassen müssen, aus allen Fenstern mit Blumen überschüttet, er mußte sich jetzt heimlich wie ein Dieb wegstehlen, um seine heilige Pflicht zu erfüllen, um sein Land und seine Untertanen zu verteidigen — und dabei wurde er noch von allen Seiten beleidigt.

Beim Anblick des Kognaks und des Lachses hellten sich die Gesichter der Soldaten schnell wieder auf.

„Das ist ja königlicher Kognak, königlicher Lachs", sagten sie anerkennend. Mit geheimer Schadenfreude schaute Hänschen zu, wie jetzt die Soldaten den Kognak seines Erziehers austranken.

„Na, kleiner Kamerad, gieß du dir auch mal einen hinter die Binde; wollen mal sehen, ob du Krieg zu führen verstehst."

„Nieder mit dem Tyrannen!" rief er.

„Hi, hi, das ist ja ein richtiger Revolutionär", ließ sich ein junger Korporal vernehmen. „Wer ist denn deiner Meinung nach ein Tyrann? Doch nicht Hänschen? Sei nur vorsichtig, mein Sohn, für so ein «nieder» kann man leicht eine Kugel zwischen die Rippen bekommen."

„König Hänschen ist kein Tyrann", erwiderte Hänschen lebhaft.

„Der ist klein. Man weiß noch nicht, was aus ihm wird."

Hänschen wollte noch etwas sagen, aber Fritz lenkte das Gespräch geschickt auf ein anderes Thema.

„Ich sage euch, wir gehen da so zu dritt, da knallt es auf einmal los: Ich dachte erst, es wäre eine Bombe, aber es war nur so eine Kiste mit Raketen. Dann fielen Sterne vom Himmel."

„Warum, zum Teufel, brauchen die eigentlich Raketen im Krieg?"

„Um den Weg zu beleuchten, wenn keine Scheinwerfer da sind."

„Und gleich daneben stand schwere Artillerie, die Pferde scheuten und rasten direkt auf uns los. Wir beide sprangen zur Seite, aber er hat es nicht mehr geschafft."

„Und hat es ihn schlimm getroffen?"

„Es war viel Blut da, man hat ihn gleich weggebracht."

„Ja, der Krieg. Habt ihr noch was von dem Kognak? Wo bleibt nur der Zug?"

In diesem Augenblick fuhr fauchend der Zug ein. War das ein Krach, eine Verwirrung, ein Hin- und Hergerenne!

„Noch nicht einsteigen!" rief der Leutnant schon von weitem. Aber seine Stimme ging im Lärm unter.

Die Soldaten warfen Hänschen und Fritz wie zwei Pakete in den Waggon. Irgendwo bäumten sich zwei Pferde auf, weil sie nicht in den Waggon hineinwollten. Waggons sollten abgehängt oder angehängt werden — der Zug fuhr an. Da ratterte irgend etwas, und er fuhr wieder zurück.

Ein Offizier kam mit einer Laterne zum Waggon und rief Namen auf. Dann liefen die Soldaten mit Kochgeschirren los, um die Suppe zu holen.

Hänschen sah und hörte alles, aber die Augen fielen ihm zu. Wann der Zug endlich abfuhr, wußte er nicht. Als er aufwachte, sagte ihm das gleichmäßige Rollen der Räder, daß der Zug schon in voller Fahrt war.

Ich fahre, dachte König Hänschen und schlief wieder ein.

Der Zug bestand aus dreißig Güterwagen für die Soldaten, einigen offenen Wagen mit Lafetten und Maschinengewehren und einem Personenwagen für die Offiziere.
Als Hänschen erwachte, hatte er Kopfschmerzen. Auch das verletzte Bein, der Rücken und die Augen taten ihm weh. Seine Hände waren schmutzig und klebrig, und außerdem juckte es ihn unerträglich.
„Steht auf, Rotznasen, eure Suppe wird ja kalt."
Hänschen, der an das Soldatenessen nicht gewöhnt war, bekam nur ein paar Löffel voll herunter.
„Iß nur, Tommy, etwas anderes bekommst du nicht", ermunterte ihn Fritz, aber das half alles nichts.
„Der Kopf tut mir weh."
„Hör mal, Tommy, werd nur nicht krank", flüsterte sorgenvoll sein Gefährte. „Im Krieg darf man verwundet werden, aber krank wird man nicht."
Und plötzlich begann Fritz sich zu kratzen.
„Mein Alter hat recht gehabt", sagte er. „Da sind sie schon, die Mistviecher. Beißen sie dich denn nicht?"
„Wer?" fragte Hänschen.
„Wer? Die Flöhe. Vielleicht auch noch schlimmeres. Mein Alter hat mir gleich gesagt, die Kugeln sind im Krieg nicht so schrecklich wie diese kleinen Biester."
Hänschen kannte die Geschichte von dem unglücklichen Lakai und er dachte bei sich: Wie wohl das Ungeziefer aussieht, über das der König sich damals so geärgert hat?
Aber er hatte nicht lange Zeit, nachzudenken, denn der Korporal rief: „Versteckt euch schnell, der Leutnant kommt!"
Sie wurden in eine Ecke des Waggons geschupst und zugedeckt.
Die Soldaten schauten ihre Kleidung durch, und als sich herausstellte, daß der eine oder andere etwas Stoff übrig hatte, da

machte sich ein Schneider, der sich unter ihnen befand und der seinen Beruf liebte, gern daran, für die Freiwilligen Uniformen daraus zu nähen.
Mit den Schuhen war es schon schlimmer.
„Hört mal, Jungens, wollt ihr wirklich in den Krieg?"
„Darum sind wir doch unterwegs."
„Aber wie wollt ihr denn marschieren? Stiefel sind für den Soldaten nach dem Gewehr das Wichtigste. Ein Soldat muß gute Füße haben, denn wenn er sie sich aufreibt, ist er nur noch ein alter Opa. Dann kräht kein Hahn mehr nach ihm."
Sie fuhren immer weiter. Unterwegs blieben sie oft lange Zeit stehen. Entweder hielten sie für eine Stunde oder länger auf einem Bahnhof, oder man rangierte ihren Zug auf ein Abstellgleis, um wichtigere Züge vorzulassen, sie fuhren auch wieder zurück zu Bahnhöfen, durch die sie schon einmal gekommen waren, oder sie blieben einige Meilen vor irgendeiner Station stehen, weil die Strecke verstopft war.
Die Soldaten sangen, und im Nachbarwaggon spielte jemand auf dem Schifferklavier. Bei Aufenthalten wurde sogar getanzt. Nur Hänschen und Fritz wurde die Zeit immer länger, besonders, weil man sie aus dem Waggon nicht herausließ.
„Lehnt euch nicht hinaus, damit euch der Leutnant nicht sieht."
Hänschen war so müde, als hätte er schon mindestens fünf große Schlachten hinter sich. Er konnte aber nicht einschlafen, weil es ihn so unerträglich juckte; und aussteigen durfte er nicht, wenn er auch noch so gerne wollte und wenn es auch im Waggon noch so heiß war.
„Wißt ihr, warum wir hier so lange stehen?" Ein lustiger Soldat kam angelaufen, der immer irgendwelche Neuigkeiten aufschnappte.
„Na warum? Wahrscheinlich hat der Feind eine Brücke in die Luft gesprengt, oder die Gleise sind beschädigt."
„Nein, an der Brücke stehen unsere Truppen Wache."
„Na, dann wird wohl die Kohle alle sein, weil die Eisenbahn nicht für alle Züge vorgesorgt hat."

„Vielleicht hat ein Spion die Lokomotive kaputtgemacht?"

„Auch das ist es nicht. Alle Transporte werden angehalten, weil der Hofzug hier durchfährt."

„Zum Donnerwetter noch einmal, wer soll denn damit fahren? König Hänschen etwa?"

„Den brauchen sie doch dort."

„Ob sie ihn brauchen oder nicht, jedenfalls fahren die Könige heute nicht mehr in den Krieg."

„Andere vielleicht nicht, aber Hänschen könnte vielleicht doch fahren", mischte sich Hänschen plötzlich ein, obwohl ihn Fritz am Mantel zog.

„Die Könige sind sich alle gleich. Vielleicht war das früher mal anders."

„Was wissen denn wir, wie es früher war. Vielleicht haben sie damals genauso im warmen Bett gelegen, und uns lügt man die Hucke voll, weil alle vergessen haben, wie es damals wirklich war."

„Wozu sollen sie denn lügen?"

„Na, sagt doch mal selbst, wieviele Könige sind im Krieg gefallen und wieviel Soldaten?"

„Weil es immer nur einen König gibt, aber viele Soldaten."

„Dir reicht wohl noch nicht mal der eine. Der macht uns auch schon genug zu schaffen."

Hänschen wollte seinen Ohren nicht trauen. Er hatte soviel von der Liebe des Volkes und besonders der Truppen zum König gehört. Gestern noch hatte er gedacht, er müßte sich verstecken, damit ihm aus übergroßer Liebe kein Schaden geschähe, und jetzt sah er plötzlich, daß die Entdeckung, wer er in Wirklichkeit war, beileibe keinen Begeisterungssturm ausgelöst hätte.

Komisch war das: Da fuhren die Truppen, um für einen König zu kämpfen, den sie nicht liebten.

Hänschen fürchtete, sie könnten auch über seinen Vater etwas Böses sagen. Aber nein, den lobten sie sogar.

„Der alte König hatte den Krieg nicht gern. Er wollte nicht kämpfen, und er zwang auch das Volk nicht dazu."

Diese Bemerkung machte dem armen Hänschen das Herz wieder etwas leichter.

„Um die Wahrheit zu sagen, was soll so ein König auch im Krieg? Soll er vielleicht auf der Erde schlafen, da bekommt er ja gleich einen Schnupfen. Und die Flöhe lassen ihm auch keine Ruhe. Vom Geruch des Soldatentuches tut ihm der Kopf weh. Die haben doch eine zarte Haut und eine verwöhnte Nase."

Hänschen mußte zugeben, daß das stimmte.

Gestern hatte er auf der Erde geschlafen, und wirklich hatte er Schnupfen. Der Kopf tat ihm weh, und seine Haut juckte schrecklich.

„Na, laßt es gut sein, Jungens, wir werden da sowieso nicht schlau draus. Singen wir lieber eins."

„Wir fahren weiter!" schrie jemand.

Und wirklich ratterte der Zug ziemlich schnell los. Keiner wußte warum, aber es war die ganze Zeit so: Wenn jemand gesagt hatte, der Zug werde lange Zeit Aufenthalt haben, dann fuhr er immer gleich wieder ab, und dann mußten die Soldaten während der Fahrt aufspringen, manche schafften es nicht mehr und blieben stehen.

Sie kamen auf einem größeren Bahnhof an. Und hier stellte sich wirklich heraus, daß irgendeine hohe Persönlichkeit durchfahren sollte. Da waren Fahnen, eine Ehrenkompanie, weißgekleidete Damen und zwei Kinder mit schönen Blumensträußen.

„Der Kriegsminister fährt an die Front."

Der Zug wurde wieder auf ein Abstellgleis geschoben. Da standen sie die ganze Nacht, und Hänschen schlief wie ein Toter. Er war hungrig und müde, und er träumte gar nichts, sondern schlief ganz fest.

Vom frühen Morgen an wurden die Waggons gescheuert und gereinigt, der Leutnant lief immerzu hin und her und sah sich alles ganz genau an.

„Wir müssen euch verstecken, Jungens, sonst gibt es einen Heidenkrach", sagte der Korporal.

Fritz und Hänschen fanden in der Hütte eines Weichenstellers Unterkunft. Seine Frau nahm sich ihrer an. Aber neugierig war sie! Sie glaubte, aus den Jungen mehr herauszubekommen.

„Ach, Kinder, Kinder", jammerte sie, „wozu hattet ihr das eigentlich nötig? Wäre es nicht besser gewesen, in die Schule zu gehen? Seid ihr schon lange dabei? Woher kommt ihr eigentlich, und wohin fahrt ihr?"

„Liebe Frau", erwiderte Fritz düster, „unser Vater ist Unteroffizier. Als er wegfuhr, hat er uns gesagt: Ein guter Soldat hat Beine zum Marschieren, Hände, damit er sein Gewehr tragen kann, Augen zum Sehen, Ohren zum Hören und einen Mund, den er halten soll; höchstens, wenn er seine Soldatensuppe schluckt, darf er ihn aufmachen. Mit dem Gewehr verteidigt der Soldat nur seinen eigenen Kopf. Aber durch seine Zunge kann er nicht nur seinen Kopf verlieren, sondern seine ganze Abteilung ins Verderben stürzen. Woher und wohin wir fahren, das ist militärisches Geheimnis. Wir wissen nichts, und wir sagen auch nichts."

Der guten Weichenstellerfrau blieb der Mund vor Staunen offen.

„Wer hätte das gedacht. So ein kleiner Bengel redet wie ein Alter. Aber ihr habt recht, es treiben sich genug Spione unter den Truppen herum. Da zieht sich einer einfach Uniform an und fragt die Leute aus, und wenn er alles weiß, dann läuft er damit, hast du nicht gesehen, zum Feind."

Und vor lauter Achtung gab sie ihnen nicht nur Tee, sondern auch Wurst. Hänschen ließ sich das Frühstück gut schmecken: Er war froh, daß er sich endlich einmal wieder richtig gewaschen hatte.

„Der königliche Zug!" erklang ein Ruf.

Fritz und Hänschen kletterten auf eine Leiter, die am Stall des Weichenstellers lehnte.

„Da kommt er."

Ein schöner Personenzug mit großen Fenstern fuhr ein. Das Orchester spielte die Nationalhymne. Am Fenster stand der Kriegsminister, den Hänschen nur allzugut kannte.

Einen Augenblick kreuzte sich Hänschens Blick mit dem des Kriegsministers.

Hänschen schlotterten die Knie, und schnell bückte er sich: Das hätte ja eine schöne Geschichte geben können, wenn ihn der Minister erkannt hätte. Der Minister konnte Hänschen aber gar nicht erkennen, erstens, weil er mit seinen Gedanken ganz woanders, bei sehr wichtigen Dingen war, und zweitens, weil er sich ja in der Hauptstadt von einem nachgemachten Hänschen verabschiedet hatte, als er losfuhr. Das war schon nach der Flucht des echten Königs gewesen; der Ministerpräsident hatte sie als erster entdeckt. Doch davon wird noch die Rede sein.

Der Außenminister hatte ihm gesagt, er solle sich auf einen Krieg mit einem einzigen König vorbereiten, und nun hieß es plötzlich gleich gegen drei kämpfen.

Der Kriegsminister wußte bald nicht mehr ein noch aus: Geh und kämpfe, das ist leicht gesagt, wenn es gleich gegen drei Feinde geht. Selbst wenn er einen oder zwei schlagen sollte, konnte ihn immer noch der dritte erledigen. Soldaten waren vielleicht genug da, aber weder die Gewehre noch die Kanonen noch die Uniformen reichten aus. Darum hatte sich der Minister folgenden Plan ausgetüftelt.

Unverhofft wollte er sich auf den ersten Feind stürzen, ihn schlagen, ihm alles wegnehmen, was er für den Krieg vorbereitet hatte — und erst dann dem zweiten gegenübertreten.

So ein kleines bißchen tat es Hänschen doch weh, als er sah, wie die Soldaten strammstanden, wie dem Minister die Blumen überreicht wurden und wie das Orchester spielte.

Eigentlich ist das alles für mich bestimmt, dachte er.

Aber dann überlegte er wieder: Ja, nur so herumlaufen und salutieren, Blumen entgegennehmen und Musik hören, ist nicht schwer. Aber Hänschen hätte ja nicht einmal gewußt, wohin er die Truppen schicken sollte, weil er die Erdkunde noch nicht richtig konnte.

Hänschen kannte ja nur ein paar Flüsse, Berge und Inseln, er wußte, daß die Erde rund ist und sich um ihre eigene Achse dreht, aber so ein Minister mußte doch alle Festungen und alle

Straßen, ja, jeden einzelnen Waldweg kennen. Hänschens Urgroßvater hatte eine große Schlacht gewonnen, denn als der Feind seine Truppen gegen ihn führte, da hatte er sich mitten im Wald versteckt und so lange gewartet, bis der Feind drin war, dann war er auf schmalen Pfaden dem Feind in den Rücken gefallen und hatte ihn aufs Haupt geschlagen. Der Feind hatte gedacht, er habe Urgroßvaters Heere vor sich, aber der hatte ihn ganz unerwartet von hinten angegriffen und hatte den Feind außerdem noch in die Sümpfe getrieben.

Und Hänschen? Kannte er etwa seine Wälder und Moore?

Er sollte sie jetzt erst kennenlernen. Wäre er in der Hauptstadt geblieben, dann hätte er nur seinen Schloßpark gesehen. So aber würde er seinen ganzen Staat kennenlernen.

Die Soldaten hatten recht gehabt, als sie über Hänschen lachten. Hänschen war noch ein ganz kleiner König, der nur sehr wenig gelernt hatte. Ja, es war schlimm, daß der Krieg jetzt schon ausgebrochen war. Wenn es doch ein oder zwei Jahre später geschehen wäre!

Aber nun muß ich euch erst einmal erzählen, was im Schloß passierte, als man entdeckte, daß der König verschwunden war.
Morgens kam der älteste Lakai ins Schlafzimmer und wollte seinen Augen nicht trauen: Das Fenster stand offen, das Bett war zerwühlt, und von Hänschen keine Spur.
Der königliche Lakai war ein kluger Mann: Er schloß das Schlafzimmer ab, rannte zum Zeremonienmeister, der noch schlief, weckte ihn und flüsterte ihm ins Ohr: „Hochwohlgeborener Herr Zeremonienmeister, der König ist weg." Der Zeremonienmeister rief den Ministerpräsidenten an.
Es waren noch keine zehn Minuten vergangen, da rasten in wildem Tempo drei Autos heran:
der Ministerpräsident,
der Innenminister,
der Polizeipräfekt.
„Man hat den König entführt."
Klar. Dem Feind mußte sehr daran liegen, den König zu stehlen. Wenn die Truppen erfuhren, daß der König weg war, dann würden sie keine Lust mehr zum Krieg haben, und der Feind könnte die Hauptstadt kampflos einnehmen.
„Wer weiß etwas davon, daß der König weg ist?"
„Niemand."
„Sehr gut."
„Wir müssen jetzt nur erfahren, ob Hänschen entführt worden ist, oder ob man ihn ermordet hat. Herr Polizeipräfekt, wollen Sie das bitte untersuchen. In einer Stunde erwarte ich die Antwort."
Im Schloßpark gab es einen Teich. Vielleicht hatte man Hänschen darin ertränkt? Aus dem Seefahrtsministerium wurde ein Taucheranzug geholt. Ein Taucheranzug, das ist eine eiserne Glocke mit kleinen Fernstern und einem Rohr, durch das man die Luft pumpt. Der Polizeipräfekt stülpte sich diese Glocke über

den Kopf, stieg in den Teich und suchte den Grund ab. Und von oben pumpten ihm die Matrosen Luft zu. Aber er konnte Hänschen nicht finden.
Man rief den Doktor und den Handelsminister in das Schloß. All das ging in strengstem Geheimnis vor sich, aber irgend etwas mußte man ja sagen, weil die Dienstboten wußten, es war etwas geschehen, wenn die Minister schon am frühen Morgen herumliefen, als wären sie von der Tarantel gestochen.
Also sagten sie, Hänschen wäre krank, und der Doktor hätte ihm Krebse zum Frühstück verschrieben. Und deshalb wäre der Polizeipräfekt in den Teich getaucht.
Dem ausländischen Erzieher sagte man, Hänschen könne heute keinen Unterricht haben, er liege zu Bett. Die Anwesenheit des Doktors bestätigte allen, daß das die Wahrheit war.
„Schön und gut", sagte der Innenminister, „heute können wir ruhig sein, aber was soll morgen geschehen?"
„Ich bin hier der Ministerpräsident und habe einen klugen Kopf. Das werdet ihr gleich sehen."
Der Handelsminister kam angefahren.
„Erinnern Sie sich an die Puppe, die Hänschen uns für die kleine Irene kaufen ließ?"
„Ich kann mich noch ganz genau darauf besinnen. Der Finanzminister hat mir doch damals einen Riesenkrach gemacht, er sagte, ich werfe das Geld zum Fenster hinaus."
„Also fahren Sie sofort zum Fabrikanten und sagen Sie ihm, morgen müsse er nach dieser Fotografie eine Puppe von Hänschen anfertigen, aber sie müsse so aussehen, daß alle Leute denken, es sei wirklich Hänschen. Niemand darf merken, daß es nur eine Puppe ist."
Der Polizeipräfekt hatte extra zehn Krebse aus dem Teich gezogen, die sogleich mit großem Lärm in die Hofküche geschickt wurden. Und der Doktor schrieb folgendes Rezept:

Rp.

Krebssuppe

ex 10 Krebse dosis una

Alle zwei Stunden ein Eßlöffel.

Als der Hoflieferant hörte, der Handelsminister erwarte ihn in seinem Arbeitszimmer, rieb er sich die Hände.
„Hänschen hat wieder einen Einfall gehabt."
Er brauchte diese Bestellung sehr nötig, denn bei Kriegsausbruch waren fast alle Väter und Onkel weggefahren, und niemand hatte jetzt Lust zum Puppenkaufen.
„Herr Fabrikant, es ist eine Bestellung, die morgen fertig sein muß."
„Das wird schwer gehen. Fast alle meine Arbeiter sind im Krieg, mir sind nur Frauen und Kranke geblieben. Und außerdem bin ich mit Arbeit überhäuft, denn fast jeder Vater, der in den Krieg geht, kauft seinen Kindern Puppen, damit sie nicht weinen."
Der Fabrikant log wie gedruckt. Keiner seiner Arbeiter war in den Krieg gezogen, weil er ihnen für die Arbeit so wenig bezahlte, daß sie alle vor Hunger krank und zum Kriegsdienst untauglich waren. Und Bestellungen hatte er gar keine. Er sagte das nur so, weil er viel Geld herausschlagen wollte.
„Sehen Sie, der König muß sich häufig zeigen", sagte der Handelsminister. „Er muß immer wieder durch die Stadt fahren, damit die Leute nicht denken, jetzt im Krieg verkrieche er sich vor Angst. Er ist doch aber noch ein Kind: Was soll man ihn da dauernd hierhin und dorthin durch die Stadt fahren? Es könnte regnen, er würde sich erkälten und krank werden. Sie verstehen doch, daß man gerade jetzt auf die Gesundheit des Königs achten muß." Der Fabrikant war viel zu klug, um sich nicht sofort zu denken, daß das nur eine Ausrede war, hinter der sich irgendein Geheimnis verbarg . . .
„Also unbedingt morgen?"
„Morgen früh um neun."
Der Fabrikant nahm seinen Füllfederhalter und tat, als rechne er etwas — Hänschen müsse ja aus dem allerbesten Porzellan gemacht werden, und er wisse nicht, ob er genug davon habe. Ja, sehr teuer würde das werden. Und den Arbeitern müsse er Schweigegeld bezahlen. Und eine Maschine sei ihm kaputtgegangen. Es würde allerhand kosten, sie jetzt wieder heilzumachen. Ja, und andere Bestellungen müsse er aufschieben.

Lange, lange rechnete er. „Herr Handelsminister, wenn nicht der Krieg wäre — ich verstehe, jetzt wird viel Geld für die Truppen und Kanonen gebraucht — wenn nicht der Krieg wäre, müßten Sie das Doppelte bezahlen. Aber so — hier haben Sie meinen endgültigen Preis . . ."

Und er nannte eine Summe, die war so hoch, daß der Handelsminister sich einfach verschluckte.

„Das ist ja Wucher."

„Herr Minister, wollen Sie bitte die nationale Industrie nicht beleidigen."

Der Minister rief den Ministerpräsidenten an, denn allein hatte er Angst, soviel Geld auszugeben. Und weil er fürchtete, jemand könne das Gespräch belauschen, sagte er statt Puppe Kanone.

„Herr Ministerpräsident, man verlangt furchtbar viel Geld für diese Kanone."

Der Ministerpräsident dachte sich gleich, worum es ging, also sagte er: „Feilschen Sie nicht, nur sagen Sie ihm, sie müsse salutieren, wenn man an der Schnur zieht."

Die Telefonistin wunderte sich sehr, was das für eine Kanone war, die salutieren konnte.

Doch das lehnte der Fabrikant ab.

Das wäre nicht seine Sache. Damit sollte man sich an den Hofmechaniker oder Hofuhrmacher wenden. Er wäre ein ernstzunehmender Industrieller und kein Zauberkünstler. Hänschen könnte die Augen schließen, aber salutieren werde er nicht — und basta. Endlich sagte er auch dazu ja, aber keinen Heller wollte er vom Preis ablassen.

In Schweiß gebadet und hungrig kehrte der Handelsminister nach Hause zurück.

In Schweiß gebadet und hungrig war auch der Polizeipräfekt ins Schloß zurückgekommen.

„Ich weiß schon, wie Hänschen gestohlen wurde, ich habe mir das alles ganz genau angesehen.

Nämlich so: Als Hänschen schlief, stülpte man ihm einen Sack über den Kopf und trug ihn in den Schloßpark zu der Stelle, wo die Himbeeren wachsen. Zwischen den Himbeeren ist die Erde festgetreten. Dort verlor Hänschen die Besinnung. Um ihn wieder ins Bewußtsein zu bringen, gab man ihm also Himbeeren und Kirschen. Es lagen sechs Kirschkerne dort. Als man Hänschen über die Mauer trug, muß er sich gewehrt haben, denn an der Baumrinde finden sich Spritzer blauen Blutes. Um alle Spuren zu verwischen, setzte man ihn auf eine Kuh. Der Präfekt hatte die Fußtapfen der Kuh gesehen. Der Weg führte in den Wald, dort wurde der Sack gefunden." Und dann wurde Hänschen bestimmt irgendwo versteckt, nur wo, das wußte der Präfekt nicht, denn die Zeit reichte nicht, um das festzustellen, und fragen durfte er nicht, um das Geheimnis nicht zu verraten. Der ausländische Erzieher muß überwacht werden, er ist sehr verdächtig. Er hat sich nämlich erkundigt, ob er Hänschen besuchen dürfe.

„Hier sind die Kirschkerne und der Sack."

Der Ministerpräsident legte Sack und Kirschkerne in eine Truhe, hängte ein Schloß davor und versiegelte es mit rotem Lack, obendrauf schrieb er lateinisch: *corpus delicti*.

Das ist immer so: Wenn jemand etwas selbst nicht weiß und nicht will, daß es die anderen erfahren, dann schreibt er lateinisch.

Am nächsten Tag meldete sich der Kriegsminister, um sich zu verabschieden, die Puppe Hänschen aber sagte kein Wort, sie salutierte nur.

An allen Straßenecken wurden Bekanntmachungen angeklebt, die Bevölkerung der Hauptstadt könne ruhig arbeiten, denn König Hänschen werde täglich im offenen Auto spazierenfahren.

Der Plan des Kriegsministers gelang. Die Feinde dachten, Hänschens Truppen würden sofort gegen alle drei gleichzeitig losschlagen. Er dagegen zog seine Soldaten an einer Stelle zusammen, stieß mit voller Kraft gegen den einen vor und besiegte ihn. Die Armee machte riesige Beute, und er verteilte die Gewehre, Stiefel und Rucksäcke an die Soldaten, für die es nicht mehr gereicht hatte.

Hänschen kam gerade in dem Augenblick an der Front an, als die Kriegsbeute verteilt wurde.

„Was sind denn das für Krieger?" wunderte sich der Hauptheeresintendant; das ist der Mann, der Uniformen und Essen ausgibt.

„Wir sind genau solche Krieger wie alle anderen", sagte Fritz, „nur ein bißchen kleiner."

Jeder suchte sich ein Paar Stiefel, einen Revolver, ein Gewehr und einen Rucksack aus. Fritz tat es jetzt leid, daß er seinem Vater Gürtel und Taschenmesser gemaust hatte und völlig unnötig dafür verdroschen worden war. Aber wer hätte auch voraussehen können, welche Überraschungen der Krieg mit sich bringen würde?

Nicht umsonst sagte man, der Oberbefehlshaber wäre nicht allzu klug. Statt die Beute zu nehmen, sich zurückzuziehen und sich einzugraben, ging er weiter vor. Er eroberte fünf oder sechs Städte, die er gar nicht brauchte, und erst dann ließ er Schützengräben ausheben. Aber jetzt war es zu spät, denn die beiden anderen Feinde eilten dem ersten zu Hilfe.

So hieß es später, aber Hänschens Abteilung wußte nichts davon, weil im Krieg immer alles geheimgehalten wird.

Es kam ein Befehl, sie sollten irgendwohin marschieren, dann kam ein anderer, sie sollten etwas tun. Und da mußte man eben marschieren und den Befehl ausführen, ohne zu fragen und ohne ein Wort zu sagen.

Die besiegte ausländische Stadt gefiel Hänschen. Sie schliefen in bequemen großen Zimmern, auf dem Fußboden zwar, aber das ist immer noch besser als eine enge Hütte oder das freie Feld.

Voller Sehnsucht wartete Hänschen auf die erste Schlacht, denn bis jetzt hatte er zwar schon viel Interessantes gesehen und gehört, aber den richtigen Krieg kannte er noch nicht. War das aber schade, daß er zu spät gekommen war! In der Stadt blieben sie nur eine Nacht, und am nächsten Tag wurde weitermarschiert.

„Halt, eingraben."

Hänschen hatte vom modernen Krieg keine Ahnung. Er dachte, das Heer kämpfe nur, erobere Pferde und reite immer weiter und weiter, dem Feind auf den Fersen. Er hätte sich aber nie träumen lassen, daß Soldaten Gräben ausheben, vor diesen Gräben Pfähle mit Stacheldraht in die Erde schlagen und dann da wochenlang herumhocken. Darum hatte er zu dieser Arbeit auch gar keine Lust. Er war müde, und alle Knochen taten ihm weh; kämpfen, das schickt sich für einen König, aber Gräben bauen, das konnte jeder andere besser als er.

Und jetzt kam Befehl auf Befehl, sie sollten sich beeilen, der Feind sei nahe. Und wirklich hörte man bereits Kanonendonner.

Plötzlich kam mit dem Auto ein Pionieroberst angerast, der schrie, ballte die Fäuste und drohte, er würde alle erschießen, die zu langsam und zu flach gruben.

„Morgen kommt es zur Schlacht, und hier legen sie die Hände in den Schoß." „Und was machen die beiden hier?!" schrie er in hellem Zorn. „Was sind denn das für zwei Riesen?"

Und vielleicht hätte jetzt der Pionieroberst seine ganze Wut an den beiden Freiwilligen ausgelassen, aber da fing über ihren Köpfen ein feindliches Flugzeug an zu brummen.

Der Oberst schaute durch den Feldstecher, doch das ließ er sehr schnell wieder sein, sprang in seinen Wagen und haute so schnell wie möglich wieder ab. Bum, bum, bum — fielen drei Bomben, eine nach der anderen. Zum Glück wurde niemand

verwundet, aber alle sprangen in die eben ausgehobenen Gräben, denn da war es sicherer.
Bomben und Kanonenkugeln enthalten Sprengstoff. Und wenn so ein Geschoß platzt, dann spritzen die Splitter in alle Richtungen, verwunden die Menschen oder schlagen sie tot. Wer aber tief im Graben sitzt, dem kann höchstens etwas passieren, wenn ein Geschoß direkt in den Graben trifft. Doch das kommt nur selten vor, weil die Kanonenkugeln ein paar Meilen weit fliegen, und aus einer solchen Entfernung kann man nur schwer in den Graben zielen.
Die drei Bomben lehrten Hänschen eine ganze Menge. Jetzt jammerte er nicht mehr und begehrte nicht mehr auf, sondern ergriff seinen Spaten und arbeitete so lange, bis ihm vor Müdigkeit die Hände herunterfielen und er sich, so lang er war, in den Graben legte. Die Soldaten weckten ihn nicht, sie arbeiteten beim Lichte der Raketen die ganze Nacht hindurch. Und mit dem ersten Morgenstrahl machte der Feind seinen ersten Angriff.
Vier feindliche Reiter zeigten sich, die Späher, die feststellen sollten, wo sie nun eigentlich waren, um ihre eigenen Truppen zu warnen. Aus den Gräben wurde auf sie geschossen, einer fiel, wahrscheinlich tot, vom Pferd, die anderen drei ergriffen die Flucht.
„Gleich kommt es zur Schlacht!" rief der Leutnant. „Im Graben liegen, nur die Gewehre herausstecken und abwarten", lautete der Befehl.
Und wirklich zeigten sich bald darauf die Truppen des Feindes. Von beiden Seiten begann man zu schießen. Nur lag Hänschens Abteilung in den Gräben in Deckung, während die anderen über freies Feld gingen. Die feindlichen Kugeln flogen über den Graben, über die Köpfe der Soldaten hinweg, man hörte nur ihr Pfeifen und Summen, und der Feind hatte große Verluste. Jetzt verstand Hänschen, wie recht der Pionieroberst gestern gehabt hatte, als er sich so ärgerte, und er verstand auch, daß jeder Befehl im Krieg schnell und ohne Widerrede erfüllt werden muß.

Ja, Zivilpersonen können das machen, wie sie wollen, gehorchen oder nicht; ein Soldat aber weiß nur eins: Ein Befehl muß ohne Zögern ausgeführt werden.
Heißt es vorwärts, dann geht man vor, heißt es zurück, dann marschiert man zurück, wird befohlen zu graben, dann gräbt man eben.
Die Schlacht dauerte den ganzen Tag. Endlich begriff der Feind, daß sich hier nichts machen ließ. Daher zog er sich zurück und begann sich auch einzugraben. Aber es ist ganz anders, wenn von allen Seiten her die Kugeln pfeifen, als wenn man in aller Ruhe die Gräben aushebt und niemand einen stört.
Nachts gingen jeden Augenblick Raketen hoch, so daß es taghell war — und wenn jetzt auch weniger geschossen wurde, weil die Soldaten müde waren und sich beim Schießen und Schlafen abwechselten — so ging die Schlacht doch weiter.
„Wir haben uns tapfer gehalten", sagten zufrieden die Soldaten.
„Wir haben uns tapfer gehalten", telefonierte der Leutnant in den Stab. Telefon war auch schon da.
Wie groß war also ihre Verwunderung und ihr Ärger, als sie am nächsten Tag den Befehl erhielten, sich zurückzuziehen.
„Warum? Die Gräben sind fertig, den Feind haben wir aufgehalten, wir können uns verteidigen."
Wäre Hänschen der Leutnant gewesen, er hätte den Befehl bestimmt nicht ausgeführt. Das mußte doch ein Irrtum sein. Sollte doch der Oberst herkommen, sollte er doch sehen, wie gut sie mit dem Feind fertig wurden. So viele Feinde waren gefallen, und bei ihnen war nur ein einziger an der Hand verwundet, denn als sie aus dem Graben geschossen hatten, da hatte er die Finger zu weit herausgestreckt, und eine feindliche Kugel hatte ihn gestreift. Woher konnte denn der Oberst, der doch weit weg war, wissen, was hier los war.
Hänschen war nahe daran, zu schreien: „Ich bin König Hänschen! Der Oberst kann befehlen, was er will, ich lasse nicht zu, daß wir zurückgehen!" Ein König steht über dem Oberst.
Wenn er es nicht tat, so nur deshalb, weil er nicht ganz sicher war, ob man ihm glauben würde.

Und zum zweiten Mal überzeugte sich Hänschen davon, daß man beim Militär nicht lange überlegen darf, sondern jeden Befehl sofort ausführen muß.
Natürlich tat es allen leid, die mit so viel Mühe ausgehobenen Gräben zu verlassen, sogar ein Teil der Brot-, Zucker- und Fleischvorräte mußte zurückbleiben. Und ebenso unangenehm war es, durch das Dorf zurückzumarschieren, wo die Einwohner ganz verwundert fragten: „Warum lauft ihr denn weg?"
Sie waren schon unterwegs, da holte sie ein Reiter mit einem Brief ein, in dem stand, sie sollten schnell weiterziehen, ohne eine Ruhepause einzulegen. Das war leicht gesagt, ohne Ruhepause, aber das ließ sich nicht machen, denn sie hatten ja zwei Nächte nicht geschlafen, weil sie in der ersten graben und in der zweiten kämpfen mußten. Auch hatten sie wenig zu essen und waren sehr schlechter Laune. Sie wären gerne vorwärtsgegangen, denn da spannt man die letzten Kräfte an und spürt die Müdigkeit nicht so, aber zurückgehen, das ist etwas anderes: Man hat keine Lust dazu und wird daher viel schneller müde.
Sie gingen, gingen, gingen, plötzlich fielen von beiden Seiten Schüsse.
„Jetzt verstehe ich!" rief der Leutnant. „Wir sind zu weit vorgedrungen und hatten den Feind im Rücken. Der Oberst hatte recht, daß er befahl, schnellstens zurückzumarschieren. Man hätte uns einfach gefangengenommen."
„Das ist ja eine schöne Geschichte, wir werden uns eben durchschlagen müssen", sagte voller Wut ein Soldat.
Ach, war das schwer! Jetzt saß der Feind im Graben und schoß von beiden Seiten, und sie sollten flüchten.

Jetzt verstand Hänschen, warum auf der Ministerratssitzung so viel von Stiefeln, von Pferdefutter und von Zwieback die Rede gewesen war.

Wenn sie jetzt keinen Zwieback in ihren Rucksäcken gehabt hätten, wären sie Hungers gestorben, denn drei Tage lang bekamen sie nichts anderes zu beißen. Beim Schlafen wechselten sie sich ab, jeder legte sich nur für einige Stunden aufs Ohr. Und die Füße hatten sie sich so aufgerieben, daß das Blut in den Stiefeln gluckste.

Leise flohen sie durch die Wälder, und der Leutnant zog oft die Karte hervor, um zu sehen, wo eine Schlucht oder ein Dickicht war, in dem man sich verbergen konnte.

Immer wieder tauchten feindliche Reiter auf, die nachschauen sollten, wohin sie flüchteten.

Wenn ihr jetzt unser Hänschen hättet sehen können! Er war in diesen paar Tagen zu einer Bohnenstange abgemagert, zusammengeschrumpft und viel kleiner geworden. Viele Soldaten hatten ihre Gewehre weggeworfen, Hänschen aber nicht, er hielt es fest in seinen steifgewordenen Fingern.

Wie hatte er nur in so wenigen Tagen so viel erleben können!

Ach Vati, Vati, dachte Hänschen, wie schwer ist es doch, König zu sein, wenn man Krieg führen muß. Das war leicht gesagt: Ich habe keine Angst, ich werde euch besiegen wie mein kühner Urgroßvater. Reden ist leicht, aber es dann auch tun, das ist schwer. War ich damals leichtsinnig, so ein dummes Kind! Ich dachte nur daran, wie schön es sein wird, wenn ich auf meinem Schimmel die Hauptstadt verlasse und die Menschen mir Blumen auf den Weg streuen. Und ich habe gar nicht daran gedacht, wieviel Menschen dabei umkommen.

Und wirklich fielen die Menschen von den Kugeln, und Hänschen entging diesem Schicksal nur, weil er eben so klein war.

War das aber eine Freude, als sie endlich wieder ihre eigenen

Truppen trafen. Und sie fanden nicht nur die Soldaten, sondern sogar schon fertig ausgehobene Gräben vor.
Ob sie uns jetzt aber auslachen? dachte Hänschen.
Doch sehr schnell sollte er sich davon überzeugen, daß es selbst im Krieg gerecht zugeht.
Als sie sich in den Gräben ausgeschlafen und satt gegessen hatten, bekamen sie den Befehl, in Reserve zu gehen.
Neue Soldaten besetzten die Gräben, sie aber marschierten noch fünf Meilen zurück in ein Städtchen, wo sie erst einmal bleiben sollten.
Hier kam der Pionieroberst auf dem Marktplatz zu ihnen, aber er war jetzt gar nicht mehr ärgerlich, sondern sagte nur: „Na, ihr Helden, versteht ihr jetzt, wozu die Gräben da sind?"
Und ob sie das verstanden!
Dann wurden sehr schnell die Soldaten ausgesondert, die ihre Gewehre weggeworfen hatten, und zu den anderen, die sie noch hatten, sprach ein General: „Ruhm und Ehre sei euch, daß ihr die Waffen behalten habt. Wirkliche Helden erkennt man nicht dann, wenn alles gut geht, sondern in der Niederlage."
„Schaut mal an, die beiden Kleinen sind ja auch dabei", rief der Pionieroberst. „Der Riese und der Hüne mit ihrer Kühnheit, sie leben hoch!" Von dieser Zeit an hieß Fritz nicht mehr anders als Riese und Hänschen Hüne. Man sagte nur noch: „Riese, bring mal Wasser."
„Hüne, schmeiß mal Holz ins Feuer."
Und die ganze Abteilung gewann ihre beiden Jungen lieb.
Hier in der Ruhestellung erfuhren sie, der Kriegsminister hätte sich furchtbar mit dem Oberbefehlshaber verzankt, und erst König Hänschen hätte sie wieder versöhnt.
Hänschen ahnte nichts von der Puppe, die ihn in der Hauptstadt vertrat, und wunderte sich sehr, daß alle so sprachen, als wäre er zu Hause. Hänschen war eben noch ein sehr junger König und wußte noch nicht, was Diplomatie ist. Diplomatie aber — das bedeutet lügen, damit der Gegner nichts erfährt.
Na, und dann ruhten sie sich aus, aßen sich ordentlich satt und gingen wieder in die Schützengräben. Und nun begann der

Stellungskrieg. Das bedeutet, daß sowohl sie selbst als auch die Feinde schossen, aber die Kugeln flogen über die Köpfe hinweg, weil die Soldaten tief in der Erde saßen.

Nur ab und zu, wenn es ihnen allzu langweilig wurde, gingen mal die einen, mal die anderen zum Angriff über, und dann zog sich mal die eine, mal die andere Seite entweder einige Meilen vor oder zurück.

Die Soldaten gingen in den Gräben spazieren, sangen und spielten, kloppten Skat, Hänschen aber lernte.

Ihn unterrichtete der Leutnant, denn der langweilte sich auch. Wenn er nämlich morgens die Wachen ausgestellt hatte, wenn er dem Stab telefonisch gemeldet hatte, daß alles in Ordnung war, dann hatte er den lieben langen Tag nichts mehr zu tun.

Also war er gerne bereit, den kleinen Hünen zu unterrichten. Diese Stunden waren richtig schön. Hänschen saß im Graben und lernte Erdkunde, die Lerchen sangen — und nur ab und zu fiel mal ein Schuß.

Plötzlich aber war es, als heulten Hunde auf.

Es ging los.

Das waren Feldhaubitzen.

Und jetzt: Bum — bum — bellte die große Kanone.

Nun war die Hölle los. Die Gewehrschüsse prasselten wie Hagelkörner, das pfiff, das zischte, das donnerte, immer drauf, bum, krach, trach.

So ging es eine halbe, vielleicht auch eine Stunde lang. Manchmal fiel eine Kanonenkugel in den Graben und explodierte, einige Soldaten kamen ums Leben, andere wurden verwundet. Aber die Kameraden hatten sich schon daran gewöhnt.

„Schade um ihn, er war ein guter Kerl", hieß es dann.

Und der eine oder andere sagte noch: „Die Erde sei ihm leicht."

Der Doktor verband die Wunden, und nachts wurden die Verwundeten dann ins Feldlazarett geschafft.

Da ließ sich halt nichts machen, so war nun einmal der Krieg.

Auch bei Hänschen ging es nicht ohne Wunde ab. Er wollte gar nicht erst ins Lazarett gehen. So ein kleiner Kratzer, nicht ein-

mal der Knochen hatte etwas abbekommen. Aber der Doktor ließ sich nicht erweichen — ab, und basta.
Zum ersten Mal seit vier Monaten lag Hänschen wieder in einem Bett. War das ein Glück! Matratzen, Kissen, Decken, ein weißes Laken, ein leinenes Handtuch, am Bett ein weißer Nachttisch, ein Becher, ein Teller, und der Löffel sah fast so aus wie die im Königsschloß.
Seine Wunde heilte schnell, die Schwestern und Ärzte waren so nett — und Hänschen hätte es hier sehr gut gefallen, wenn er nicht in einer schrecklichen Gefahr geschwebt hätte.
„Schau mal einer an, sieht der aber dem König Hänschen ähnlich", sagte einmal die Frau des Obersten.
„Stimmt! Auch mir kam er bekannt vor, ich wußte nur nicht recht, wo ich ihn hinstecken sollte."
Und dann wollte man ihn für die Zeitung fotografieren.
„Um nichts auf der Welt."
Vergeblich erklärte man ihm, daß ihm König Hänschen vielleicht einen Orden schicken würde, wenn er die Bilder in der Zeitung ansah und einen so kleinen Soldaten entdeckte.
„Du Dummkopf, wenn du deinem Vater das Bild schickst, wird er sich doch freuen."
„Nein", und dabei blieb er.
Mit Fotos wollte Hänschen nichts zu tun haben, weil er vor Angst bald umkam. Und wenn sie ihn erkennen oder sich denken würden, wer er wirklich war?
„Laßt ihn zufrieden, wenn er doch nun einmal nicht will. Vielleicht hat er auch recht. König Hänschen wird sich noch ärgern, jedenfalls wird er sich komisch vorkommen, daß er da so im Auto durch die Hauptstadt fährt, während seine Altersgenossen verwundet werden."
Was ist das, zum Donnerwetter, nur für ein Hänschen, von dem sie dauernd erzählen?
Hänschen dachte: Donnerwetter, denn die Etikette hatte er schon lange vergessen und dafür die Soldatensprache gelernt.
Wie gut, daß ich weggelaufen und an die Front gegangen bin, fügte er in Gedanken noch hinzu.

Aus dem Lazarett wollten sie Hänschen nicht herauslassen, ja, sie baten ihn sogar sehr, er möge doch bleiben, er würde hier gebraucht, er könne den Verwundeten zu trinken geben und in der Küche helfen.

Aber da war es mit Hänschens Geduld vorbei.

Um nichts auf der Welt. Von ihm aus konnte das nachgemachte Hänschen in der Hauptstadt in den Lazaretten Geschenke verteilen und zur Beerdigung gehen, wenn ein Offizier gefallen war, er — der wahre König — würde wieder in den Graben zurückkehren.

Und er ging zurück.

Wo ist Fritz?"

„Fritz ist nicht mehr da."

Fritz war des Dienstes in den Schützengräben überdrüssig geworden. Ein lebhafter Junge, wie er war, konnte er nie lange stillsitzen. Und hier sollte er nun wochenlang im Graben hocken, nicht einmal den Kopf durfte er hinausstrecken, denn dann wurde immer gleich geschossen, und der Leutnant ärgerte sich.

„Nimm deinen dummen Schädel herunter, na, wird's bald?" rief der Leutnant. „Die werden dich Dummkopf noch anschießen, und dann müssen wir dich zum Verbinden ins Lazarett schaffen. Wir haben auch ohne dich Scherereien genug."

Das erste und zweite Mal schalt er nur, beim dritten Mal aber steckte er ihn ins Kittchen, wo Fritz bei Wasser und Brot drei Tage lang sitzen sollte.

Das war so gekommen: In den feindlichen Gräben waren die Soldaten abgelöst worden. Die alte Abteilung war in Ruhestellung gegangen, und nachts war eine neue gekommen. Die Gräben lagen jetzt so dicht beieinander, daß man genau hören konnte, was auf der anderen Seite gerufen wurde. So fingen sie denn an, sich gegenseitig zu beschimpfen.

„Euer König ist ein dummer Junge!"

„Und eurer ist ein alter Opa."

„Ihr seid Opas. Habt ja Löcher im Stiefel."

„Und ihr seid Hungerleider, ihr sauft Abwaschwasser statt Kaffee."

„Komm mal her und versuch unseren Kaffee."

„Wenn wir einen von euch gefangennehmen, dann hat er allemal einen Wolfshunger."

„Und eure Gefangenen sind ganz zerlumpt und verhungert."

„Ausgerissen seid ihr vor uns!"
„Wir haben euch aber Senge gegeben."
„Ihr könnt ja nicht eimal schießen. Eure Kugeln treffen nur die Krähen."
„Und könnt ihr vielleicht treffen?"
„Na klar, daß wir können."
Fritz bekam die Wut, sprang aus dem Graben heraus, wandte ihnen den Rücken zu, bückte sich, nahm den Mantel hoch und schrie: „Na, dann schießt doch mal!"
Vier Schüsse knallten los, aber keiner traf.
„Seid ihr aber Schützen!"
Die Soldaten lachten, der Leutnant aber war sehr böse und steckte Fritz ins Kittchen.
Das war ein tief in den Boden eingegrabener Bunker, der mit Brettern verkleidet war. Man muß nämlich wissen, daß die Soldaten aus den zerschossenen Bauernhäusern Bretter geholt und sich in den Schützengräben Wände, Fußböden, ja sogar Unterstände gebaut hatten, um nicht naß zu werden oder im Schlamm zu versinken.
Fritz saß nur zwei Tage in seinem Holzkäfig unter der Erde, dann verzieh ihm der Leutnant. Aber auch das hatte ihm gereicht.
„Ich will nicht mehr bei der Infanterie dienen."
„Und wohin willst du?"
„Zu den Fliegern."
In Hänschens Staat gingen die Benzinvorräte zu Ende. Ohne Benzin aber fällt es den Flugzeugen schwer, große Lasten zu befördern. Also kam ein Befehl, nur die leichtesten Soldaten zu den Fliegern zu nehmen.
Die Soldaten berieten lange hin und her, wen sie zu den Fliegern schicken sollten, schließlich aber fiel die Wahl auf Fritz. Denn wer konnte leichter sein als ein zwölfjähriger Junge. Der Pilot würde das Flugzeug lenken, und Fritz sollte die Bomben werfen.

Hänschen tat das leid, aber ein bißchen freute er sich auch, daß Fritz nicht mehr da war.

Fritz war der einzige, der von Hänschens Königswürde etwas wußte. Zwar hatte Hänschen ihn gebeten, Tommy zu ihm zu sagen. Und doch war es nicht in Ordnung, daß Fritz ihn behandelte, als wäre er genau so ein Junge wie alle anderen. Und wenn er ihn noch wie einen normalen Jungen behandelt hätte, aber nicht einmal das tat er. Hänschen war ja der Jüngere, darum behandelte Fritz ihn von oben herab. Fritz trank Schnaps und rauchte Zigaretten, aber wenn jemand Hänschen etwas anbieten wollte, dann sagte er gleich: „Geben Sie ihm nichts, der ist noch zu klein."

Hänschen mochte zwar weder Schnaps noch Zigaretten, aber er wollte selber dafür danken und nicht, daß Fritz für ihn sprach.

Wenn es galt, nachts aus dem Graben herauszukriechen und auf Kundschaft zu gehen, dann richtete Fritz es immer so ein, daß die Soldaten ihn mitnahmen.

„Den Tommy nehmt lieber nicht mit, was kann euch der schon helfen."

Auf Kundschaft gehen war gefährlich und schwierig. Man mußte lautlos auf dem Bauch bis zu den feindlichen Stacheldrähten rutschen, diese mit Scheren durchschneiden oder eine im sicheren Versteck verborgene feindliche Wache suchen. Manchmal hieß es eine Stunde still liegen, denn wenn die Feinde nur etwas rascheln hörten, schossen sie sofort mit Leuchtraketen und überschütteten die Wagehälse mit Kugeln. Hänschen tat den Soldaten leid, weil er der Jüngere war, und sie nahmen Fritz öfter mit. Hänschen tat das weh.

Jetzt war er allein übriggeblieben und half seiner Abteilung sehr: Er brachte den Wachen Patronen, kroch unter den Drähten durch in den feindlichen Graben und schlich sogar zweimal verkleidet auf die andere Seite.

Hänschen zog sich an wie ein Hütejunge, schlüpfte durch die Drähte, ging etwa zwei Meilen, setzte sich vor eine zerschossene Hütte und tat, als weine er. „Warum heulst du denn, Kleiner?"

Irgendein Soldat hatte ihn bemerkt. „Wo doch unsere Hütte verbrannt ist, und meine Mutti ist weggegangen, und ich weiß nicht, wo sie ist. Soll ich da nicht weinen?"

Sie brachten Hänschen in den Stab, gaben ihm Kaffee zu trinken, zogen ihm einen alten Kittel an, denn er zitterte vor Kälte, weil man ihm für den Weg alte Lumpen gegeben hatte, damit ihn niemand erkennen sollte. Ja, das waren gute Menschen, und er, Hänschen, sollte sie nun betrügen, spionieren war er gekommen.

Und schon beschloß Hänschen, nichts zu erzählen, weil die doch so lieb waren. Sollten die anderen nur über ihn lachen, weil er dumm war und nichts wußte, sie brauchten ihn ja nicht wieder zu schicken. Er wollte kein Spion sein. Aber da riefen sie ihn zum Stabsoffizier.

„Na, mein Junge, wie heißt du denn?"

„Tommy."

„Hör mal zu, Tommy. Du kannst bei uns bleiben, wenn du willst, bis deine Mutti zurückkommt. Du kriegst etwas anzuziehen, ein Kochgeschirr wie ein richtiger Soldat, Suppe und Geld. Aber dafür mußt du zu denen da hinüberschleichen und nachsehen, wo sie ihr Pulver aufbewahren."

„Was soll ich nachsehen?" Hänschen tat, als verstünde er nichts. Da führte man ihn dorthin, wo sie ihre Kanonenkugeln, ihre Bomben und Granaten, wo sie ihr Pulver und ihre Patronen hatten.

„Weißt du jetzt Bescheid?"

„Ja."

„Na, dann lauf los, schau bei denen da nach, wo sie das alles versteckt halten, und dann kommst du wieder und erzählst es uns."

„Gut." Hänschen war einverstanden.

Und der feindliche Offizier freute sich, daß ihm das so leicht geglückt war. Er schenkte Hänschen sogar eine ganze Tafel Schokolade, so zufrieden war er. So ist das also, dachte Hänschen erleichtert. Na, wenn ich schon unbedingt Kundschafter sein muß, dann will ich doch lieber für unsere Leute spionieren. Sie schickten ihn in die Schützengräben und ließen ihn laufen. Und damit nichts zu hören war, schossen sie ein wenig in die Luft, um ihn zu übertönen.

Da lief nun also Hänschen sehr zufrieden dahin und kaute seine Schokolade, kroch auf allen Vieren oder rutschte auf dem Bauch.

Plötzlich begannen seine eigenen Kameraden bum-bum auf ihn zu schießen. Und sie hätten ihn sogar totschießen können, denn sie wußten ja nicht, wer dort herumschleicht.

„Schießt mal drei Leuchtraketen ab!" rief der Leutnant.

Er nahm sein Fernglas, schaute hindurch und bekam einen furchtbaren Schreck. „Nicht schießen, ich glaube, der Hüne kommt wieder."

Wohlbehalten kam Hänschen bei den Seinen wieder an und erzählte alles, was er gesehen hatte. Der Leutnant rief gleich die Artillerie an. Und nun begannen sie die feindlichen Pulvervorräte zu beschießen. Die ersten zwölf Schüsse gingen daneben, aber der dreizehnte mußte getroffen haben; denn es gab einen Knall, der ganze Himmel wurde feuerrot, und der Qualm machte das Atmen fast unmöglich.

In den feindlichen Gräben rannte alles durcheinander. Der Leutnant aber hob Hänschen in die Höhe und sagte dreimal: „Du bist ein Kerl, ein Kerl, ein Kerl."

Und so war es gut, sie würden ihn nun noch lieber haben. Als Belohnung bekam die Abteilung ein Fäßchen Schnaps, und weil der Feind kein Pulver mehr hatte, konnten sie drei Tage lang ruhig schlafen. Und der Leutnant hatte nicht einmal etwas dagegen, wenn sie ein bißchen aus den Gräben herauskletterten und sich ordentlich reckten und streckten. Die Feinde aber saßen wütend da.

Und dann begann wieder alles wie früher. Tagsüber lernte Hänschen beim Leutnant, manchmal grub er ein wenig, weil der Regen dauernd die Gräben beschädigte, dann wurde er auf Wache geschickt, oder er schoß mal ein bißchen. Und oft dachte Hänschen: Das ist doch eine komische Sache. Ich wollte immer so gerne ein Brennglas erfinden, um die feindlichen Pulvervorräte in die Luft zu jagen. Na, und mein Wunsch ist ja auch fast in Erfüllung gegangen, wenn auch nicht ganz so, wie ich mir das gedacht hatte. So ging der Herbst zu Ende – und der Winter begann.

Es schneite. Man sandte ihnen warme Kleider. Alles war weiß und still.

Und wieder sollte Hänschen eine wichtige Neuigkeit erfahren. Schließlich konnte das Heer ja nicht nur immer in den Schützengräben sitzen. Wie sollte der Krieg dann eigentlich zu Ende gehen?

An der Front, in den Gräben war es still, dafür wurde in der Hauptstadt schwer gearbeitet. Man mußte Vorbereitungen treffen, um alle Truppen an einer Stelle zusammenzuziehen und dann mit vereinter Kraft die Front zu durchbrechen. Denn wenn die Linie der Schützengräben auch nur an einer Stelle durchbrochen wird, dann muß der Feind überall flüchten, weil die Angreifer durch diese Bresche marschieren und ihn von hinten beschießen können.

Der Leutnant war im Winter zum Hauptmann aufgerückt, und Hänschen hatte einen Orden erhalten. Ach, hatte er sich da aber gefreut! Ihre Abteilung war zweimal erwähnt worden, weil sie sich tapfer gehalten hatte. Der General kam zu ihrem Graben gefahren und verlas den Befehl:

Im Namen des Königs Hänschen danke ich der Abteilung dafür, daß sie die feindlichen Pulvervorräte in die Luft gesprengt und sich bei der Verteidigung ihrer Heimat und ihrer Landsleute tapfer gehalten hat. Ich erteile euch den geheimen Auftrag, die feindliche Front zu durchbrechen, sowie es warm wird.

Das war eine große Ehre.

Sofort begann man ganz im geheimen mit den Vorbereitungen, viele Geschütze und Kugeln wurden herbeigebracht. Und hinter der Front sammelte sich die Reiterei und wartete.

Jeden Tag schauten die Soldaten nach der Sonne, ob es schon warm war.

Denn sie langweilten sich schrecklich.

So warteten sie und bereiteten sich vor. Und sie ahnten nicht, wieviel sie noch würden aushalten müssen. Ihr Hauptmann hatte sich eine Kriegslist ausgedacht: Er wollte am ersten Tag nur einen Teil der Truppen zum Angriff schicken, die sollten, um nicht mit allen Kräften gleichzeitig loszuschlagen, nur zum Schein vorgehen und gleich wieder zurückkehren. Dann würde der Feind denken, sie wären zu schwach, und erst dann wollte der Hauptmann alle seine Truppen einsetzen und die Front durchbrechen.

Und so machte er es auch.

Er sandte die Hälfte seiner Truppen zum Angriff. Vorher hatte er den feindlichen Stacheldrahtverhau lange durch die Artillerie beschießen lassen, um ihn zu zerfetzen und der Infanterie freie Bahn zu schaffen.

„Vorwärts!"

Ach, war das eine Freude, aus den unerträglichen Gräben und feuchten Unterständen herauszulaufen, was das Zeug hielt, und zu rufen: „Vivat, vorwärts, weiter!" Der Feind bekam einen Schreck, als er sah, daß sie mit Bajonetten auf ihn losgingen, er vergaß sogar, richtig zu zielen und zu schießen. Sie waren schon beim Stacheldraht angekommen, der auseinandergerissen war. Da gab der Hauptmann den Befehl zur Rückkehr.

Aber Hänschen und noch ein paar andere Soldaten hatten den Befehl wohl nicht gehört, vielleicht waren sie auch ein bißchen zu weit vorgegangen, jedenfalls wurden sie von den feindlichen Wachen umzingelt und gefangengenommen.

„Na, eure Kameraden haben wohl Angst gekriegt", spotteten die Soldaten. „Da sind sie gerannt und gerannt, haben einen Heidenkrach gemacht, und als sie bei uns angekommen waren, sind sie wieder ausgerissen. Und überhaupt, so furchtbar viel Leute habt ihr ja nun auch wieder nicht." So sprachen die feindlichen Soldaten, denn sie schämten sich, weil ihnen das Herz in die Hosen gefallen war und sie vor Angst sogar das Schießen vergessen hatten.

Zum zweiten Mal wurde nun Hänschen in den Stab geführt, nur war er das erste Mal verkleidet gewesen, während er jetzt im Soldatenmantel als Gefangener dahintrottete.

„Ach, dich kennen wir ja, du Früchtchen", schrie zornrot der feindliche Offizier. „Das warst doch du damals im Winter, du bist schuld daran, daß unsere Pulvervorräte zerschossen wurden. Na, warte nur. Diesmal wirst du uns nicht entschlüpfen. Die Soldaten schickt ins Gefangenenlager, der Kleine hier aber wird wegen Spionage aufgehängt."

„Ich bin Soldat!" rief Hänschen. „Ihr dürft mich erschießen, aber nicht aufhängen."

„Du Neunmalkluger", rief der Offizier, „schau mal an, Wünsche hat er auch noch! Jetzt bist du vielleicht Soldat, aber damals hießest du Tommy und hast uns verraten. Und dafür werden wir dich aufhängen."

„Das dürft ihr nicht", beharrte Hänschen eigensinnig. „Ich war auch damals Soldat und bin nur verkleidet hierher gekommen und habe mich mit Absicht vor die verbrannte Hütte gesetzt."

„Hör schon auf zu quasseln. Bringt ihn unter strenger Bewachung in Einzelhaft. Morgen wird das Kriegsgericht die ganze Angelegenheit untersuchen. Wenn du damals wirklich schon Soldat warst, kommst du vielleicht mit Erschießen davon, obwohl ich dich lieber baumeln ließe."

Am nächsten Tag wurde das Feldgericht abgehalten.

„Ich beschuldige diesen Jungen", sagte der Offizier vor Gericht, „im Winter ausspioniert zu haben, wo sich unsere Pulvervorräte befinden, um es dann der feindlichen Artillerie zu melden."

„Stimmt das, bekennst du dich schuldig?" fragte der greise Richter, ein General.

„Es war anders. Nicht ich habe ausspioniert, wo sich die Pulvervorräte befinden, sondern dieser Offizier hat mich hingeführt, hat mir alles gezeigt und gesagt, ich solle nachsehen, wo bei uns das Pulver gelagert wird und es ihm dann sagen. Und dafür hat er mir Schokolade gegeben. War es vielleicht nicht so?"

Der Offizier wurde puterrot, denn das hatte er damals schlecht gemacht, weil man niemandem sagen darf, wo die Artillerieparks liegen.

„Ich war Soldat und auf Kundschaft ausgeschickt worden, aber euer Offizier wollte mich zum Spion machen", fuhr Hänschen furchtlos fort.

„Ja, woher sollte ich denn das wissen?“ Der Offizier versuchte sich zu entschuldigen. Aber der General ließ ihn nicht zu Ende reden.

„Es ist eine Schande, Herr Offizier, daß so ein Dreikäsehoch Sie an der Nase herumgeführt hat. Sie haben einen großen Fehler gemacht, und dafür werden Sie bestraft. Aber man kann auch diesen Jungen nicht straflos ausgehen lassen. Was meinen Sie, Herr Rechtsanwalt?“

Der Rechtsanwalt begann Hänschen zu verteidigen.

„Meine Herren Richter, der Angeklagte, der sich einmal Hüne, dann wieder Däumling nennt, ist unschuldig. Er war Soldat und mußte gehorchen. Er war auf Kundschaft ausgezogen, weil man ihn geschickt hatte. Und ich glaube, er müßte ebenso ins Gefangenenlager geschickt werden wie die anderen.“

Der General freute sich ein bißchen, denn der Kleine tat ihm leid. Aber er sagte kein Wort, ein Soldat darf nicht zeigen, wenn ihm jemand leid tut, und schon gar nicht ein feindlicher Soldat.

Also beugte er sich über das Buch, in dem alle Kriegsgesetze standen, und suchte, was dort über Militärspione geschrieben stand.

„Ach, ich habe es schon“, sagte er schließlich. „Zivilspione, die für Geld Verrat üben, sind aufzuhängen, Militärspione werden erschossen; wenn aber der Rechtsanwalt damit nicht einverstanden ist, sind alle Papiere dem höheren Gericht einzureichen, und mit dem Erschießen muß man ein bißchen warten.“

„Dann fordere ich“, sagte der Rechtsanwalt, „diese Angelegenheit dem höheren Gericht zu übergeben.“

„Gut“, sagte der General, und alle Richter waren damit zufrieden.

Und Hänschen wurde wieder in sein Gefängnis abgeführt.

Hänschens Gefängnis war eine ganz gewöhnliche Bauernhütte. Im Feld, an der Front gibt es ja keine großen Ziegelhäuser mit Gitterfenstern. Solche „Bequemlichkeiten“ haben nur die Städte, aber nicht die Truppen an der Front. Also wurde Hänschen in die Hütte gesperrt, und unter jedem Fenster und vor

der Tür standen je zwei Soldaten mit geladenen Gewehren und Revolvern.
Da saß Hänschen also und dachte über sein Los nach. Aber er verlor keineswegs die Hoffnung.
Sie wollten mich aufhängen, dachte er, aber sie haben es nicht getan. Vielleicht kann ich auch der Kugel entgehen. Es sind doch schon so viel Kugeln um mich herumgeflogen.
Mit Appetit aß er sein Abendbrot, das ihm sogar sehr gut schmeckte, denn die zum Tode Verurteilten kriegen immer gut zu essen, das ist so ein Gesetz. Und Hänschen wurde wie ein zum Tode Verurteilter behandelt.
Dann setzte sich Hänschen ans Fenster und schaute den Flugzeugen zu, die am Himmel herumflogen. Sind das nun unsere oder feindliche? dachte er. Plötzlich sausten drei Bomben auf einmal hernieder, und alle schlugen ganz in der Nähe von Hänschens Gefängnis ein.
Was dann kam, darauf konnte sich Hänschen später nie wieder recht besinnen, weil nun ein ganzer Bombenhagel niederging. Eine Bombe traf die Hütte — alles fiel durcheinander. Irgendwo stöhnte jemand, es gab Geschrei und Gejammer. Man ergriff ihn, aber Hänschen war ohne Besinnung. Dann puckerte es ganz unerträglich. Und als er schließlich erwachte, da lag er in einem prächtigen Zimmer auf einem breiten Bett.

Wie fühlen sich Majestät?" fragte derselbe alte General, der ihm im Winter die Medaille angeheftet hatte, und legte die Hand an die Mütze.
„Ich bin Däumling, ich bin Hüne, ich bin ein ganz gewöhnlicher Soldat, Herr General!" schrie Hänschen und sprang jäh aus dem Bett auf.
„So, so." Der General lächelte. „Nun, das werden wir gleich haben. Ruft mir mal den Fritz her."
Herein kam Fritz in Fliegeruniform.
„Na, sag mal, Fritz, wer das hier ist."
„Das ist Seine Majestät, König Hänschen I."
Nun konnte Hänschen nicht länger leugnen. Und er brauchte sich auch jetzt gar nicht mehr zu verstecken. Ganz im Gegenteil, die militärische Lage erforderte, daß man allen Truppen und dem Volk verkündete: König Hänschen lebt und ist an der Front.
„Fühlen sich Majestät stark genug, um an den Beratungen teilzunehmen?"
„Sicher", antwortete Hänschen.
So war das also gewesen. Der General erzählte, wie man eine Hänschen-Puppe gemacht hatte, wie die Puppe täglich im Auto durch die Hauptstadt gefahren war, und wie der Ministerpräsident diese Puppe, die nicken und salutieren konnte, wenn man an einer Schnur zog, sogar während der Audienz auf den Thron gesetzt hatte.
In den Wagen wurde die Puppe getragen, denn König Hänschen — schrieben die Zeitungen — hatte sein Wort gegeben, sein Fuß werde den Boden seines Landes nicht mehr berühren, solange dieser nicht auch vom letzten feindlichen Soldaten frei sei. Und lange Zeit hindurch hatte das Kunststück geklappt, und die Menschen glaubten daran, wenn sie sich auch ein bißchen wunderten, daß König Hänschen immer in der gleichen Haltung

auf dem Thron und im Auto saß, niemals lächelte und kein Sterbenswörtchen sagte, sondern nur von Zeit zu Zeit nickte und salutierte.

Der eine oder andere hegte einen gewissen Verdacht, na, und schließlich gab es ja auch ein paar Leute, die vom Verschwinden König Hänschens etwas wußten.

Auch der Feind, dem seine Spione schon einiges erzählt hatten, kam der Wahrheit immer näher, aber er tat, als sei nichts geschehen, denn schließlich ging ihn das auch gar nichts an. Es war Winter, und im Winter sitzt man sowieso nur im Schützengraben.

Erst als die Feinde erfuhren, daß Hänschens Truppen sich anschickten, die Front zu durchbrechen, begannen sie ernsthaft herumzuschnüffeln, und das ganze Geheimnis kam heraus.

Und am Tage vor dem Angriff hatten sie irgendeinem Rüpel Geld gegeben, und der schleudete einen Stein auf die Hänschen-Puppe.

Hänschen ging in Scherben. Das Porzellan zersplitterte, nur die Hand der Puppe hing beim Salutieren noch in der Luft, der Kopf war nicht mehr da. Die einen begannen zu verzweifeln, die anderen waren wütend, daß man sie so betrogen hatte, und drohten mit der Revolution, die dritten aber lachten sich einfach schief.

Als am Tag nach dem Probeangriff, bei dem König Hänschen in Gefangenschaft geraten war, der Generalangriff erfolgen sollte, da erschienen plötzlich über den Truppen Flugzeuge, doch warfen sie keine Bomben ab, sondern kleine bedruckte Blätter. Das waren Proklamationen.

Soldaten! stand in diesen Flugblättern. *Die Generäle und Minister betrügen euch. Hänschen lebt nicht mehr. Seit Kriegsbeginn fährt in der Hauptstadt eine Porzellanpuppe spazieren, die heute irgendein Rüpel mit einem Stein zerschlagen hat. Geht nach Hause und gebt den Kampf auf!*

Die Soldaten ließen sich kaum überzeugen, noch ein bißchen zu warten, vielleicht sei es eine Lüge. Angreifen aber wollten sie nicht mehr.

Da verriet Fritz sein Geheimnis.
Die Generäle freuten sich sehr und riefen den Hauptmann an, er solle Hänschen sofort in den Stab schicken. Doch wie groß war ihr Schreck, als sie erfuhren, daß Hänschen während des Probeangriffs in Gefangenschaft geraten war.
Was war zu tun?
Den empörten Soldaten sagen, Hänschen sei in Gefangenschaft? Aber das würden sie nicht glauben wollen, weil sie doch schon einmal betrogen worden waren. Auf einer Sonderberatung beschloß man, den Feind mit Flugzeugen anzugreifen und in der Verwirrung Hänschen zu entführen.
Alle Flugzeuge wurden in vier Abteilungen aufgestellt. Die eine sollte das Gefangenenlager, die zweite das Arrestlokal, die dritte das Pulverlager und die vierte den Offiziersstab angreifen.
So machten sie es auch. Sie bombardierten das Haus, in dem alle Offiziere waren. Da konnte nun also niemand mehr Befehle geben. Viele Bomben warfen sie dahin, wo sie das Pulverlager vermuteten, aber dort war es gar nicht mehr. Die dritte Abteilung fiel über das Gefangenenlager her und suchte Hänschen, aber sie fand ihn dort nicht. Erst die vierte Abteilung entführte Hänschen, der die Besinnung verloren hatte, und brachte ihn mit großer Mühe nach Hause zurück.
„Sie haben sich gut gehalten, meine Herren. Wieviel Flugzeuge haben wir eigentlich verloren?"
„Vierunddreißig Flugzeuge wurden ausgesandt, fünfzehn sind zurückgekommen."
„Wie lange hat der Angriff gedauert?" fragte Hänschen.
„Wir haben vom Abflug bis zur Rückkehr genau vierzig Minuten gebraucht."
„Na, dann ist es ja gut", sagte er, „Also morgen Generalangriff."
Die Offiziere klatschten vor Freude in die Hände.
„Das ist aber eine Überraschung, großartig! Heute nacht noch werden die Soldaten an der ganzen Frontlinie erfahren, daß König Hänschen lebt, sich unter ihnen befindet und sie selbst

zum Angriff führen wird. Die Jungen werden vor Freude in die Luft springen und kämpfen wie die Löwen.“ Sofort begannen die Telefonapparate und Telegrafen nach der Hauptstadt und zu den einzelnen Abteilungen zu läuten und zu rattern, was das Zeug hielt. In der Nacht erschienen Extraausgaben aller Zeitungen.

Hänschen schrieb zwei Aufrufe: einen an die Soldaten, den anderen an sein Volk. Niemand dachte mehr an Revolution, nur die Kinder und Jugendlichen brachten dem Ministerpräsidenten vor seinem Palast eine Katzenmusik.

Sofort trat der Ministerrat zusammen und erließ einen Aufruf, das alles sei mit Absicht geschehen, um den Feind in die Irre zu führen.

Unter den Truppen herrschte eine solche Begeisterung, daß sie den Morgen nicht erwarten konnten und immer nur fragten, wie spät es denn sei.

Und endlich kam der Angriff.

Drei Könige führten Krieg gegen Hänschen. Den einen schlugen sie aufs Haupt und nahmen ihn gefangen, den anderen verdroschen sie so, daß er mindestens drei Monate lang keinen Krieg mehr führen konnte, denn sie nahmen ihm fast alle Kanonen und über die Hälfte seiner Truppen weg. Also blieb nur der dritte, der in Reserve gestanden hatte.

Als die Schlacht beendet war, versammelten sie sich wieder zur Beratung. Der Oberkommandierende war da, und auch der Minister war mit einem Sonderzug aus der Hauptstadt gekommen.

„Sollen wir den Feind verfolgen oder nicht?“

„Verfolgen!“ rief der Oberkommandierende. „Wenn wir mit ihnen fertig geworden sind, als sie noch zu dritt waren, dann werden wir um so leichter den einen schlagen, der noch übrig ist.“

„Ich bin dagegen“, sagte der Kriegsminister. „Wir haben uns schon damals die Finger verbrannt, als wir dem Feind folgten, ohne daß das nötig gewesen wäre.“

„Das war etwas anderes", sagte der Oberkommandierende.
Alle warteten darauf, was Hänschen sagen würde.
Hänschen hätte schrecklich gerne wenigstens ein ganz klein bißchen die besiegten Feinde verfolgt, die ihn hatten aufhängen wollen. Außerdem geht die Verfolgung zu Pferd vor sich, und Hänschen hatte in diesem Krieg noch nicht ein einziges Mal auf einem Pferd gesessen. Er hatte so viel davon gehört, wie die Könige früher hoch zu Roß ihre Feinde besiegt hatten, und doch war er selbst mehr als genug auf dem Bauch herumgerutscht oder hatte im Schützengraben gekauert. Wenn er doch nur ein einziges Mal richtig auf einem Pferd reiten könnte!
Aber Hänschen hatte auch den Kriegsbeginn nicht vergessen. Sie waren zu weit vorgegangen und hätten beinahe den Krieg verloren. Hänschen entsann sich, daß die Soldaten vom Oberbefehlshaber gesagt hatten, er wäre ein alter Dummkopf. Und Hänschen wußte auch noch, wie er damals den abreisenden Gesandten versprochen hatte, er würde sich bemühen, sie rasch zu besiegen, und dann würde er milde Friedensbedingungen stellen. Hänschen schwieg lange, und alle anderen warteten, was er sagen würde.
„Wo ist unser königlicher Gefangener?" fragte er plötzlich.
„Nicht weit von hier."
„Bitte vorführen!"
Der in Fesseln geschlagene feindliche König wurde hereingeführt.
„Die Fesseln abnehmen!" schrie Hänschen.
Dies geschah, und die Wache trat näher an den Gefangenen heran, damit er nicht entfliehen konnte.
„Besiegter König", sagte Hänschen, „ich weiß, was Gefangenschaft bedeutet. Ich schenke dir die Freiheit. Du bist geschlagen, daher bitte ich dich, daß du den Rest deiner Truppen aus meinem Lande fortnimmst."
Und der König wurde mit dem Auto bis zu den Gräben gebracht, dann ging er hinüber zu seiner Armee.

Am nächsten Tag kam ein Brief, den hatten alle drei feindlichen Könige unterschrieben.

König Hänschen, schreiben sie, *Du bist kühn, klug und edel. Warum sollen wir miteinander kämpfen? Wir wollen mit Dir gut Freund sein. Wir kehren jetzt in unsere Länder zurück. Bist Du damit einverstanden?*

König Hänschen sagte ja.

Der Friede wurde geschlossen.

Alle ordentlichen Soldaten freuten sich und ebenso ihre Frauen, Mütter und Kinder. Unzufrieden waren wohl nur die paar, die im Krieg stehlen und rauben, doch das sind nur ganz wenige.

Und so wurde Hänschen, als er mit dem Hofzug in die Hauptstadt zurückkehrte, denn auch jubelnd begrüßt.

Auf einer Station befahl er, den Zug anzuhalten, und besuchte die Frau Weichenstellerin.

„Ich bin zum Kaffee zu Ihnen gekommen", sagte Hänschen.

Frau Weichenstellerin wußte vor Freude gar nicht, was sie anfangen sollte.

„Welch ein Glück, welch ein Glück!" sagte sie, und die Tränen kullerten ihr immer nur so die Wangen herunter.

In der Hauptstadt wartete schon das Auto, aber Hänschen verlangte einen Schimmel.

Der Zeremonienmeister freute sich schrecklich, er griff sich sogar an den Kopf.

„Ach, ist das aber ein kluger Junge, dieses Hänschen. Natürlich muß der König hoch zu Roß aus dem Kriege heimkehren, nicht im Auto."

Und dann ritt Hänschen im Schritt durch alle Gassen, und in allen Fenstern lagen die Einwohner, vor allem aber die Kinder.

Die Kinder warfen auch die meisten Blumen und schrien aus vollem Halse:

„Hurra! Es lebe König Hänschen! Hurra, hurra!"

Hänschen hielt sich sehr gerade, aber er war furchtbar müde. Erst der Angriff, die Gefangenschaft, die Flucht, die Beratung, dann wieder die Schlacht, die Reise, und jetzt noch dieses Geschrei. Ihm schwirrte der Kopf, und es schwamm ihm vor den Augen. Als blitzten Sterne vor seinen Augen auf oder so etwas ähnliches.

Und da warf irgendein Straßenbengel seine Mütze in die Luft, und die mußte natürlich ausgerechnet auf dem Kopf des Pferdes landen. Das aber war ein Hengst aus dem königlichen Marstall und sehr empfindlich. Es machte einen Satz zur Seite, und Hänschen fiel herunter.

Er wurde sofort in einen Wagen getragen und im Galopp in den Palast geschafft. Hänschen war nichts geschehen, er war nicht einmal ohnmächtig geworden, er war nur ganz fest eingeschlafen. Und nun schlief er wie ein Stein bis zum Abend und dann weiter bis zum nächsten Morgen und immer noch bis zum folgenden Nachmittag.

„Gebt mir endlich was zu fressen, zum Donnerwetter noch einmal!" schrie Hänschen, daß die Lakaien vor Schreck bleich wurden wie ein Stück Papier.

Eine Minute später standen auf dem Bett, neben dem Bett, sogar unter dem Bett etwa hundert Schüsseln mit verschiedenen Speisen und Leckerbissen.

„Weg mit diesen ganzen ausländischen Frikassees!" donnerte Hänschen.

„Ich will eine Bratwurst mit Sauerkohl und Bier!"

Ach, du meine Güte, in der ganzen Schloß-Speisekammer gab es keine einzige Bratwurst! Es war noch ein Glück, daß der Unteroffizier der Schloßwache ihnen eine borgte.

„Ach, ihr Muttersöhnchen, Rotznasen, Schmeichler, Zuckerpüppchen, ihr Babys, Säuglinge und alte Weiber!" Hänschen schüttete seinen ganzen Soldatenwortschatz über sie aus. „Jetzt werde ich euch aber in Zucht nehmen."

Und Hänschen stopfte die Wurst in sich hinein, daß ihm die Ohren wackelten, und dachte bei sich: Jetzt werden sie ja wohl wissen, daß der richtige König wieder da ist, dem sie gehorchen müssen.

Hänschen fühlte voraus, daß er nun nach dem Sieg einen noch schwereren Kampf gegen seine Minister würde führen müssen.

Noch an der Front hatte er erfahren, daß der Finanzminister vor Wut schäumte.

„Das ist mir ein schöner Sieger", sagte er. „Warum hat er keinen Tribut gefordert? Immer schon ist es so gewesen, wenn jemand verliert, dann muß er bezahlen. Edelmütig wollte er sein, na gut, dann soll er jetzt nur allein wirtschaften, denn der Schatz ist ganz ausgeplündert. Soll doch er den Fabrikanten die Kanonen, den Schustern die Stiefel und den Lieferanten den Hafer, die Erbsen und Graupen bezahlen. Solange Krieg war, haben alle gewartet, aber jetzt heißt es blechen, und dabei ist doch kein Geld da."

Auch der Außenminister war wütend.

„Solange die Welt besteht, hat es das noch nicht gegeben, daß ein Friede ohne Außenminister geschlossen worden wäre. Wozu bin ich denn eigentlich da? Meine Beamten werden mich auslachen."

Dem Handelsminister ließ der Fabrikant keine Ruhe.

„Bezahlt mir endlich die Porzellanpuppe", sagte er.

Der Ministerpräsident hatte kein ganz reines Gewissen, und dem Polizeipräfekt war auch ein bißchen mulmig zumute.

Einiges wußte Hänschen schon, den Rest hatte er sich gedacht und beschlossen, Ordnung mit ihnen zu machen.

Er hatte diese Ministerherrschaft satt. Entweder sollten sie ihm gehorchen, oder weg mit ihnen! Er würde den Ministerpräsidenten jetzt nicht mehr bitten zu bleiben, falls er wieder „krank werden" sollte.

Hänschen leckte sich die Lippen nach der Bratwurst, spuckte aus und befahl, ihn mit einem Eimer kalten Wassers zu übergießen.

„Das ist ein richtiges Soldatenbad", sagte er zufrieden. Er setzte sich die Krone auf und ging in den Sitzungssaal. Da saß der Kriegsminister.

„Und wo sind die anderen?"

„Sie haben nicht gewußt, daß Majestät mit ihnen eine Beratung abhalten wollen".

„Die denken wohl, ich bin aus dem Krieg zurückgekommen und werde mich nun wieder mit dem ausländischen Erzieher hinsetzen und lernen, was? Und sie können wieder tun und lassen, was sie wollen . . . Zum Donnerwetter noch einmal, da irren sie sich aber . . . Herr Minister, um zwei Uhr ist Sitzung. Wenn alle versammelt sind, hat ein Zug Soldaten leise im Korridor Posten zu beziehen. Der Zugführer soll vor der Tür stehen, und wenn er hört, daß ich in die Hände klatsche, dann betritt er mit den Soldaten den Saal. Ihnen kann ich die Wahrheit ja sagen: Wenn die Minister wieder mit ihrem alten Kram anfangen wollen, so wie sie es vor dem Krieg getrieben haben, dann lasse ich sie — verdammt noch einmal — einsperren. Aber das ist ein Geheimnis.

„Zu Befehl, Majestät!" Der Minister verneigte sich.

Hänschen nahm die Krone wieder ab und ging in den Schloßpark. Hier war er schon lange nicht mehr gewesen.

„Ach, stimmt ja", rief er aus. „Fritz habe ich ja ganz vergessen."

Er pfiff, und der Kuckucksruf antwortete ihm.

„Komm, Fritz, hab doch keine Angst. Jetzt bin ich richtig König und habe es nicht mehr nötig, jemandem Rechenschaft abzulegen."

„Na ja, aber was wird mein Vater dazu sagen?"

„Sag ihm, du bist der Favorit des Königs, und ich verbiete, daß er dich anrührt."

„Wollen mir Majestät das nicht schriftlich geben?"

„Aber gern, komm in mein Arbeitszimmer."

Das ließ sich Fritz nicht zweimal sagen.

„Herr Staatssekretär, schreiben Sie bitte ein Papierchen, daß Fritz zu meinem Favoriten ernannt ist."

„Majestät, einen solchen Posten gibt es bei Hofe nicht."
„Dann wird es ihn eben von heute an geben, denn so lautet mein königlicher Wille."
„Vielleicht wollen Majestät die Ausfertigung des Schreibens bis zur Sitzung des Ministerrates verschieben. Das dauert nicht allzulange, und es wird den Formen mehr entsprechen."
Hänschen wollte schon nachgeben, aber Fritz zog ihn unmerklich am Ärmel.
„Ich verlange, daß das Schreiben sofort geschrieben wird, Donnerwetter!" schrie Hänschen los.
Der Sekretär kratzte sich den Kopf und schrieb zwei Dokumente. In dem einen stand:
Ich, König Hänschen, verlange unwiderruflich, sofort ein Dokument über die Ernennung Fritzens zum königlichen Hoffavoriten auszufertigen, mir zur Unterschift vorzulegen und nach der Siegelung einzuhändigen. Sollte dieser mein Wille und dieser mein kategorischer Befehl nicht sofort erfüllt werden, so wird jeder, der sich des Widerstandes schuldig gemacht hat, strengstens, ja mitleidlos bestraft werden. Dies gebe ich dem Herrn Hofsekretär zu wissen und bestätige es durch eigenhändige Unterschrift.
Der Sekretär erklärte, er habe nur nach Unterzeichnung dieses Dokuments das Recht, auch das zweite auszufertigen.
König Hänschen unterzeichnete, und erst dann gab der Sekretär die mit einem Siegel versehene Ernennungsurkunde für Fritz heraus.
Dann gingen sie ins königliche Spielzimmer, schauten sich die Spielsachen und Bücher an, unterhielten sich, erinnerten sich gegenseitig an ihre Kriegsabenteuer und aßen gemeinsam Mittag. Zum Schluß gingen sie zusammen in den Garten, Fritz rief seine Altersgenossen vom Hof herbei, und sie spielten wundervoll bis zur Sitzung des Ministerrates.
„Ich muß gehen", sagte Hänschen traurig.
„Wenn ich König wäre, müßte ich niemals irgend etwas tun."
„Das verstehst du nicht, Fritz, wir Könige können nicht immer tun, was wir gerade wollen."

Fritz zuckte mit den Schultern zum Zeichen, daß er anderer Meinung war, und kehrte nicht gerade gern, wenn auch mit der Urkunde nach Hause zurück, die der König selbst unterschrieben hatte, weil er wußte, daß er nun den strengen Blick seines Vaters und die wohlbekannte Frage zu erwarten hatte:
„Wo treibst du dich denn herum, alter Junge? Komm mal hierher, erzähl mal."
Was im allgemeinen nach dieser Frage kam, wußte Fritz sehr gut; diesmal sollte es jedoch anders kommen.

Gab das aber ein Jammern und Wehklagen!

Der Finanzminister sagte, er hätte kein Geld. Der Handelsminister sagte, die Kaufleute hätten durch den Krieg viel verloren und könnten keine Steuern zahlen. Der Eisenbahnminister erzählte, die Waggons hätten soviel Munition und Soldaten an die Front bringen müssen, daß sie völlig kaputt seien und repariert werden müßten — und das würde viel kosten. Der Bildungsminister berichtete, die Kinder seien während des Krieges ganz aus dem Häuschen geraten, weil die Väter weggefahren waren und die Mütter sie nicht zügeln konnten; daher verlangten die Lehrer Gehaltserhöhungen und neue Fensterscheiben. Die Felder seien während des Krieges nicht bestellt worden, es gäbe nur wenig Waren. Und so eine geschlagene Stunde lang immer wieder von vorn.

Der Ministerpräsident trank ein Glas Wasser, das tat er immer, wenn er eine lange Rede halten wollte. Hänschen mochte es gar nicht, wenn der Ministerpräsident Wasser trank.

„Meine Herren, unsere Sitzung ist etwas seltsam. Wenn uns jemand, der nichts wüßte, so hören könnte, dann müßte er denken, der Krieg sei unglücklich ausgegangen und wir seien geschlagen. Wir sind doch aber die Sieger. Bis jetzt war es immer so, daß die Besiegten Tribut bezahlten. Und derjenige, der die Feinde geschlagen hatte, wurde reich. Und das war auch richtig so, denn den Krieg gewinnt der Staat, der an Kanonen, Pulver und Verpflegung für seine Truppen nicht spart. Wir haben am meisten Geld ausgegeben, und daher haben wir auch gesiegt. Unser heldenhafter König Hänschen konnte mit eigenen Augen feststellen, daß die Truppen alles hatten, was sie brauchten. Aber warum sollen wir das bezahlen? Sie haben uns angegriffen, wir haben ihnen verziehen — und damit haben wir unseren Großmut und unser gutes Herz gezeigt. Aber warum sollen sie uns die Kriegskosten nicht zurückerstatten?

Wir wollen ja nichts, was ihnen gehört, sie sollen uns nur geben, was uns gehört. Unser heldenhafter König Hänschen war sehr edelmütig und schenkte den Feinden Frieden — und das war eine ebenso kluge wie schöne Tat —, aber dieser Friede für nichts und wieder nichts bringt unerhörte finanzielle Schwierigkeiten mit sich. Damit werden wir fertig, denn wir haben große Erfahrungen und haben viele Bücher gelesen. Wir sind vorsichtig und wissen viel, und wenn König Hänschen uns mit dem gleichen Vertrauen beehren wird, dessen wir uns vor dem Kriege erfreuten, wenn er geruhen wird, unsere Ratschläge anzunehmen ..."

„Herr Ministerpräsident", unterbrach ihn Hänschen, „es ist genug geredet worden. Hier geht es ja gar nicht um Ratschläge, sondern darum, daß ihr regieren wollt und ich nur eine Porzellanpuppe sein soll, also sage ich, daß ich — zum Donnerwetter noch einmal, Teufel, Bomben und Kartätschen — damit nicht einverstanden bin."

„Majestät ..."

„Schluß! Aus! Ich will es nicht, und damit basta. Ich bin König und ich bleibe König!"

„Ich bitte ums Wort", meldete sich der Justizminister.

„Bitte, aber kurz."

„Das Gesetz sagt in Zusatz fünf zum Paragraphen 777555, Buch XII, Band 814 der Sammlung aller Gesetze auf Seite fünf, Zeile vierzehn: *Falls der Thronfolger das zwanzigste Lebensjahr noch nicht vollendet hat ...*"

„Herr Justizminister, das geht mich gar nichts an!"

„Ich verstehe: Majestät wollen das Gesetz vergewaltigen. Ich bin bereit, den Paragraphen anzuführen, in dem dies vorgesehen ist. Es handelt sich um die Paragraphen 105 und 486."

„Herr Justizminister, das geht mich gar nichts an!"

„Auch dafür gibt es ein Gesetz. *Wenn der König die in den Paragraphen beschlossenen Gesetze mißachtet ...*"

„Wollen Sie nun endlich aufhören, Ihr Gequatsche stinkt ja wie die Pest zum Himmel ..."

„Auch über die Pest gibt es ein Gesetz: *Im Falle des Ausbruchs einer Pestepidemie . . .*"
Hänschen verlor die Geduld und klatschte in die Hände. Die Soldaten betraten den Saal.
„Ich verhafte Sie, meine Herren!" schrie Hänschen. „Ins Gefängnis mit Ihnen!"
„Auch dafür gibt es ein Gesetz!" rief voller Freude der Minister. „Das nennt man Militärdiktatur . . . Oh, das ist Willkür!" schrie er, als ihn ein Soldat mit dem Gewehrkolben in die Rippen stieß.
Die Minister waren kreidebleich und gingen ins Gefängnis. Nur der Kriegsminister blieb frei, salutierte und ging hinaus.
Grabesstille. Hänschen war allein geblieben. Er legte die Hände auf den Rücken und ginge lange im Saal auf und ab. Und jedesmal, wenn er beim Spiegel vorbeikam, schaute er hinein und dachte: Ein bißchen sehe ich Napoleon ähnlich.
Und was nun?
Auf dem Tisch lagen noch Papiere herum. Sollte er sie unterschreiben, sollte er alles unterschreiben, was in ihnen stand, warum stand auf den einen: Genehmigt, auf den anderen: Aufschieben oder: Verbieten?
Vielleicht hätte er doch nicht alle Minister verhaften sollen, vielleicht hätte er das überhaupt nicht tun dürfen? Was sollte nun werden?
Und wofür eigentlich? Was hatten sie denn Böses getan? Um bei der Wahrheit zu bleiben: Hänschen hatte einfach eine Dummheit gemacht. Warum hatte er sich mit dem Friedensschluß auch so beeilt? Er hätte ja wirklich die Minister rufen können: Der Finanzminister hätte ihm doch bestimmt etwas vom Tribut gesagt.
Wer sollte aber auch wissen, daß es so etwas überhaupt gab? Und was wahr ist, muß wahr bleiben. Warum soll gerade der Sieger bezahlen? Und schließlich hatten die anderen ja angefangen.
Vielleicht sollte er an die Könige schreiben? Die waren doch zu dritt, da konnten sie doch viel leichter bezahlen als er allein.

Aber wie schreibt man einen Brief? Wie hatte er gesagt, dieser Minister: Band 814. Wieviel von diesen Büchern gab es eigentlich? Und Hänschen hatte erst zwei Sammlungen Erzählungen und die Lebensbeschreibung von Napoleon gelesen. Das war furchtbar wenig.

Immer schwerere Gedanken quälten das arme Hänschen, da hörte er plötzlich durch das offene Fenster den Kuckuck rufen. Ein Glück, daß er nicht mehr allein war.

„Hör mal, Fritz, was würdest du an meiner Stelle tun?"

„An Stelle Eurer Majestät würde ich weiter im Garten spielen und überhaupt nicht zu den Sitzungen gehen. Ich würde tun, was mir gefällt, und was die machen, das würde mich nicht viel angehen."

Hänschen dachte, Fritz sei doch immerhin ein wenig ungeschliffen und verstehe nicht, daß der König ja schließlich für das Glück seines Volkes regieren müsse und nicht nur Verstecken spielen könne. Na, aber das wollte er ihm nicht sagen.

„Ja, Fritz, es ist aber nun einmal so. Sie sitzen schon im Gefängnis."

„Dann sollen sie doch da sitzenbleiben, wenn das der Wille Eurer Majestät ist."

„Na ja, aber guck mal, wieviel noch nicht unterzeichnete Papiere hier herumliegen, und wenn ich nicht unterschreibe, dann gibt es weder Eisenbahnen noch Fabriken, dann gibt es überhaupt nichts."

„Na, dann unterschreib sie doch!"

„Nein, warte mal. Ich weiß doch ohne sie gar nichts, selbst die erwachsenen Könige können ohne Minister nicht auskommen."

„Na, dann kann man sie doch wieder herauslassen."

Hänschen hätte sich Fritz vor Freude beinahe an den Hals geworfen. Das war doch so einfach, aber darauf war er nicht gekommen. Es war ja wirklich nichts Schlimmes geschehen, er konnte sie doch jeden Augenblick wieder herauslassen. Aber Bedingungen würde er ihnen stellen. Sie sollten nicht mehr tun und lassen können, was sie wollten, jetzt würden sie ihm gehorchen müssen. Das dürfte es nicht mehr geben, daß er, der König, aus der Speisekammer oder aus seinem eigenen Garten etwas für seinen Freund stibitzen oder neidvoll durch das Gitter den Spielen der Jungen zusehen mußte. Er wollte auch spielen. Und sein Lehrer sollte der gute Hauptmann sein, unter dessen Befehl er den ganzen Krieg über gestanden hatte. Schließlich war das, was er wollte, ja nicht gar so schlimm: Er wollte ein fröhlicher Junge sein wie jeder andere auch, und sie sollten ihn nicht quälen.

Fritz konnte nicht lange bleiben, weil er in der Stadt etwas sehr Wichtiges zu tun hatte, er war nur gekommen, um sich ein bißchen Geld zu leihen — viel nicht: nur für die Straßenbahn, na, und vielleicht für eine Zigarette und für Schokolade.

„Aber sehr gern, da hast du, Fritz."

Und wieder war Hänschen allein.

Der Zeremonienmeister ließ sich nicht sehen, der Erzieher hatte sich irgendwo versteckt, und die Lakaien huschten vorüber wie Schatten.

Und plötzlich kam Hänschen der Gedanke, ob die ihn vielleicht alle für einen Tyrannen hielten.

Und er bekam einen Riesenschreck.

Das wäre ja fürchterlich. Hänschen war der Urenkel von Heinrich dem Aufbrausenden, der die Menschen totschlug wie Fliegen.

Was sollte er nun tun, was sollte er bloß tun?

Wenn doch wenigstens Fritz käme oder jemand anders.

Da trat der Onkel Doktor ins Zimmer. Hänschen freute sich aufrichtig.

„Mich führt eine wichtige Angelegenheit zu Eurer Majestät", begann der Doktor. „Aber ich fürchte, Majestät werden mir meine Bitte abschlagen."

„Ich bin wohl ein Tyrann, was?" fragte Hänschen, wobei er dem Doktor aufmerksam in die Augen schaute.

„Aber i wo! Wieso gleich ein Tyrann? Aber ich bin in einer schwierigen Angelegenheit gekommen."

„Sie wünschen?"

„Ich möchte um einige kleine Erleichterungen für die Gefangenen bitten."
„Sprechen Sie ohne Furcht, Doktor. Ich bin von vornherein mit allem einverstanden. Ich bin ja gar nicht böse auf sie, ich werde sie auch aus dem Gefängnis herauslassen, aber sie müssen mir versprechen, daß sie nicht allzusehr die Herren spielen werden."
„Oh, das ist ein wahrhaft königliches Wort!" rief der Doktor erfreut, und furchtlos begann er die Bitten der Gefangenen aufzuzählen. „Der Ministerpräsident bittet um Kopfkissen, Matratze und Federbett, denn er kann auf dem Stroh nicht schlafen, weil ihm alle Knochen wehtun . . ."
„Und ich habe auf dem nackten Boden geschlafen", warf Hänschen ein.
„Der Gesundheitsminister bittet um Zahnbürste und Zahnpulver. Der Handelsminister um Weißbrot, denn das Schwarzbrot im Gefängnis bekommt ihm nicht. Der Bildungsminister möchte ein Buch zum Lesen. Der Innenminister hat vor Sorgen Kopfschmerzen bekommen und möchte Tabletten haben."
„Na, und der Justizminister?"
„Der bittet um gar nichts, weil er im 745. Gesetzband gelesen hat, daß Minister, die gefangengesetzt werden, erst nach drei Tagen Gefängnisaufenthalt das Recht haben, den König um Gnade zu bitten, und sie sitzen doch erst drei Stunden."
Hänschen befahl, allen Ministern Bettwäsche aus dem Palast zu schicken, ihnen von der königlichen Tafel das Mittagessen und zum Abendbrot auch Wein zu bringen. Und den Justizminister ließ er unter Bewachung vorführen.
Als der Justizminister kam, bat Hänschen ihn höflich, Platz zu nehmen und fragte: „Wird es nicht wider das Gesetz verstoßen, wenn ich euch morgen aus dem Knast herauslasse?"
„Ein wenig schon, Majestät, aber die Militärdiktatur erkennt eine beschleunigte Prozedur an — und wenn wir das so nennen, dann wird alles in bester Ordnung sein."
„Herr Minister, und wenn ich sie nun herauslasse, können sie dann mich einsperren?"

„Dazu haben sie kein Recht, obwohl andererseits Band 949 die Rechtslage eines sogenannten Staatsstreichs behandelt."

„Ich verstehe das nicht", gab König Hänschen zu. „Wieviel Zeit braucht man eigentlich, um das alles zu verstehen?"

„Etwa fünfzig Jahre", antwortete der Minister.

Hänschen seufzte. Die Krone war ihm immer schwer erschienen, jetzt aber lastete sie auf ihm wie eine Kanonenkugel.

Den Ministern wurden am nächsten Morgen die Fesseln abgenommen, man führte sie in den Speisesaal des Gefängnisses — der Justizminister und der Kriegsminister waren auch da —, die Wächter nahmen mit blanken Säbeln ihren Platz ein, und die Beratung begann.
Hänschen hatte sich in der Nacht folgenden Plan zurechtgelegt: „Ihr werdet euch mit den Erwachsenen befassen, ich aber werde der König der Kinder sein. Bis zu zwölf Jahren werde ich die Kinder in meinem Alter regieren, werde ich fünfzehn Jahre, dann bis zu diesem Alter. Und ich kann tun, was ich will. Im übrigen soll alles bleiben wie es früher war. Ich bin noch klein und ich weiß, was die Kleinen brauchen."
„Wir sind auch mal klein gewesen", sagte der Ministerpräsident.
„Na schön, und wie alt sind Sie jetzt?"
„Dreiundvierzig", sagte der Ministerpräsident.
„Und warum regieren Sie dann diejenigen, die älter sind als Sie? Und der Herr Eisenbahnminister ist noch jung, aber mit der Eisenbahn fahren doch auch alte Menschen."
Die Minister sagten: „Na ja, das stimmt."
„Und wie meinen Sie, Herr Justizminister, kann man das so machen?"
„Keinesfalls", sagte der Justizminister, „nach dem Gesetz (Band 1349) sind die Kinder Eigentum ihrer Eltern. Es gibt nur eine Möglichkeit."
„Welche?" fragten alle neugierig.
„König Hänschen muß den Namen: König Hänschen I. — Reformator annehmen. Das steht in Band 1764, Seite 377."
„Was bedeutet das?"
„Das bedeutet, daß er ein König ist, der das Gesetz ändert. Wenn der König sagt: Ich möchte folgendes Gesetz erlassen, dann sage ich: Das geht nicht, es gibt schon ein anderes Gesetz.

Aber wenn der König sagt: Ich möchte folgende Reform durchführen, dann sage ich: Gut."

Alle waren einverstanden. Am schwierigsten aber war die Sache mit Fritz.

„Er kann nicht Favorit sein."

„Warum?"

„Weil das die Etikette nicht gestattet."

Der Zeremonienmeister war auf der Sitzung nicht anwesend, und so konnten die Minister nicht gut erklären, was die Hofetikette eigentlich war. Sie wußten nur eins ganz genau: Die Könige können Favoriten haben, aber erst nach dem Tode. Das hieß nicht, daß König Hänschen nun sterben sollte, um Gotteswillen, nein, aber dieses Papier mußte Fritz um jeden Preis wieder abgenommen werden.

„Dieses Papier ist nicht rechtmäßig", bestätigte der Justizminister. „Fritz kann den König besuchen, er kann sein bester Freund sein, ja, aber das darf nicht aufgeschrieben und dazu noch gesiegelt werden."

„Na gut", sagte Hänschen, um sie zu erproben, „und wenn ich nun nicht nachgebe und Sie auch weiter im Gefängnis lasse?"

„Das wäre etwas ganz anderes." Der Ministerpräsident lächelte. „Der König darf alles."

Hänschen war sehr erstaunt, daß so viele Menschen wegen einem Stück Papier im Loch sitzen wollten.

„Majestät", sagte der Justizminister, „seien Majestät nicht beleidigt, das Gesetz sieht auch diesen Fall vor; im Band 235 gibt es so eine Bemerkung. Der König kann auch zu Lebzeiten Favoriten ernennen, aber dann darf er nicht Reformator heißen . . ."

„Sondern wie?" fragte Hänschen beunruhigt, weil ihm schon etwas schwante.

„Dann muß er ein Tyrann sein."

Hänschen stand auf, die Gefängniswärter erhoben unruhig ihre Hände, in denen sie die Säbel hielten, es wurde sehr still. Alle waren vor Schreck und Angst ganz bleich, was König Hänschen nun sagen würde. Selbst die Gefängnisfliegen hörten auf zu summen.

Und Hänschen sprach langsam und deutlich:

„Von heute an heiße ich König Hänschen — Reformator. Meine Herren, Sie sind frei."

Der Gefängniswärter trug sofort die Fesseln in die Rumpelkammer, weil sie nicht mehr gebraucht wurden, die Wächter steckten ihre Säbel wieder ein, und der Schließer öffnete die schweren Eisentüren. Die Minister rieben sich vor Freude die Hände.

„Einen Augenblick noch, meine Herren. Ich muß doch irgendeine Reform durchführen: Morgen soll jeder Schüler in der Schule ein Pfund Schokolade bekommen."

„Das ist zuviel", sagte der Gesundheitsminister. „Höchstens ein Viertelpfund."

„Meinetwegen auch ein Viertelpfund."

„Wir haben im ganzen Staat fünf Millionen Schüler", sagte der Bildungsminister. „Wenn auch die Rüpel und Faulpelze Schokolade bekommen sollen . . ."

„Alle", rief Hänschen, „alle ohne Ausnahme!"

„Eine solche Menge Schokolade können unsere Fabriken erst in neun Tagen fertig haben."

„Und die Eisenbahnen können sie erst im Laufe einer Woche verteilen."

„Wie Majestät sehen, kann der Befehl erst in drei Wochen ausgeführt werden."

„Da kann man nichts machen", sagte Hänschen, aber bei sich dachte er: Wie gut, daß ich so erfahrene Leute zur Hilfe habe. Ohne sie wüßte ich nicht ein noch aus. Ich wäre gar nicht auf den Gedanken gekommen, daß man sie im ganzen Staat verteilen muß.

Das aber sagte Hänschen nicht laut. Er tat sogar, als sei er ein wenig unzufrieden, und fügte noch hinzu: „Ich bitte also, daß es morgen in den Zeitungen veröffentlicht wird."

„Verzeihung", sagte der Justizminister, „das ist alles schön und gut, aber eine Reform ist das nicht. Das ist nur . . . ein königliches Geschenk an die Schulkinder. Wenn König Hänschen ein Gesetz erlassen wollte, daß jeder Schüler täglich auf Staatskosten Schokolade zu bekommen hat, dann wäre das etwas anderes. Denn dann wäre es eben ein Gesetz. Aber so ist es eine Gabe, ein Geschenk, eine Überraschung."

„Meinetwegen soll es ein Geschenk sein." Hänschen war einverstanden, denn er war nun schon müde und hatte Angst, sie würden immer noch reden.

„Die Sitzung ist geschlossen, leben Sie wohl, meine Herren."

Hänschen fuhr mit dem Hofauto in seinen Palast, lief in den Garten und pfiff nach Fritz.

„Siehst du, Fritz, jetzt bin ich richtig König. Jetzt ist alles in Ordnung."

„Für Majestät vielleicht, aber für mich gar nicht."

„Warum?" fragte Hänschen voll Staunen.

„Mein Vater hat mich für dieses Papier so verprügelt, daß mir Hören und Sehen verging."

„Verprügelt hat er dich, sagst du?"

„Aber ja, es ist das Recht des Königs, sagte er, dir seine Gunst zu leihen, aber es ist mein gutes Recht als Vater, du verdammter Bengel, dir das Fell zu gerben. Im Palast kannst du dem König gehören, zu Hause aber bist und bleibst du der Sohn eines Unteroffiziers. Und die Hand des Vaters ist dir sicherer als die Gnade des Königs."

Hänschen war vorsichtig, er wußte schon, daß man nichts übers Knie brechen darf. Im Leben ist es genauso wie im Krieg: Wenn man siegen will, muß man sich gut auf den Angriff vorbereiten. Er hatte mit diesem Papier übereilt gehandelt und eine Dummheit gemacht. Sich selbst hatte er Sorgen und Fritz Schmerz bereitet. Und nun hatte er auch noch seiner königlichen Ehre Abbruch getan. Denn was war das sonst: Er, der König, verleiht ein Recht, und irgendein Unteroffizier teilt für dieses königliche Recht Prügel aus.

„Hör mal, Fritz, wir sind da ein wenig voreilig gewesen. Weißt du noch, ich wollte damit zuerst noch ein bißchen warten. Eins muß ich dir erklären."

Und Hänschen erzählte, wie das mit der Schokolade war.
„Die Könige können eben nicht alles tun, was sie wollen."
„Na ja, Majestät ..."
„Hör mal, Fritz, sag weiter du zu mir. Wir waren doch gemeinsam an der Front, und du hast mich aus der Gefangenschaft gerettet."
Gesagt, getan, sie beschlossen, wenn sie allein waren, wollten sie sich so anreden wie früher.
„In Ordnung, Hüne."
„In Ordnung, Riese."
Jetzt fiel es Hänschen nicht mehr so schwer, das unglückselige Papier zurückzuverlangen.
„Ich gebe dir für das Papier Schlittschuhe, zwei Bleifiguren, ein Briefmarkenalbum, ein Brennglas und einen Magneten."
„Und mein Alter wird mich wieder vertrimmen."
„Ach, Fritz, verlier die Geduld nicht, du siehst doch selbst, daß die Könige nicht alles gleich auf einmal machen können. Die Könige müssen dem Gesetz gehorchen."
„Was ist denn das?"
„Das weiß ich selber noch nicht genau. Das sind irgendwelche Bücher oder ..."
„Na ja", sagte Fritz traurig, „wenn du immerzu auf diesen Sitzungen bist, dann lernst du das alles, aber ich ..."
„Mach dir keine Sorgen, mein Lieber, du wirst sehen, es wird alles in bester Butter sein. Wenn ich an fünf Millionen Kinder Schokolade verteilen kann, dann kann ich schließlich auch für dich viel Gutes tun. Aber das muß alles rechtmäßig geschehen. Du hast ja keine Ahnung, wie lange ich abends im Bett liege und nicht einschlafen kann. Ich muß nur immerzu nachdenken. Und ich quäle mich damit ab, irgend etwas zu tun, damit alle es gut haben. Jetzt wird es leichter werden; denn was konnte ich mir schon für die Erwachsenen ausdenken? Soll ich ihnen vielleicht Zigaretten schenken? Aber sie haben doch Geld und können sie sich allein kaufen. Und wenn ich ihnen Schnaps gebe, dann werden sie sich höchstens betrinken und gar nichts davon haben."

„Ich weiß nicht", sagte Fritz, „du denkst immer gleich an alle. Ich würde mir einfach im Park eine Schaukel anlegen lassen, ein Karussell mit Musik . . ."
„Siehst du, Fritz, du bist kein König, das verstehst du nicht. Gut, ich habe ja nichts gegen Karussells, aber ich will nicht nur eins. Gleich auf der nächsten Sitzung werde ich sagen, in allen Schulen soll es Schaukeln und Karussells mit Musik geben."
„Und Kegelbahnen, und Schießstände."
„Na, siehst du . . ."

Als die Minister aus dem Gefängnis kamen, gingen sie erst einmal in die Konditorei, bestellten sich Kaffee mit Schlagsahne und aßen Buttercremetorte. Sie waren ja nun wieder frei, aber wohl war ihnen doch nicht zumute. Sie hatten gesehen, mit Hänschen würde das keine leichte Sache werden.
„Vor allem werden wir Geld borgen müssen."
„Kann man nicht einfach neues Geld drucken?"
„Jetzt nicht, denn wir haben während des Krieges schon zu viel gedruckt. Wir müssen noch ein bißchen warten."
„Warten, warten. Und hier haben wir soviel zu bezahlen."
„Ich sage ja, wir müssen von den ausländischen Königen borgen."
Jeder von ihnen aß vier Stück Buttercremetorte, schlürfte seinen Kaffee mit Schlagsahne, und dann gingen sie nach Hause.
Am nächsten Tag kam der Ministerpräsident zur Audienz und sagte, man müsse von den reicheren Königen viel Geld borgen. Das sei ein sehr schwieriges Unternehmen, weil sie den Brief an die ausländischen Könige sehr klug abfassen müßten, und daher würden jetzt jeden Tag zwei Beratungen stattfinden.
„Gut", sagte Hänschen, „beratet ihr nur, ich aber werde von heute an bei meinem Hauptmann Stunden haben."
Der Kriegsminister kam mit dem Hauptmann angefahren. Hänschen begrüßte ihn herzlich und fragte, ob man ihn nicht zum Major ernennen könnte, aber das ließ sich nicht durchführen, weil der Hauptmann vor kurzem noch Leutnant gewesen und zu jung war.
„Sie werden mich alles andere lehren, und der ausländische Erzieher wird mir nur Fremdsprachen beibringen."
Und jetzt begann Hänschen mit solcher Lust zu lernen, daß er sogar das Spielen vergaß. Der Hauptmann wohnte weit weg, daher schlug Hänschen vor, er sollte mit seiner Familie in den Palast ziehen. Der Hauptmann hatte einen Jungen, der hieß

Peter, und ein Töchterchen, das hieß Leni. Also lernten sie alle zusammen und spielten auch ein wenig miteinander. Auch Fritz kam zu den Stunden, aber nicht oft, er hatte das Lernen nämlich nicht sehr gern.

Hänschen ging jetzt nur selten zu den Beratungen.

„Schade um die Zeit", sagte er. „Ich langweile mich da nur und verstehe doch nicht viel davon."

Gerne kamen die Kinder in den Schloßpark. Der Vater von Fritz, der früher einmal Zimmermann gewesen war, bevor er zum Militär ging, hatte ihnen eine Schaukel gemacht. Also schaukelten sie, spielten Haschen, Ball, Feuerwehr, ruderten auf dem Schloßteich herum und angelten. Der Gärtner war darüber ein wenig ungehalten und ging zur Palastverwaltung, um sich zu beklagen. Weil die Kinder nicht aufgepaßt hatten, waren sogar schon einige Scheiben zerschlagen worden, aber niemand konnte etwas sagen, weil Hänschen nun Reformator war und seine eigene Ordnung eingeführt hatte.

Im Herbst sollte der Ofensetzer kommen, um im Thronsaal einen Ofen aufzustellen, denn Hänschen hatte erklärt, er denke nicht daran, während der Audienz zu frieren.

Wenn es regnete, spielten sie in den Zimmern. Den Lakaien gefiel gar nicht, daß ihnen die Kinder Schmutz in die Zimmer schleppten, die sie nachher wieder saubermachen und bohnern mußten. Dafür wurde aber jetzt weniger aufgepaßt, ob auch alle ihre Knöpfe geschlossen waren, und so hatten sie viel mehr Zeit. Übrigens war es ihnen früher auch sehr langweilig gewesen, weil im Palast immer Grabesstille geherrscht hatte. Jetzt wurde gelacht, herumgetollt, laut gerufen, und auch der fröhliche Hauptmann spielte mit, manchmal kam sogar der alte Doktor in Bewegung und tanzte mit ihnen herum oder machte beim Seilspringen mit. Und das war dann ganz bestimmt sehr komisch.

Nach der Schaukel baute ihnen Fritzens Vater einen kleinen Wagen, aber der hatte nur drei Räder, daher kippte er oft um. Das schadete nichts. Das machte nur noch mehr Spaß.

Die Verteilung der Schokolade an die Kinder in der Hauptstadt ging so vor sich: Die Kinder aus allen Schulen stellten sich in zwei langen Reihen am Straßenrand auf, dann kamen Lastwagen angefahren, und Soldaten teilten die Schokolade aus. Als sie damit fertig waren, fuhr Hänschen durch alle Straßen, und die Kinder aßen und jubelten ihm zu: „Es lebe König Hänschen!"

Und Hänschen stand immer wieder auf, warf ihnen Kußhändchen zu, schwenkte seinen Hut, winkte mit dem Taschentuch, lachte, bewegte Hände und Kopf, damit sie nur ja nicht denken sollten, sie würden wieder betrogen, und das wäre eine Porzellanpuppe.

Aber wie sollten sie auch? Alle wußten ganz genau, daß dies das richtige Hänschen war. Nicht nur die Kinder, auch ihre Mütter und Väter waren auf den Straßen; die freuten sich auch, weil die Kinder jetzt besser lernten, denn sie sahen ja, daß der König sie liebte und an sie dachte.

Der Bildungsminister hatte auch noch von sich aus den ruhigen und fleißigen Schülern eine Überraschung bereitet: Sie sollten abends ins Theater gehen. Abends also nahmen Hänschen, der Hauptmann, Fritz, Leni und Peter in der Königsloge Platz, und das ganze Theater war voller Kinder.

Als Hänschen die Loge betrat, stimmte das Orchester die Nationalhymne an. Alle erhoben sich von den Plätzen, und Hänschen stand die ganze Zeit stramm, denn so will es die Etikette. Die Kinder konnten nun ihren König den ganzen Abend über betrachten, und sie waren nur ein ganz klein bißchen traurig, weil er zwar in Uniform, aber ohne Krone gekommen war. Die Minister waren nicht bei der Vorstellung, denn sie machten gerade den Brief wegen der Auslandsanleihe fertig und hatten keine Zeit. Nur der Bildungsminister kam für ein paar Minuten und sagte sehr zufrieden: „Das verstehe ich, jetzt haben diejenigen ihren Lohn, die ihn wirklich verdient haben."

Hänschen dankte ihm höflich, und der Tag ging sehr fröhlich zu Ende.

Dafür hatte Hänschen am nächsten Tag schwere Pflichten zu erfüllen.

Alle Minister und die Gesandten der anderen Staaten waren gekommen – denn ihnen sollte der Brief mit der Bitte um eine Auslandsanleihe feierlich ausgehändigt werden.

Hänschen mußte ruhig dasitzen und zuhören, was sie ganze drei Monate lang geschrieben hatten. Das fiel ihm nun, wo er an die Sitzungen nicht mehr so gewöhnt war, noch viel schwerer, besonders weil gestern ein so schöner Tag gewesen war.

Der Brief hatte vier Teile.

Im ersten Teil schrieben die Minister in Hänschens Namen, wie oft Hänschens große Vorfahren anderen Staaten geholfen und ihnen Geld geliehen hatten, wenn sie welches brauchten. Das war der historische Teil des Briefes.

Dann kam ein sehr langer geographischer Teil. Da wurde aufgezählt, wieviel Boden Hänschen gehörte, wieviel Städte, Wälder, Bergwerke für Kohle, wieviel Salz und Erdöl er hatte, wieviel Menschen in seinem Staat wohnten, wieviel Fabriken es gab, wieviel Getreide und Kartoffeln und Zuckerrüben in Hänschens Staat jedes Jahr wuchsen.

Der dritte Teil war der wirtschaftliche. Hier rühmten sich die Minister, wie reich Hänschens Land war, daß sie viel Geld hatten, daß jedes Jahr große Steuern in den Staatsschatz flossen, daß sie das geborgte Geld bestimmt zurückzahlen könnten, die Könige brauchten also keine Angst zu haben.

Wenn Hänschen Geld borgen wollte, so nur deswegen, um noch besser zu wirtschaften und um noch mehr Geld zu bekommen. Also war im vierten Teil zu lesen, welche neuen Eisenbahnen und neuen Städte es in Hänschens Staat geben würde, wieviel neue Häuser und Fabriken gebaut werden sollten. Und das alles wäre vielleicht sogar sehr interessant gewesen, aber es gab darin so viele Zahlen, Millionen und Milliarden, daß die Gesandten immer wieder auf ihre Armbanduhren guckten, wie spät es war, und daß Hänschen das Gähnen bekam.

Als der Brief endlich verlesen war, sagten die Gesandten: „Wir werden dieses Schreiben unseren Regierungen übersenden. Unsere Könige wollen jetzt sehr gern mit Hänschen in Freundschaft leben und sind bestimmt einverstanden, ihm das Geld zu leihen."

Dann gab man Hänschen eine goldene, mit Edelsteinen besetzte Feder, und Hänschen schrieb noch darunter:

Eure Majestäten! Ich habe Euch geschlagen und keinerlei Tribut genommen, jetzt aber bitte ich Euch, mir Geld zu leihen. Also seid nicht gemein und borgt es mir!

König Hänschen I. Reformator

Hänschen war von den ausländischen Königen eingeladen worden. Sie würden sich sehr freuen, hatten sie geschrieben, wenn sie König Hänschen, den Hauptmann, den Doktor, Peter und Leni bei sich begrüßen dürften.
König Hänschen kann sicher sein, daß er es nicht bereuen wird. Wir werden alles tun, was in unserer Kraft steht, damit er sich amüsiert und alles bekommt, was er nur haben will.
Hänschen freute sich schrecklich. Hänschen kannte nur eine ausländische Stadt vom Kriege her, jetzt aber sollte er drei Hauptstädte, drei ausländische Paläste und drei Schloßparks kennenlernen, und er war sehr neugierig, ob es dort anders war als bei ihm. In der einen Hauptstadt gab es angeblich einen wunderschönen Zoologischen Garten mit Tieren aus der ganzen Welt. In der zweiten stand ein ganz hohes Haus, das, wie Fritz sagte, fast bis zum Himmel reichte. Und in der dritten gab es Geschäfte mit so schönen Schaufenstern, daß man ein ganzes Jahr schauen konnte, ohne sich zu langweilen. Die Minister ärgerten sich sehr, daß man sie nicht eingeladen hatte, aber daran konnten sie nichts ändern. Nur der Finanzminister beschwor Hänschen, er solle kein Geld nehmen und nichts unterschreiben, denn sie würden ihn beschummeln.
„Haben Sie nur keine Angst", sagte Hänschen. „Ich habe mich nicht beschummeln lassen, als ich noch viel kleiner war, also wird es ihnen auch jetzt nicht gelingen."
„Majestät, sie werden die Freunde spielen, weil doch der Krieg vorbei ist, aber sie werden sich immer bemühen, soviel wie möglich für sich selbst herauszuschlagen."
„Als ob ich das nicht wüßte", sagte Hänschen, aber im stillen war er sehr froh, daß man ihn gewarnt hatte, und er beschloß, allein kein einziges Papier zu unterschreiben. Denn es kam ihm wirklich komisch vor, warum man keinen Minister mit eingeladen hatte.

„Ich werde gut aufpassen", fügte Hänschen hinzu.
Alle beneideten Hänschen, daß er eine so weite Reise machen sollte. Die Koffer wurden gepackt, die Schneider brachten neue Anzüge, die Schuster neue Schuhe. Der Zeremonienmeister lief im ganzen Palast umher, damit ja nichts vergessen würde. Leni und Peter sprangen vor Freude.
Endlich fuhren zwei Autos vor, in das eine stiegen König Hänschen und der Hauptmann, in das zweite der Doktor, Leni und Peter. Unter Hochrufen fuhren sie durch die Stadt; auf dem Bahnhof erwartete sie der Hofzug und alle Minister.
Hänschen war schon im Krieg mit dem Hofzug gefahren, aber damals war er so müde gewesen, daß er sich nicht alles ganz genau ansehen konnte. Jetzt war es ganz anders. Jetzt fuhr er nur so zum Spaß, da brauchte er über nichts anderes nachzudenken. Er hatte sich ja auch nach einem so schweren Krieg und so vieler Arbeit Ferien verdient. Lachend erzählte er, wie er sich vor dem Leutnant, der jetzt sein Lehrer war, unter der Decke versteckt hatte. Er erzählte von der Suppe, von den Flöhen, die ihn gebissen hatten, von seinem Zusammentreffen mit dem Kriegsminister, als er von der Kuhstalleiter aus auf den Zug geblickt hatte, in dem er jetzt selbst saß. „Oh, hier haben wir einen ganzen Tag gestanden. Und von diesem Bahnhof wurden wir wieder zurückgezogen."
Der Hofzug bestand aus sechs Waggons. Der erste war der Schlafwagen. Jeder hatte hier seinen eigenen Raum mit einem bequemen Bett, einem Waschbecken, einem kleinen Tisch und einem Stühlchen. Der zweite war der Speisewagen: In der Mitte stand der Tisch, rundherum die Stühle, auf dem Fußboden lag ein schöner Teppich, und überall gab es Blumen. Im dritten Wagen war die Bibliothek, aber jetzt gab es dort außer Büchern auch die schönsten Spielsachen des Königs. Im vierten Waggon war die Küche untergebracht, im fünften fuhren die Bediensteten des Palastes, der Koch und die Lakaien, und im sechsten lagen die vollgepackten Koffer.
Die Kinder guckten durchs Fenster und dann spielten sie wieder. Sie hielten nur auf den großen Bahnhöfen an, wenn die

Lokomotive neues Wasser brauchte. Die Waggons fuhren so leicht, daß man weder etwas hörte noch irgendeine Erschütterung verspürte.

Abends gingen sie wie gewöhnlich zu Bett, und als sie am nächsten Morgen aufwachten, waren sie schon im Ausland.

Hänschen hatte sich kaum gewaschen und angezogen, da erschien der Gesandte des ausländischen Königs, um ihn zu begrüßen. Er war nachts eingestiegen, hatte aber König Hänschen nicht beunruhigen wollen. Seit der Grenze war er da, weil Hänschen jetzt unter seiner Obhut stand.

„Wann werde ich in der Hauptstadt Ihres Königs sein?"

„In zwei Stunden."

Hänschen war sehr froh, daß der königliche Gesandte keine fremde Sprache sprach, denn Hänschen kannte zwar schon einige Sprachen, aber es macht doch immer viel mehr Spaß, seine eigene Sprache zu hören.

Welchen Empfang man Hänschen bereitet hatte, läßt sich kaum beschreiben. Er fuhr nicht als der Bezwinger ihrer Festungen und Mauern in der Hauptstadt eines fremden Staates ein, sondern als der Bezwinger der Herzen der gesamten Bevölkerung. Der greise König dieses Staates erwartete ihn mit seinen erwachsenen Kindern und seinen Enkeln auf dem Bahnhof. Dort gab es soviel frisches Grün und Blumen, als wäre es der allerschönste Garten, nicht aber ein Bahnhof. Aus Zweigen und Blumen hatte man Girlanden geflochten, die folgende Aufschrift bildeten: *Herzlich willkommen, junger Freund!* Vier lange Begrüßungsansprachen wurden gehalten, in denen man Hänschen einen guten, weisen und kühnen König nannte. Man sagte ihm voraus, er würde so lange herrschen wie nie zuvor ein König. Dann überreichte man ihm auf einem silbernen Tablett Brot und Salz. An die Brust heftete man ihm den höchsten Orden, den Goldenen Löwen mit einem riesigen Brillanten. Der alte König küßte ihn so herzlich, daß Hänschen auf einmal seine toten Eltern einfielen und ihm die Tränen in die Augen schossen. Ein Orchester gab es, viele Fahnen und Triumphbögen. Von den Balkons hingen Teppiche und Flaggen herab.

Er wurde ins Auto getragen. An den Straßenrändern standen so viele Menschen, als wären sie aus der ganzen Welt hier zusammengekommen. Die Kinder hatten drei Tage schulfrei und waren alle auf der Straße.

So war Hänschen von seiner eigenen Hauptstadt noch nie begrüßt worden. Als sie endlich im Palast waren, versammelte sich auf dem Platz eine Menschenmenge, die nicht auseinandergehen wollte, bis Hänschen auf den Balkon trat.

„Ich bin euer Freund!" rief Hänschen.

Die Kanonen schossen Salut, Raketen und bengalisches Feuer wurden angezündet. Rote, blaue und grüne Sterne fielen vom Himmel herunter. Es war einfach wunderschön.

Und dann begannen die Bälle, die Theatervorstellungen, am Tage machten sie Ausflüge ins Grüne, da gab es hohe Berge, in alten Wäldern standen Schlösser, dann gingen sie auf die Jagd, dann war eine Truppenparade und wieder ein Staatsbankett und wieder Theater.

Die Enkel und Enkelinnen des alten Königs wollten Hänschen ihr ganzes Spielzeug schenken. Er bekam zwei wunderschöne Pferde, eine kleine Kanone aus echtem Silber und einen neuen Filmprojektor mit wunderschönen Filmen.

Und dann kam das Allerschönste: Der ganze Hof fuhr in Autos ans Meer, wo eine Seeschlacht vorgeführt wurde. Zum ersten Mal im Leben fuhr Hänschen auf einem Admiralsschiff, das dann seinen Namen erhielt.

So wurde Hänschen zehn Tage lang gefeiert, und er wäre gern noch länger geblieben, aber er mußte weiterfahren, zum zweiten König.

Das war eben der König, den Hänschen aus der Gefangenschaft wieder freigelassen hatte. Er war ärmer, also war der Empfang bescheidener, aber noch herzlicher. Dieser König hatte viele Freunde unter all den anderen Königen und hatte sie gleichzeitig mit Hänschen eingeladen. So gab es für Hänschen sehr interessante Bälle, auf denen er Neger, Chinesen und Australier kennenlernte. Die einen waren gelb und trugen Zöpfe, die anderen waren kohlrabenschwarz und hatten in Nase und Ohren

Schmuckstücke aus Muscheln und Elfenbein. Hänschen wurde mit diesen Königen gut Freund, von dem einen erhielt er vier wunderhübsche Papageien, die sprechen konnten wie Menschen, der zweite schenkte ihm ein Krokodil und eine Boa-Schlange in einem riesigen Glaskasten, vom dritten aber bekam er zwei außerordentlich komische dressierte Äffchen, die so ulkige Kunststücke machten, daß Hänschen jedesmal, wenn er sie anschaute, von neuem lachen mußte.

Und hier sah Hänschen den größten Zoo der Welt. Da gab es Pinguine, die sahen den Menschen ähnlich, Eisbären, Auerochsen, große Elefanten aus Indien, Löwen, Tiger, Wölfe, Füchse, bis zu den kleinsten Geschöpfen des Landes und Meeres. Lauter verschiedene Fische, viele bunte Vögel. Allein an Affen gab es sicher fünfzig verschiedene Arten.

„Das alles sind Geschenke meiner afrikanischen Freunde", sagte der König. Und Hänschen beschloß, die afrikanischen Könige ganz bestimmt in seine Hauptstadt einzuladen, um auch so einen Garten zu bekommen. Denn wenn ihm die Tiere so gut gefielen, dann würden sicher auch alle anderen Kinder ihre Freude daran haben.

„Na ja, wir müssen weiterfahren. Aber schade ist es doch. Was mir wohl der dritte König zeigen wird? In seiner Hauptstadt steht doch das riesige Haus, von dem Fritz mir erzählt hat."

Beim dritten König wurde Hänschen sehr bescheiden, wenn auch ebenso freundlich aufgenommen. Hänschen wunderte sich sogar ein wenig darüber und fühlte sich nicht ganz wohl in seiner Haut.

Ob er wohl geizig ist? dachte Hänschen.

Der Palast sah nicht einmal wie ein Königsschloß aus und unterschied sich kaum von den schöneren Häusern der Stadt.

Der eine Lakai hatte sogar ein bißchen angeschmuddelte Handschuhe, und im Tischtuch war ein kleines Loch, ein kleines, sage ich, aber immerhin ein Loch, das geschickt mit Seide gestopft war.

Hänschen wunderte sich noch mehr, als ihn der König in seine Schatzkammer führte. Hier gab es soviel Gold, Silber und Edelsteine, daß Hänschen ganz geblendet war.

„Majestät sind schrecklich reich."

„Oh nein", antwortete der König, „wenn ich das unter alle Bürger meines Staates verteilen wollte, dann würde auf jeden einzelnen nur ein Pfennig entfallen."

Und das sagte er so nett, daß es Hänschen ganz warm ums Herz wurde.

Dieser König war der jüngste von allen, aber er war ein wenig schwermütig.

Wenn sie abends nicht ins Theater gingen, dann spielte der König Geige, aber auch das war so traurig, daß man seufzen mußte.

Wie verschieden doch die Könige sind, dachte Hänschen. Und er sagte: „Eure Majestät haben angeblich ein riesiges Haus, aber das soll sehr, sehr hoch sein."

„Ach ja, ich habe es Eurer Majestät nicht gezeigt, weil es das Parlamentsgebäude ist. Weil es in Ihrem Staat keine Demokratie gibt, dachte ich, Sie würden sich dafür nicht interessieren."

„Aber ich möchte dieses ... dieses ... Parlament wirklich gern sehen."
Hänschen hatte nicht verstanden, was der König meinte, und er dachte wieder einmal: Wie komisch das doch ist. Da hat man mich nun so viel gelehrt, was die Könige vor hundert, zweihundert und tausend Jahren getan haben, aber was sie heute tun und wie sie heute sind, das kann ich eigentlich nie recht erfahren. Wenn ich sie früher gekannt hätte, wäre es vielleicht gar nicht zum Krieg gekommen.
Der König fing wieder an, Geige zu spielen, Hänschen, Leni und Peter hörten zu.
„Warum spielen Majestät eigentlich so traurig?"
„Weil das Leben nun einmal nicht fröhlich ist, mein Freund. Und das Traurigste auf der Welt ist wohl das Leben eines Königs."
„Eines Kööönigs?" wunderte sich Hänschen. „Und die anderen beiden waren so lustig."
„Die sind auch traurig, liebes Hänschen. Die tun nur vor den Gästen so, denn das ist die Sitte, so befiehlt es die Etikette. Wie können denn Könige, die eben erst einen Krieg verloren haben, fröhlich sein?"
„Ach, darum machen sich Majestät Sorgen."
„Ich am allerwenigsten von uns dreien. Ich bin sogar froh darüber."
„Froh?" Hänschen staunte immer mehr.
„Ja, denn ich habe diesen Krieg nicht gewollt."
„Warum haben Sie ihn dann geführt?"
„Ich mußte — ich konnte nicht anders."
Das ist aber ein seltsamer König, dachte Hänschen. Krieg führen will er nicht, erklärt ihn aber doch, und dann freut er sich, wenn er ihn verloren hat. Nein, das ist wirklich ein ganz merkwürdiger König.
„Ein gewonnener Krieg ist eine große Gefahr", sagte der König, als spräche er zu sich selbst. „Dann vergißt man am schnellsten, wozu man eigentlich König ist."
„Und wozu ist man König?" fragte Hänschen.

„Jedenfalls nicht, um eine Krone zu tragen, sondern um der Bevölkerung seines Staates ein glückliches Leben zu schenken. Und wie soll man dieses glückliche Leben schaffen? Man führt die verschiedensten Reformen durch."
Oho, jetzt wird es interessant, dachte Hänschen.
„Und die Reformen, das ist das Allerschwierigste, ja, das Allerschwierigste." Und diesmal erklang die Geige so schwermütig, als schluchzte sie, als sei irgendein Unglück geschehen.
Lange dachte Hänschen nachts über das alles nach. Er wälzte sich von einer Seite auf die andere, und in den Ohren klang ihm das traurige Lied der Geige.
Ihn werde ich fragen. Er wird mir raten. Das muß ein guter Mensch sein. Ich bin jetzt König-Reformator, aber was Reformen eigentlich sind, das weiß ich nicht. Und er sagt, das sei so schwierig.
Dann dachte Hänschen wieder: Und wenn er nun lügt? Vielleicht haben sie sich untereinander geeinigt, gerade dieser dritte soll mir irgendein Papier zum Unterzeichnen geben?
Denn Hänschen hatte sich schon so manches Mal gewundert, warum sie kein Wort von der Anleihe oder anderen Dingen sprachen. Schließlich kommen die Könige ja zusammen, um von der Politik, von allen möglichen wichtigen Dingen zu reden. Sie aber sagten kein Sterbenswörtchen. Er dachte, sie wollten sich mit ihm nicht darüber unterhalten, weil er noch so klein war. Warum sprach dann aber dieser dritte mit ihm wie mit einem Erwachsenen?
Hänschen hatte den traurigen König liebgewonnen, aber er traute ihm nicht recht. Denn die Könige lernen es früh, mißtrauisch zu sein.
Um schneller einzuschlafen, begann Hänschen das traurigste Lied vor sich hinzusummen. Da hörte er plötzlich im Nachbarzimmer Schritte.
Vielleicht wollen sie mich umbringen? schoß es ihm durch den Kopf, denn er hatte auch schon von solchen Fällen gehört, wo man die Könige in den Hinterhalt gelockt hatte, um sie dann meuchlings zu ermorden. Vielleicht wäre ihm das gar nicht in

den Kopf gekommen, wenn ihn das lange Nachdenken und das Klagelied nicht so sehr aufgeregt hätten.
Und schnell drückte Hänschen auf den Knopf seiner Nachttischlampe. Dann fuhr er mit der Hand unter das Kopfkissen, wo der Revolver lag.
„Du schläfst noch nicht, Hänschen?"
Es war der König.
„Ich kann nicht einschlafen!"
„Also verscheuchen auch kleinen Königen finstere Gedanken den Schlaf?" sagte er lächelnd und setzte sich auf den Bettrand.
Und mehr sprach er nicht, er schaute ihn nur an. Dabei fiel Hänschen ein, wie oft sein Vater ihn so angesehen hatte. Damals hatte er es nicht gern gehabt, wenn der Vater so blickte. Aber jetzt tat es ihm wohl.
„Ja, ja, Hänschen, du hast dich sehr gewundert, als ich dir gesagt habe, daß ich mit dir keinen Krieg führen wollte und es doch getan habe. Weil du immer noch glaubst, die Könige können tun und lassen, was sie wollen."
„Das glaube ich gar nicht. Ich weiß, daß uns die Etikette und das Gesetz viele Dinge zu tun befehlen."
„Ach, das weißt du also. Ja, wir selbst erlassen schlechte Gesetze, und dann müssen wir uns nach ihnen richten."
„Kann man denn aber nicht gute Gesetze erlassen?"
„Man kann, und man muß. Du bist noch jung, Hänschen, lerne und erlasse gute, weise Gesetze."
Und der König nahm Hänschens Hand, legte sie auf die seine, als wollte er seine große mit Hänschens kleiner vergleichen — dann streichelte er sie, beugte sich herab und küßte Hänschen auf die Hand.
Hänschen schämte sich auf einmal fürchterlich, aber der König fing an, sehr schnell und leise zu sprechen: „Hör zu, Hänschen, mein Großvater hat dem Volk die Freiheit gegeben, aber gut war es nicht. Er wurde ermordet, und das Volk war auch weiterhin nicht glücklich. Mein Vater hat der Freiheit ein großes Denkmal errichtet. Morgen wirst du es sehen: Es ist schön, aber

was will das schon heißen, wenn es weiter Kriege, Arme und Unglückliche gibt. Ich habe dieses große Parlamentsgebäude bauen lassen, und auch das hat nichts geholfen. Es ist auch weiter das gleiche."

Plötzlich war es, als sei ihm etwas eingefallen.

„Weißt du, Hänschen, wir haben es immer falsch gemacht, daß wir den Erwachsenen Reformen geschenkt haben, versuch du es einmal mit den Kindern, vielleicht wird es dir gelingen ... Na, schlaf schon, mein Kleiner. Du bist hierher gekommen, um dich zu amüsieren, und ich mache dir den Kopf schwer. Gute Nacht."

Als Hänschen am nächsten Tage auf dieses Gespräch zurückkam, da wollte der König nicht mehr darüber reden. Dafür erklärte er ihm ganz genau die Bedeutung des Parlaments. Es war wirklich ein riesiges und schönes Haus, innen sah es ein wenig wie ein Theater und ein bißchen wie eine Kirche aus. Auf einer Estrade saßen, genau wie bei ihm im Palast während einer Beratung, viele Herren an einem Tisch. Nur gab es hier furchtbar viele Sessel, und da saßen verschiedene Herren, und dann kamen die Redner, die von diesen Sesseln aufstanden und eine Art Kanzel betraten, von der sie etwas Ähnliches wie eine Predigt hielten. Rundherum gab es Logen, darin saßen die Minister. An der Seite hatten an einem großen Tisch Leute Platz genommen, die für die Zeitungen schrieben. Und weiter oben das Publikum. Gerade in dem Augenblick, als sie hereinkamen, sprach jemand sehr zornig zu den Ministern.

„Wir werden das nicht gestatten!" schrie er und schlug mit der Faust auf den Tisch. „Wenn ihr nicht auf uns hören wollt, dann werdet ihr nicht länger Minister bleiben. Wir brauchen kluge Minister."

Ein anderer sagte, die Minister wären klug, und andere brauche man nicht.

Dann zankten sie sich und fingen alle an zu schreien. Jemand rief: „Nieder mit der Regierung!" Ein anderer: „Schämen Sie sich!" Und als Hänschen schon aus dem Saal herausging, da schrie noch jemand: „Nieder mit dem König!"

„Warum haben sie sich eigentlich gezankt?"
„Weil es ihnen schlecht geht."
„Und was wird geschehen, wenn sie die Minister wirklich hinauswerfen?"
„Dann werden sie andere wählen."
„Na, und der geschrien hat: Nieder mit dem König?"
„Der schreit immer so."
„Ein Verrückter?"
„Nein, er will nur keinen König."
„Und können sie den König auch hinauswerfen?"
„Jawohl, das können sie."
„Und was wird dann geschehen?"
„Dann werden sie einen anderen wählen und ihn anders nennen."
Das war sehr interessant, fast so wie die beiden Äffchen von dem Negerhäupling Vey-Bin.

Inzwischen schrieben die Zeitungen in Hänschens Hauptstadt den ganzen Monat hindurch, wie Hänschen von den ausländischen Königen empfangen wurde, wie sie ihn liebten und achteten und was für hübsche Geschenke er bekam. Die Minister aber wollten diese Freundschaft ausnutzen und sehr viel Geld borgen, und sie hofften, daß ihnen das sehr schnell gelingen würde. Sie fürchteten nur, Hänschen könnte zu schnell nach der Hauptstadt zurückkommen, weil sie nicht wollten, daß er ihnen im letzten Augenblick einen Strich durch die Rechnung machte. Es war gut gewesen, daß die ausländischen Könige über Hänschens Zuschrift auf dem Brief wegen der Anleihe nicht beleidigt gewesen waren, aber solange die Welt bestand, hatte noch kein König-Reformator, auch der größte nicht, auf einen amtlichen Brief geschrieben: *Seid nicht gemein.*

Also berieten die Minister, Hänschen solle noch einen Monat im Ausland bleiben, weil er müde sei und ausruhen müsse.

Hänschen freute sich und sagte, er wolle an die See fahren. Und dann fuhren sie los: Hänschen, der Hauptmann, Peter, Leni und der Doktor, nur hatte Hänschen jetzt Zivilkleidung angezogen, fuhr mit einem normalen Zug und wohnte in einem gewöhnlichen Hotel, nicht im Palast, und man nannte ihn nun nicht Majestät, sondern Fürst. Das alles bedeutete, daß der König inkognito an der See weilte. Denn es gibt so ein Gesetz, daß ein König nur auf Einladung ins Ausland fahren darf, und wenn er allein dort sein will, dann muß er so tun, als sei er kein König.

Hänschen war das ganz egal, es machte ihm sogar mehr Spaß, denn er konnte nun mit allen Kindern spielen.

Es war fein: Sie badeten in der See, sammelten Muscheln, bauten Burgen, Wälle und Festungen aus Sand. Sie fuhren mit einem Boot auf die See hinaus, ritten, sammelten im nahen Wald Heidelbeeren und trockneten Pilze. Die Zeit verging noch schneller, Hänschen hatte nämlich die unterbrochenen Stunden wieder aufgenommen; und weil er, wie ich schon oft gesagt habe, gern lernte und seinen Lehrer liebhatte, verdarben ihm diese drei Stunden täglich die gute Laune nicht.

Peter und Leni hatten Hänschen sehr liebgewonnen. Es waren guterzogene Kinder, die sich nie mit ihm zankten, oder doch nur selten und nur für kurze Zeit.

Einmal stritt er sich mit Leni um einen Pilz. Ein riesiger Steinpilz war es. Hänschen sagte, er hätte ihn zuerst gesehen, aber Leni wollte ihn auch als erste entdeckt haben. Hänschen hätte ihn ihr sogar gelassen, denn ein einziger Pilz bedeutet ja nicht viel und schon gar nicht für einen König. Aber warum mußte sie lügen?

„Als ich den Pilz gesehen habe, da habe ich gerufen: Oh, oh, guckt mal! Und ich habe mit dem Finger darauf gezeigt. Und da bist du erst angerannt gekommen."

„Aber ich habe ihn herausgerissen."

„Weil du näher dran warst. Aber ich habe ihn zuerst gesehen."

Leni wurde wütend, warf den Pilz auf den Boden und trat mit den Füßen darauf herum.

„Ich will ihn nicht, diesen Pilz!"

Aber sie wußte gleich, daß sie das nicht hätte tun dürfen, schämte sich sehr und fing an zu weinen.

Wie komisch die Mädchen doch sind, dachte Hänschen. Da hat sie ihn nun selber zertrampelt und nun heult sie.

Ein andermal baute Peter eine sehr hübsche Festung mit einem hohen Turm. Es ist schwer, einen hohen Turm aus Sand zu machen, weil der sehr feucht sein und man daher sehr tief graben muß. Peter quälte sich ab, dabei hatte er noch einen Stock in die Mitte gesteckt, damit es besser halten sollte, wenn die Wellen gegen seine Festung anstürmen. Doch Hänschen kam plötzlich ein Gedanke, und er schrie: „Ich erobere jetzt deine Festung!"

Mit voller Wucht sprang er darauf und machte sie kaputt. Peter wurde furchtbar böse, mußte aber zugeben, daß es für einen

König schwer ist, sich zurückzuhalten, wenn er eine Festung sieht, also plusterte er sich nur ein bißchen auf, und sie vertrugen sich gleich wieder.
Manchmal erzählte der Hauptmann, wie er in Afrika in der Wüste gegen wilde Stämme gekämpft hatte. Dann sprach wieder der Doktor davon, wie ähnlich die Krankheit einem Feind ist, der über den Menschen herfällt, und daß es im Blut kleine Soldaten gibt, winzige weiße Plättchen, die sich auf die Krankheit stürzen; und entweder siegen sie, dann wird der Mensch gesund, oder sie werden geschlagen, dann stirbt er. Dann gibt es im Menschen Drüsen, die Festungen sehr ähnlich sehen. Die haben eine Menge Korridore, Gräben und Höhlen. Wenn die Krankheit in eine solche Drüse gelockt wird, verirrt sie sich, und dann fallen die kleinen Blutsoldaten über sie her und schlagen sie tot.
Sie schlossen mit den Fischern Freundschaft, die ihnen beibrachten, wie man am Himmel sehen kann, ob ein Gewitter kommt und ob es ein schweres oder ein gewöhnliches Gewitter wird.
Das war sehr interessant zu hören, und auch das Spiel machte viel Spaß, aber manchmal lief Hänschen doch weit in den Wald hinein oder trennte sich von den anderen, als ginge er Muscheln suchen, setzte sich irgendwohin und dachte lange darüber nach, was er tun wollte, wenn er nach Hause käme.
Vielleicht sollte er es so machen, wie es bei dem traurigen König war, der Geige spielte. Vielleicht war es besser, wenn das ganze Volk regiert und nicht nur der König und die Minister? Denn der König konnte ja klein und die Minister nicht sehr klug oder auch falsch sein. Und was sollte man dann tun? Er hatte seine Minister ins Gefängnis gesteckt und war allein geblieben, und dann hatte er nicht mehr gewußt, was er tun sollte. So aber wäre er einfach zum Parlament gegangen und hätte gesagt: Wählt neue, bessere Minister.
Oft dachte Hänschen darüber nach, aber er wollte jemanden um Rat fragen. Einmal ging er nur mit dem Doktor spazieren und fragte ihn: „Sind alle Kinder so gesund wie ich?"

„Nein, Hänschen (der Doktor nannte ihn jetzt nicht Majestät, weil Hänschen ja inkognito an der See war). Nein, Hänschen, es gibt sehr viele schwächliche und kranke Kinder. Viele Kinder leben in ungesunden, feuchten und dunklen Wohnungen, fahren nie aufs Land, essen wenig und haben oft Hunger, und daher sind sie krank."

Hänschen kannte nun schon dunkle Wohnungen ohne frische Luft, er kannte auch den Hunger. Er entsann sich der Zeiten, wie er manchmal lieber draußen auf der kalten Erde als in einer Bauernhütte hatte schlafen wollen. Er entsann sich auch der blassen Kinder mit den krummen Beinchen, die in das Lager gekommen waren, um ein wenig Suppe aus der Gulaschkanone gebeten und sie dann gierig hinuntergeschlungen hatten. Er hatte gedacht, das sei nur während des Krieges so, nun aber hörte er, daß Hunger und Kälte den Kindern auch ohne Krieg häufig zu schaffen machen.

„Und kann man denn nichts tun", fragte Hänschen, „daß alle hübsche Häuschen mit einem Garten und gutes Essen haben?"

„Das ist sehr schwierig, schon lange suchen die Menschen Wege, aber sie finden keine."

„Und ich kann sie finden?"

„Du kannst das, natürlich kannst du. Ein König kann sehr viel machen. Der letzte König zum Beispiel, der Geige spielte, hat sehr viel Krankenhäuser und Heime für Kinder gebaut, bei ihm fahren die meisten Kinder im Sommer aufs Land. Er hat ein Gesetz erlassen, daß jede Stadt Heime bauen muß, wohin sie schwächliche Kinder für den Sommer verschickt."

„Und wie ist es bei mir?"

„Bei uns gibt es ein solches Gesetz noch nicht."

„Na, dann werde ich es erlassen", sagte Hänschen und stampfte mit dem Fuß auf. „Lieber Onkel Doktor, hilf mir dabei, denn die Minister werden bestimmt wieder sagen, das sei schwierig, ihnen fehle dies und das, und ich weiß doch nicht, ob sie die Wahrheit sagen oder ob sie nur jammern."

„Nein, Hänschen, sie haben recht; das ist nicht so leicht."

„Na schön, das weiß ich ja. Ich wollte einmal am nächsten Tag Schokolade verteilen, und sie haben gesagt, das ginge erst in drei Wochen. Aber zum Schluß haben sie sie gegeben."

„Na ja, Schokolade geben ist leichter."

„Aber wenn es doch für den König mit der Geige leicht war, warum soll es da für mich schwer sein?"

„Auch für ihn war es schwer."

„Na gut, dann soll es meinetwegen schwer sein, aber tun werde ich es doch, und wenn ich mich auf den Kopf stellen muß."

Gerade ging die Sonne über der See unter, und sie war so groß, so rot und so schön. Hänschen dachte daran, was er tun könnte, damit alle Kinder in seinem Land Sonne und Meer sehen, mit dem Boot fahren, baden und Pilze sammeln könnten.

„Na ja", sagte Hänschen noch, als sie vom Spaziergang zurückkamen.

„Dieser König war doch so gut, warum hat eigentlich der Mann da geschrien: Nieder mit dem König?"

„Unzufriedene gibt es immer. Niemand auf der Welt kann allen Menschen gefallen, kein König und kein Minister."

Hänschen dachte daran, wie die Soldaten an der Front die Könige ausgelacht oder alles mögliche über sie gesagt hatten. Wäre Hänschen nicht im Krieg gewesen, dann hätte er sich eingebildet, alle liebten ihn wirklich so, daß sie jedes Mal, wenn sie ihn sahen, vor Freude einfach die Mützen in die Luft werfen müßten.

Seit diesem Gespräch lernte Hänschen noch fleißiger und fragte oft, wann es endlich nach Hause ginge.

Ich muß doch mit meinen Reformen anfangen, dachte er. Ich bin König und ich kann nicht schlechter als andere sein, die alle Kinder im Sommer aufs Land schicken.

Hänschen kehrte in dem Augenblick in die Hauptstadt zurück, als schon alles vorbereitet war, um das Geld von den ausländischen Königen entgegenzunehmen. Nur mußte der König noch unterschreiben, wann und wie er die Anleihe abzahlen würde.

König Hänschen unterschrieb, und gleich fuhr der staatliche Hauptkassierer mit Säcken und Kisten los, um das ausländische Silber und Gold abzuholen.

Hänschen wartete ungeduldig auf das Geld, denn nun wollte er seine drei Reformen durchführen:

1. In allen Wäldern, in den Bergen und an der See sollten viele Häuser gebaut werden, damit die armen Kinder im Sommer aufs Land fahren könnten.
2. In allen Schulen sollten Schaukeln und Karussells mit Musik aufgestellt werden.
3. In der Hauptstadt sollte ein großer zoologischer Garten eingerichtet werden, und in den Käfigen sollte es wilde Tiere geben, Löwen, Bären, Elefanten, Affen und Schlangen, na, und natürlich auch Vögel.

Doch Hänschen erlebte eine schwere Enttäuschung. Als das Geld endlich kam, stellte sich heraus, daß die Minister für Hänschens Reformen nichts mehr geben konnten, weil schon von vornherein genau berechnet war, wieviel jeder Minister für seine Ausgaben nehmen würde.

So viel war nötig für neue Brücken, so viel für die Eisenbahnen, so viel für den Bau neuer Schulen und so viel für die Bezahlung der Kriegsschulden.

„Hätten Majestät doch früher etwas gesagt, dann hätten wir mehr geborgt", meinten die Minister. Im stillen aber dachten sie: Wie gut, daß Hänschen nicht bei den Beratungen war. So viel Geld, wie Hänschen für seine Reformen braucht, hätten die ausländischen Könige ja gar nicht leihen mögen.

Na gut. Wenn ihr mich auch beschummelt habt, ich weiß doch, was ich tue. Und er schrieb alles dem König, der die Geige spielte:

Ich will genau solche Reformen einführen, wie Majestät bei sich eingeführt haben. Und ich brauche viel Geld. Die Minister haben für sich selbst geborgt, und jetzt will ich für mich etwas borgen.

Hänschen wartete lange, und er glaubte schon, er würde überhaupt keine Antwort bekommen, da meldete man ihm eines Tages während des Unterrichts, ein Gesandter jenes Königs sei zur Audienz gekommen. Hänschen dachte sich gleich, was das bedeuten sollte, und ging schnell in den Thronsaal. Der Gesandte bat darum, alle sollten den Saal verlassen, denn er habe ein Geheimnis, das dürfe er aber nur dem König sagen. Und als dann alle hinausgegangen waren, da sagte der Gesandte, sie könnten Hänschen Geld leihen, aber dann müsse er eine Verfassung geben, damit das ganze Volk regiere.

„Wenn wir es nämlich nur Hänschen allein leihen, können wir es verlieren, wenn wir es aber dem ganzen Volk leihen, dann ist das etwas anderes. Nur", sagte der Gesandte, „die Minister werden damit nicht einverstanden sein."

„Das müssen sie", sagte Hänschen. „Was denken die sich denn eigentlich? Wenn sie damit einverstanden waren, daß ich König-Reformator bin, was wollen sie dann jetzt noch?"

Aber die Minister waren über Erwarten schnell einverstanden. Die Minister hatten große Angst, Hänschen könnte sie wieder ins Gefängnis stecken, und dann überlegten sie sich auch noch folgendes:

Wenn wir irgend etwas tun müssen, dann sagen wir einfach, das ganze Volk will es so, und wir können dabei gar nichts machen. Wir müssen tun, was uns das Volk befiehlt. Und das ganze Volk kann Hänschen nicht ins Loch stecken.

Die Beratungen begannen. Aus allen Städten und Dörfern kamen die Klügsten in die Hauptstadt gefahren. Und sie berieten tage- und nächtelang. Denn es so zu machen, daß das ganze Volk sagen konnte, was getan werden sollte, das war eine schwierige Sache.

In den Zeitungen wurde so viel über dieses Parlament geschrieben, daß nicht einmal für Bilder mehr Platz war. Aber jetzt konnte Hänschen schon gut lesen, also brauchte er die Bilder nicht mehr.

Und auch die Bankiers kamen zu Beratungen zusammen und rechneten, wieviel Geld nötig war, um den Kindern Heime auf dem Lande, Karussells und Schaukeln zu bauen.

Und viele Kaufleute kamen von allen Enden der Welt, um zu erfahren, welche Tiere, Vögel und Schlangen für den zoologischen Garten gebraucht würden. Ihre Beratungen waren am interessantesten. Und Hänschen war immer dabei.

„Ich kann vier Löwen verkaufen", sagte der eine.

„Ich habe wilde Tiere", sagte der zweite.

„Ich habe entzückende Papageien", sagte der dritte.

„Am interessantesten sind Schlangen", sagte der vierte. „Ich habe die gefährlichsten Schlangen und Krokodile. Meine Krokodile sind groß und leben lange."

„Ich habe einen dressierten Elefanten. Als er jung war, ist er im Zirkus aufgetreten. Er fuhr Rad, tanzte und ging über ein Seil. Jetzt ist er schon ein bißchen alt, daher kann ich ihn billig ablassen. Die Kinder werden viel Spaß an ihm haben, weil er sie tragen kann; und Kinder reiten sehr gerne auf einem Elefanten."

„Bitte auch die Bären nicht zu vergessen", sagte der Bärenspezialist. „Ich biete vier Braunbären und zwei Eisbären."

Die Verkäufer wilder Tiere waren tapfere Jäger, unter ihnen gab es einen richtigen Indianer und zwei Neger. Die Kinder aus der ganzen Hauptstadt schauten sie sich neugierig an und freuten sich, daß ihnen der König so viele interessante Tiere kaufte.

Aber eines Tages kam ein Neger zur Beratung, der war so schwarz, wie noch keiner gewesen war. Die anderen Neger waren angezogen wie alle Leute und sprachen europäische Sprachen; sie lebten immer abwechselnd mal in Afrika, mal in

Europa. Dieser aber sprach kein Wort, das man hätte verstehen können. Er hatte überall Muscheln am Körper und war fast nackt. Und in den Haaren trug er so viel Schmuck aus Knochen, daß man sich wunderte, wie er eine solche Last auf dem Kopf überhaupt schleppen konnte.

Es gab in Hänschens Staat einen sehr alten Professor, der kannte fünfzig verschiedene Sprachen. Hänschen schickte nach ihm, und der Professor übersetzte, was dieser schrecklich schwarze Neger eigentlich wollte. Denn die gewöhnlichen Neger konnten ihn auch nicht verstehen. Vielleicht taten sie aber auch nur so, um sich das Geschäft nicht zu verderben.

Der Negerfürst — ja, das war ein richtiger Fürst — sagte: „König Hänschen, der du groß bist wie der Bao-Bab-Baum, gewaltig wie das Meer, flink wie der Blitz und hell wie die Sonne, ich bringe dir die Freundschaft meines Herrschers, der siebentausend Jahre leben und hunderttausend Ur-Urenkel haben möge. Mein Herrscher hat in seinen Wäldern mehr wilde Tiere, als Sterne am Himmel sind und Ameisen im Ameisenhaufen. Unsere Löwen essen an einem Tage mehr Menschen als der ganze königliche Hof im Laufe eines Monats. Der königliche Hof aber besteht aus dem König, seinen zweihundert Frauen und tausend Kindern, fünftausend Jahre weniger ein Jahr mögen sie leben. Herrlicher König Hänschen, glaube nicht diesen Betrügern, die Löwen ohne Zähne, Tiger ohne Krallen, alte Elefanten und gefärbte Vögel haben. Meine Affen sind klüger als sie, und die Liebe meines Königs für Hänschen ist größer als ihre Dummheit. Sie wollen von dir Geld, mein König aber braucht kein Geld, denn er hat genug davon in seinen Bergen. Er will nur eins: Du mögest ihm gestatten, für zwei Wochen zu dir zu Besuch zu kommen, denn er ist sehr neugierig und möchte eure Länder gern besuchen, aber die weißen Könige wollen ihn nicht bei sich empfangen; sie sagen, er sei wild, und es zieme sich nicht, mit ihm Freundschaft zu schließen. Wenn du, Hänschen, zu ihm zu Besuch kämst, dann könntest du dich davon überzeugen, daß alles, was ich sage, die reine Wahrheit ist."

Die Verkäufer der wilden Tiere sahen, daß ihre Sache nicht gut stand, also sagten sie: „Wissen Majestät eigentlich, daß dies ein Gesandter aus dem Lande der Menschenfresser ist? Wir raten Majestät, weder dorthin zu fahren noch sie hierher zu bringen."

Hänschen bat den Professor, er möge doch fragen, ob dieser König wirklich ein Menschenfresser sei.

„Oh, König Hänschen, der du hell bist wie die Sonne! Ich sagte, daß die Löwen in unseren Wäldern an einem Tage mehr Menschen fressen, als der ganze königliche Hof in einem Monat vertilgt. Nur eins will ich dir sagen, oh König Hänschen, der du weiß bist wie der Sand: Weder dich noch irgendeinen deiner Untertanen würde mein König essen. Mein König ist gastfreundlich, und er würde lieber all seine zweihundert Frauen und tausend Kinder verspeisen, fünftausend Jahre weniger ein Jahr mögen sie leben, ehe er auch nur einen Finger von deiner Hand abbeißt."

„Also gut, ich fahre", sagte Hänschen.

Die Verkäufer der wilden Tiere aber reisten gleich wieder ab, böse, daß sie kein gutes Geschäft gemacht hatten.

Der Ministerpräsident kehrte so wütend nach Hause zurück, daß seine Frau sich nicht traute, ihn zu fragen, was geschehen war. Der Ministerpräsident aß sein Mittagbrot und sagte kein Wort. Seine Kinder saßen ganz still da. Sonst trank er vor dem Mittagessen immer ein Gläschen Schnaps, während des Essens aber nur Wein. Heute schob er den Wein beiseite und trank fünf Gläschen Schnaps. „Mein lieber Mann", begann seine Frau schüchtern, um ihn nicht noch mehr in Wut zu bringen, „ich sehe, daß du im Palast wieder irgendeinen Kummer gehabt hast. Du verlierst bei all dem noch deine Gesundheit." „Das ist unerhört!" donnerte der Ministerpräsident los. „Weißt du, was Hänschen macht?"

Die Frau Minister seufzte tief auf.

„Weißt du, was Hänschen macht? Hänschen fährt zum König der Menschen-fres-ser zu Besuch. Verstehst du das? Zu den wildesten Negern aus ganz Afrika! Kein einziger weißer König ist jemals dort gewesen! Verstehst du das? Die werden ihn doch auffressen. Ganz bestimmt werden sie ihn auffressen. Ich bin verzweifelt."

„Mein lieber Mann, gibt es denn gar kein Mittel, um ihn davon abzubringen?"

„Ja, wenn du das so gerne willst, dann rate nur du ihm davon ab, ich jedenfalls denke nicht daran, ein zweites Mal im Knast zu sitzen. Er ist einfach störrisch und leichtsinnig."

„Na gut, aber was würde geschehen, wenn sie ihn, was Gott verhüte, aufessen würden?"

„Ach, Frau, versteh doch, wir sollen es jetzt so machen, daß das ganze Volk regiert — und der König muß das Papier unterschreiben — das nennt man ein Manifest, und das erste Parlament muß feierlich eröffnet werden. Wer soll denn nun das Manifest unterschreiben? Wer wird das Parlament eröffnen, wenn Hänschen von diesen Wilden aufgefressen wird? Nächstes Jahr können sie ihn meinetwegen auffressen, jetzt aber brauchen wir ihn ganz dringend."

Um noch eins ging es den Ministern: Allein konnten sie Hänschen nicht auf eine so gefährliche Reise schicken, aber keiner wollte mitfahren.

Und Hänschen bereitete sich wirklich ganz im Ernst auf die Reise vor. Überall in der Stadt hatte sich die Nachricht verbreitet, der König würde ins Land der Menschenfresser fahren. Die Erwachsenen wiegten die Köpfe, die Kinder aber wären alle schrecklich gern mitgefahren.

„Majestät", sagte der Doktor, „aufgefressen werden ist sehr ungesund. Höchstwahrscheinlich werden sie Majestät dort auf dem Rost braten wollen, und da Eiweiß bei der Hitze gerinnt, werden Majestät . . ."

„Lieber Doktor", sagte Hänschen, „ich sollte schon einmal erschlagen, erschossen und aufgehängt werden. Und irgendwie bin ich immer durchgekommen. Vielleicht hat dieser wilde Fürst die Wahrheit gesagt. Vielleicht sind sie gastfreundlich und werden mich nicht kochen. Jetzt habe ich es nun einmal beschlossen, ich habe schon alles besprochen, und Könige müssen ihr Wort halten."

Auch der Hauptmann versuchte, Hänschen von diesem Vorhaben abzubringen.

„Da ist es heiß, zwei Wochen muß man mit Kamelen durch die Wüste reiten. Dann gibt es dort viele Krankheiten, und man kann daran sterben. Auch darf man den Wilden nicht allzusehr vertrauen, die Weißen erschlagen sie ja eben darum, weil sie wild und verräterisch sind. Ich kenne sie gut, denn ich habe mit ihnen gekämpft."

Hänschen nickte. Das möge ja alles stimmen, aber er fahre doch.

Ein Zoo mußte in seiner Hauptstadt sein. Er mußte viele Löwen, Tiger, Elefanten und Affen mitbringen. Wenn man König ist, dann hat man eben Pflichten.

Und der afrikanische Fürst bat, Hänschen möchte sich beeilen. Denn der Fürst konnte ohne Menschenfleisch nicht länger als eine Woche leben. Er hatte zwar heimlich eine Tonne gepökelter Neger mitgebracht und aß immer ein wenig davon, aber nun ging sein Vorrat langsam zu Ende, darum wollte er so schnell wie möglich nach Hause.

Endlich war heraus, wer fahren sollte: Der alte Professor, der fünfzig Sprachen kannte, der Hauptmann — wenn auch ohne seine Kinder, ihre Mutter hatte nämlich Angst um sie — und im letzten Augenblick kamen auch noch Fritz und der Doktor dazu.

Der Doktor kannte die afrikanischen Krankheiten nicht, also kaufte er sich ein dickes Buch darüber und steckte alle Arzneien, die nötig waren, in seinen Koffer. Im allerletzten Augenblick wurde Hänschen noch von einem englischen Matrosen und einem französischen Reisenden gebeten, sie doch mitfahren zu lassen.

Sie nahmen nur wenig Gepäck mit, denn warme Kleidung brauchten sie nicht, und auf den Kamelen konnte man nicht viele Koffer transportieren. Na, und dann setzten sie sich in den Zug und fuhren los. Sie fuhren und fuhren und fuhren und fuhren, bis sie endlich ans Meer kamen. Dann stiegen sie um auf ein Schiff und fuhren weiter. Auf der See überraschte sie ein großer Sturm, sie wurden alle seekrank, und zum ersten Mal konnte der Doktor seine Arzneien anwenden.

Der Doktor war sehr böse über diese Reise.

„Wozu bin ich nur Hofarzt?" jammerte er dem Kapitän des Schiffes vor. „Wenn ich ein gewöhnlicher Doktor wäre, dann säße ich jetzt in meinem bequemen Sprechzimmer und ginge ins Krankenhaus, so aber muß ich mich dauernd in der ganzen Welt herumtreiben. Und in meinem Alter aufgefressen zu werden, gehört nun wirklich nicht zu den Annehmlichkeiten."

Dafür wurde der Hauptmann immer fröhlicher. Er erinnerte sich daran, wie er aus dem Elternhaus weggelaufen, nach Afrika gegangen war und mit den Negern gekämpft hatte. Damals war er noch jung und sehr lustig gewesen.

Am meisten aber freute sich Fritz.

„Als du zu den weißen Königen gefahren bist, da hast du mich nicht mitgenommen, nur diese Zuckerpuppen vom Hauptmann. Jetzt aber, wo es zu den Menschenfressern geht, da lassen sie dich im Stich, da fährt nur Fritz mit."

„Mein lieber Fritz", entschuldigte sich Hänschen beschämt, „du warst nicht eingeladen, und die Etikette gebietet nun einmal, daß man bei einer Einladung nur diejenigen mitnimmt, die sie gerne sehen wollen. Peter und Leni wollten auch jetzt mitfahren, aber ihre Mutti hat es ihnen nicht erlaubt."

„Ich kann auf sie verzichten", sagte Fritz.

Sie kamen in den Hafen, verließen das Schiff und fuhren noch zwei Tage lang mit der Eisenbahn. Hier gab es schon Palmen, Dattel- und Feigenbäume, hier wuchsen schöne Bananen, und Hänschen stieß immerzu Rufe der Begeisterung aus. Aber der Negerfürst lachte nur, und seine weißen Zähne blitzten, daß man Angst bekommen konnte.

„Das ist noch nicht der afrikanische Busch. Ihr werdet erst später sehen, was ein wirklicher Urwald ist."

Statt des Waldes sahen sie jedoch erst einmal die Wüste.

Hier gab es Sand und noch einmal Sand und sonst gar nichts. Es war wie ein Meer, nur eben kein Wasser, sondern lauter Sand.

Im letzten Dorf gab es noch eine kleine Abteilung weißer Soldaten, auch ein paar Geschäfte mit weißen Menschen. Denen erzählten sie, sie wären Reisende und wollten ins Land der Menschenfresser.

„Ja, wenn ihr durchaus wollt, dann fahrt nur, da sind schon viele Leute hingefahren, aber daß auch mal einer wieder zurückgekommen wäre, davon wissen wir nichts."

„Uns wird es vielleicht gelingen", sagte Hänschen.

„Versucht es, nur nehmt es mir nachher nicht übel, daß ich euch nicht gewarnt habe; es sind sehr wilde Menschen, zu denen ihr fahrt."

Der Negerfürst kaufte drei Kamele und ritt los, um alles vorzubereiten. Sie aber sollten hier warten, bis er wiederkommen würde.

„Hört mal zu“, sagte der Offizier der weißen Garnison, „mich führt ihr nicht hinters Licht, ich bin mit allen Wassern gewaschen. Ihr seid keine gewöhnlichen Reisenden, ihr habt da so zwei kleine Jungen und einen Alten bei euch. Und der Wilde, der mit euch hergekommen ist, muß eine sehr wichtige Person sein. Er hat eine Muschel an der Nase, die nur Angehörige der königlichen Familie tragen dürfen.“

Sie sahen ein, dem Offizier war nichts vorzumachen, also erzählten sie ihm alles.

Der Offizier hatte von Hänschen schon gehört, denn alle paar Monate kam die Post und brachte auch Zeitungen.

„Ach so, das ist etwas anderes, vielleicht wird es euch wirklich gelingen, denn das muß ich zugeben: Sie sind wirklich gastfreundlich. Und ich sage euch gleich, entweder kehrt ihr überhaupt nicht zurück, oder ihr bekommt ganz großartige Geschenke, denn die haben so viel Gold und Diamanten, daß sie selbst nicht wissen, was sie damit anfangen sollen. Und für jede Kleinigkeit — ein bißchen Pulver oder einen Spiegel oder eine Pfeife — geben sie gleich ein paar Handvoll Gold.“

Unsere Reisenden bekamen sofort bessere Laune. Der alte Professor lag den ganzen Tag im heißen Sand, weil ihm der Doktor gesagt hatte, das wäre sehr gesund für die Beine, und die taten ihm immer so weh. Abends ging er in die Negerhütten, unterhielt sich mit den Leuten dort und schrieb neue Worte auf, die die Wissenschaft noch nicht kannte.

Fritz hatte sich an Obst so überfressen, daß der Doktor ihm aus seiner Reiseapotheke einen Löffel Rizinusöl geben mußte. Der Engländer und der Franzose nahmen Hänschen von Zeit zu Zeit auf die Jagd mit. Hänschen lernte auf dem Kamel reiten, und es war überhaupt sehr schön.

Eines Nachts jedoch kam schreckerfüllt ihr Negerdiener ins Zelt gestürzt und schrie: „Verrat, wir werden überfallen!" „O, ich Unglücklicher, warum bin ich nur zu den Weißen in Dienst gegangen! Nie wird mir das mein Volk verzeihen, umbringen werden sie mich. Oh, ich Unglücklicher, was soll ich jetzt bloß anfangen?"

Alle sprangen von ihren zusammenklappbaren Feldbetten auf, griffen nach den Waffen, jeder nahm, was ihm gerade in die Hand fiel – und starrten ins Dunkel.

Finstere Nacht. Nichts war zu sehen. Nur irgendwo in der Ferne hörten sie Fußgetrappel. Merkwürdig, daß aus der Garnison der Weißen niemand schoß.

Der Kommandant der Garnison kannte die Sitten der wilden Stämme gut und hatte sofort begriffen, daß dies kein Überfall war. Nur wußte er nicht, was es sein konnte, darum hatte er einen Boten hingeschickt, um es zu erfahren.

Es war die Karawane, die König Hänschen abholen sollte.

An der Spitze schritt das riesige königliche Kamel mit einem wunderhübschen Häuschen auf dem Rücken. Dann kamen hundert ebenso schön aufgezäumte Kamele. Und dann lauter Negersoldaten zu Fuß: die Leibwache der Karawane.

Was wäre wohl geschehen, wenn der Offizier der Garnison keine Erfahrung gehabt hätte? Er hätte vielleicht angefangen zu schießen, und das wäre furchtbar unangenehm gewesen.

Hänschen dankte ihm herzlich, daß er alles so klug angeordnet hatte, verlieh ihm einen Orden, und gleich am nächsten Morgen machten sich die Reisenden auf den Weg.

Die Reise war sehr beschwerlich, denn es war furchtbar heiß. Die Neger waren an Hitze gewöhnt, aber die Weißen konnten kaum atmen.

Hänschen saß in seinem Häuschen. Zwei pechschwarze Neger fächelten ihm mit großen Straußenfederbüscheln Luft zu. Die

Karawane schritt langsam dahin, und der Führer blickte sich unruhig um, ob nicht irgendwo ein Sandsturm heranzog. Denn bei einem Sandsturm werden Reisende in der Wüste mit heißem Sand überschüttet. Es ist auch schon vorgekommen, daß ganze Karawanen im Sand versunken und umgekommen sind.
Niemand sprach tagsüber ein Wort, und erst abends, wenn es kühler wurde, fühlten sie sich ein wenig besser. Der Doktor gab Hänschen kühlende Pülverchen, aber das half nicht viel. Hänschen war durch den Krieg abgehärtet und hatte schon so manchen schweren Augenblick erlebt. Aber diese Reise in der Gluthitze war das Schwerste von allem, was er jemals durchgemacht hatte. Der Kopf tat weh, seine Lippen sprangen auf, die Zunge wurde so trocken, daß sie sich wie Holz anfühlte. Er wurde ganz braun und spindeldürr. Seine Augen röteten sich vom weißen Sand und brannten, und auf seiner Haut erschienen rote juckende Pickelchen. Hänschen schlief schlecht, schreckliche Träume quälten ihn in der Nacht: Ihm schien, die Menschenfresser wollten ihn schlachten, und dann wieder, sie verbrannten ihn auf dem Scheiterhaufen. Ach, wie angenehm ist im Vergleich mit dem Sand doch das Wasser, wie schön ist so eine Dampferfahrt. Aber was sollte er tun? Umkehren konnte er nicht mehr, dann hätten ihn alle ausgelacht.

Zweimal machten sie in Oasen Rast. War das ein Glück, wieder einmal grüne Bäume zu sehen und kühles Wasser zu trinken, nicht diese lauwarme und stinkende Brühe aus den Ledersäcken, von der einem schlecht werden konnte.

In der ersten Oase blieben sie zwei Tage, in der zweiten aber mußten sie fünf Tage sitzen, weil auch die Kamele so erschöpft waren, daß sie nicht mehr weiter konnten.

„Nun werden wir nur noch vier Sonnenaufgänge und -untergänge in der Wüste verbringen, dann sind wir zu Hause." Der Menschenfresserfürst freute sich.

In diesen fünf Tagen hatten sie sich gut ausgeruht. Und die Neger waren schon vor der Abreise wieder so bei Kräften, daß sie Lagerfeuer anzündeten und in einem wilden Kriegstanz herumsprangen.

Die letzten vier Reisetage waren nicht mehr so beschwerlich, weil die Wüste nun zu Ende ging: Der Sand war nicht mehr so heiß, hier und da wuchsen schon ein paar Sträucher, ja sie trafen sogar Menschen.

Hänschen wollte mit diesen Menschen gerne Bekanntschaft schließen, aber das durfte er nicht, denn das waren Wüstenräuber. Ihre Karawane wurde nur nicht angegriffen, weil sie so groß war. Für eine kleine Gruppe von Menschen aber war es gefährlich, hier vorüberzuziehen, sie wurde meist überfallen.

Endlich!

Schon sah man in der Ferne den Busch, schon schlug ihnen feuchte Kühle entgegen. Die Reise war zu Ende, aber sie wußten nicht, was sie dort wieder erwarten würde. Dem Tod in dem heißen Sand waren sie entgangen, vielleicht sollten sie nun durch die Hand wilder Neger fallen.

Der Anfang war wunderbar. Der König der Menschenfresser kam ihnen mit seinem ganzen Hof entgegen. An der Spitze ging die Musik, aber das war ein so lautes Orchester, daß ihnen fast das Trommelfell geplatzt wäre. Statt der Trompeten hatten sie Hörner und Pfeifen, statt der Trommeln schlugen sie auf Kessel ein. Es war ein furchtbarer Krach. Und dabei schrien sie so laut, daß man nach der Stille in der Wüste hätte verrückt werden können.

Der Empfang begann mit einem Gebet zu den Göttern. Sie stellten einen Holzklotz auf, in den schreckliche Tiergesichter eingeschnitzt waren. Auch der Priester hatte eine fürchterliche Maske vor dem Gesicht. Wieder schrien sie etwas, und der Dolmetscher erklärte ihnen, der König der Menschenfresser stelle Hänschen unter den Schutz seiner Götter.

Als Hänschen nach dem Gebet von seinem Elefanten stieg, begannen der König und alle seine Söhne Purzelbäume zu schlagen; etwa eine halbe Stunde hopsten sie herum, dann hielt der König eine Ansprache.

„Weißer Freund, der du heller bist als die Sonne, ich danke dir, daß du gekommen bist. Ich bin der glücklichste aller Menschen auf der Welt, weil ich dich betrachten darf. Ich bitte und flehe dich an, gib ein Zeichen deiner Hand, daß du einverstanden bist, dann will ich mich in dieses große Schwert stürzen, damit ich die höchste Ehre erreiche, die ein Mensch erreichen kann: von seinem lieben Gast aufgegessen zu werden."

Bei diesen Worten setzte er sich eine scharfe lange Klinge auf die Brust und wartete.

Hänschen ließ ihm durch den Dolmetscher sagen, er wäre keinesfalls damit einverstanden, er möchte mit ihm Freundschaft schließen, sich unterhalten und spielen, aufessen aber wolle er ihn nicht.

Da begannen der König, seine zweihundert Frauen und alle seine schwarzen Kinder laut zu weinen. Sie krochen auf allen Vieren herum und schlugen vor Trauer Purzelbäume nach hinten, weil der weiße Freund sie verachte, weil er sie nicht liebe, wie es sich gehöre, denn er wolle sie nicht essen, vielleicht glaube er auch nicht, daß sie gut schmeckten und überhaupt wert seien, aufgegessen zu werden.

Hänschen hätte über diese merkwürdigen Sitten beinahe laut losgelacht, aber er beherrschte sich und sagte kein Wort.

Ich brauche wohl nicht erst zu erzählen, was Hänschen am Hof des Königs der Menschenfresser alles sah und tat, denn der gelehrte Professor hat in seinem dicken Buch „Neunundvierzig Tage im Land der Menschenfresser am Hofe des Königs Bum-Drum, aufgezeichnet von dem Dolmetscher und Reisebegleiter des Königs Hänschen-Reformator" alles ganz genau beschrieben. Der arme König Bum-Drum bemühte sich nach Kräften, Hänschen den Aufenthalt an seinem Hof so kurzweilig und angenehm wie möglich zu machen, aber seine Unterhaltungen und Aufmerksamkeiten waren so wild, daß Hänschen nur aus Neugier zuschaute, manchmal war es ihm richtig unangenehm.

Viele Unterhaltungen wollte Hänschen auch gar nicht.

Zum Beispiel hatte Bum-Drum eine alte Büchse, die wurde mit großem Trara aus der Schatzkammer geholt und Hänschen überreicht. Er sollte damit auf Bum-Drums älteste Tochter schießen. Hänschen wollte nicht, und Bum-Drum war beleidigt. Wieder fingen sie an, vor Trauer Purzelbäume nach hinten zu schlagen.

Am schlimmsten aber war, daß der Oberpriester der Menschenfresser beleidigt war.

„Er tut nur so, als sei er unser Freund, aber er will sich nicht mit uns verbrüdern", sagte er. „Ich weiß schon, was ich mache."

Und am Abend goß er heimlich Gift in die Muschel, aus der Hänschen seinen Wein trank.

Wenn jemand dieses Gift trank, dann sah er sofort alles rot, dann blau, dann grün, und zum Schluß schwarz. Und dann mußte er sterben.

Hänschen saß also nichtsahnend im Königszelt auf einem goldenen Stuhl an einem goldenen Tisch, plötzlich aber sagte er: „Was soll das, auf einmal ist alles rot geworden. Die Menschenfresser sind rot, und alles ist rot."

Als der Doktor das hörte, sprang er auf und begann vor Verzweiflung die Hände zu ringen, denn er wußte aus seinen Büchern von diesem Gift, und da stand, für alle afrikanischen Krankheiten gäbe es eine Medizin, nur für diese kannte man keine. Und darum hatte der Doktor in seiner Apotheke auch kein Gegengift.

Hänschen aber wußte nichts davon, er war lustig und sagte: „Oh, jetzt ist es auf einmal blau geworden, wie hübsch das aussieht."

„Professor", schrie der Doktor, „sagen Sie diesen Wilden, sie haben Hänschen vergiftet."

Der Professor sagte es ganz schnell. Der König der Menschenfresser griff sich an den Kopf, schlug einen Trauerpurzelbaum und rannte wie aus der Pistole geschossen davon.

„Hier, trink, weißer Freund!" schrie er und reichte Hänschen eine furchtbar bittere Flüssigkeit in einer Schüssel aus Elfenbein.

„Pfui, ich will das nicht!" schrie Hänschen. „Och, mir ist es ganz grün vor den Augen, der goldene Tisch ist grün, und der Doktor ist auch grün."

Da packte Bum-Drum König Hänschen um die Taille, legte ihn auf den Tisch, steckte ihm einen Pfeil aus Elfenbein zwischen die

Zähne und goß ihm den bitteren Trank mit Gewalt in den Mund.

Hänschen riß sich los, spuckte, aber er schluckte es doch hinunter und war gerettet.

Zwar begannen ihm schon schwarze Kreise vor den Augen zu flimmern, die drehten sich ganz schnell, aber es waren nur sechs schwarze Kreise, der Rest war immer noch grün, und Hänschen starb nicht, er schlief nur drei Tage hintereinander ohne aufzuwachen.

Der Oberpriester der Menschenfresser schämte sich sehr, weil er Hänschen hatte vergiften wollen. Aber Hänschen verzieh ihm. Und zum Lohn versprach ihm der Priester, seine interessantesten Zauberkunststücke vorzuführen, die er nur dreimal im Leben zeigen durfte.

Alle setzten sich vor dem Zelt hin, Tigerfelle wurden ausgebreitet, und der Oberpriester begann. Es gab viele Kunststücke, die Hänschen nicht verstand. Manche erklärte man ihm.

Zum Beispiel nahm er ein ganz kleines Tier aus einer Schachtel und legte es sich auf die Hand. Dieses Tierchen — wie eine Schlange sah es aus — ringelte sich um seinen Finger, steckte seine fadendünne Zunge heraus, ließ ein seltsames Zischen ertönen und stand, nachdem es sich mit dem Mäulchen an der Fingerspitze festgesaugt hatte, steif mit dem Schwanz nach oben. Der Priester riß es los und zeigte am Finger ein Bluttröpfchen. Hänschen sah, daß die Wilden dies für das größte Kunststück hielten, dabei waren andere eigentlich viel großartiger. Später erst erklärte man ihm, was für ein schreckliches Geschöpf das war, schlimmer als Leopard und Hyäne, weil sein Biß den Tod herbeiführt.

Dann ging der Priester ins Feuer hinein, aus Mund und Nase schlugen ihm Flammen, er aber beklagte sich nicht einmal.

Dann tanzten neunundvierzig Riesenschlangen nach einer Melodie, die er auf der Pfeife spielte. Dann blies er gegen eine riesige Palme, die war mindestens hundert Jahre alt — und die Palme begann sich langsam zu biegen und immer weiter zu biegen, bis sie zerbrach. Dann zeichnete er in der Luft zwischen zwei Bäumen mit einem Stöckchen eine Linie — und ging über diese Linie wie über ein Brett. Dann warf er eine Kugel aus Elfenbein hoch in die Luft und hielt seinen Kopf hin, als sie wieder herunterfiel. Die Kugel aber fiel ihm in den Kopf hinein und verschwand darin, ohne irgendeine Spur zu hinterlassen. Dann begann er sich furchtbar schnell und lange um sich selbst zu drehen, und als er stehenblieb, sahen alle, daß er zwei Köpfe und zwei Gesichter hatte, mit dem einen lachte, mit dem anderen weinte er. Dann nahm er einen kleinen Jungen, schlug ihm mit dem Schwert den Kopf ab, legte beides in eine Schachtel, tanzte einen wilden Tanz immer um die Schachtel herum und versetzte ihr zum Schluß einen Fußtritt, da begann jemand in der Schachtel die Pfeife zu blasen; er machte die Schachtel auf, da lag der Junge, als sei nichts geschehen, kroch heraus und begann zu turnen. Dasselbe machte er mit einem Vogel: Er warf ihn hoch in die Luft und schoß mit dem Bogen nach ihm — der Vogel fiel herunter, vom Pfeil durchbohrt, dann aber zog er sich mit dem Schnabel den Pfeil heraus, flog herzu, überreichte dem Priester den Pfeil und flog dann noch lange in der Luft herum.

Und Hänschen dachte, es habe sich doch gelohnt, ein bißchen vergiftet zu werden, wenn man dafür so viele Zaubereien zu sehen bekam.

Hänschen besichtigte das Land seines merkwürdigen Freundes. Häufig reiste er auf dem Kamel oder dem Elefanten irgendwohin. Er sah viele Negerdörfer, die in den riesigen und schönen Wäldern lagen. Steinerne Häuser gab es hier überhaupt nicht, nur einfache Hütten. In den Hütten war es sehr schmutzig, Tiere und Menschen wohnten zusammen. Viele Neger waren krank, und man hätte sie doch so leicht wieder gesundmachen können. Der Doktor gab ihnen Medizin, und sie waren ihm sehr dankbar. In den Wäldern sahen sie immer wieder Neger, die von wilden Tieren zerrissen oder vom Biß der Giftschlangen gestorben waren.

Hänschen taten diese armen Menschen, die so gut zu ihm waren, sehr leid. Warum sollten sie eigentlich keine Eisenbahnen bauen, kein elektrisches Licht anlegen, warum hatten sie keine Kinos, warum errichteten sie sich keine bequemen Häuser, warum kauften sie keine Gewehre, um sich der schrecklichen Tiere zu erwehren? Sie hatten doch soviel Gold und Diamanten, daß die Kinder damit spielten wie mit Murmeln.

Die armen Neger quälten sich so, weil ihnen ihre weißen Brüder nicht helfen wollten und vor ihnen Angst hatten. Hänschen kam der Gedanke, wenn er nach Hause zurückkehre, dann wolle er gleich an die Zeitungen schreiben, jeder, der keine Arbeit finden könne, solle doch zu den Negern fahren, um ihnen Steinhäuser und Eisenbahnen zu bauen.

Hänschen dachte darüber nach, wie man den Menschenfressern helfen konnte, aber er vergaß auch das Geld für die Reformen im eigenen Staat nicht.

Sie besuchten eben ein großes Goldbergwerk, und Hänschen bat den König Bum-Drum, er solle ihm doch ein wenig Gold borgen. Bum-Drum fing furchtbar an zu lachen: Er brauche das Gold überhaupt nicht und könne Hänschen so viel geben, wie die Kamele nur tragen konnten.

„Ich soll meinem Freund etwas borgen? Nein, der weiße Freund kann sich alles nehmen, was ihm gefällt. Bum-Drum liebt seinen kleinen weißen Freund und will ihm dienen bis an sein Lebensende."

Als Hänschen sich schon zur Abreise bereitmachte, veranstaltete der König der Menschenfresser ein großes Fest der Freundschaft. Das war so.

Einmal im Jahr versammelten sich alle Neger in der Hauptstadt, und diejenigen, die im Laufe dieses Jahres vom Königshof gegessen werden sollten, wurden ausgewählt. Die Erwählten freuten sich schrecklich, und die, die der König nicht ausgesucht hatte, waren sehr traurig. Die zum Essen Bestimmten tanzten einen wilden Freudentanz, die anderen aber krochen auf allen Vieren herum, das war ein Trauertanz, und sangen, aber es war ein Klagelied.

Und dann kratzte sich der König mit einer scharfen Muschel seinen Finger auf, dasselbe tat Hänschen, der König der Menschenfresser leckte den Blutstropfen von Hänschens Mittelfinger ab, und Hänschen mußte bei ihm das gleiche tun. Hänschen war diese Zeremonie sehr unangenehm, aber er hatte aus seiner traurigen Erfahrung, als sie ihn beinahe vergiftet hätten, etwas

gelernt, also wehrte er sich nicht und tat alles, was man von ihm verlangte.
Nachdem sie so Blutsbrüderschaft geschlossen hatten, gab es noch andere Zeremonien: Hänschen wurde in eine Fallgrube voller Schlangen und Krokodile geworfen, König Bum-Drum aber sprang hinterdrein und holte Hänschen wieder heraus. Dann schmierten sie Hänschen mit einem Fett ein, und er mußte in ein loderndes Feuer springen. Gleich hinterher aber sprang Bum-Drum und zog ihn so schnell aus dem Feuer heraus, daß ihm nur die Haare ein bißchen angesengt waren, verbrannt aber hatte er sich gar nicht. Dann mußte Hänschen von einer sehr hohen Palme herunterspringen, Bum-Drum aber fing ihn so geschickt auf, daß Hänschen sich kein bißchen wehtat.
Der Professor erklärte Hänschen, was das alles bedeuten sollte: Das Blutablecken bedeutete, wenn Hänschen ohne Wasser in der Wüste wäre, dann würde ihm sein Freund das eigene Blut zu trinken geben, damit Hänschen nicht verdurstete; war er im Wasser, und dort gab es riesige Krokodile, drohte ihm im Feuer, in der Luft oder sonst irgendwo Gefahr, sein Bruder Bum-Drum würde ihm immer zu Hilfe eilen.
„Wir Weißen", sagte der Professor, „schreiben alles auf Papier, die Wilden aber können nicht schreiben, da schließen sie ihre Verträge eben auf diese Art."
Es tat Hänschen leid, seine Freunde zu verlassen, er wollte die ausländischen Könige so gern davon überzeugen, daß die Menschenfresser zwar wild, aber doch gute Menschen sind; er wollte, alle Könige sollten mit ihnen Freundschaft schließen und ihnen helfen. Aber um dies zu tun, mußte man eine Reform durchführen: Sie mußten aufhören, Menschenfresser zu sein.
„Bruder Bum-Drum", sagte Hänschen, als sie am letzten Abend miteinander sprachen, „ich bitte dich sehr, höre auf, Menschenfresser zu sein."
Hänschen erklärte ihm lange, wie häßlich es sei, Menschen zu essen, und die ausländischen Könige würden ihm das nie verzeihen, er müsse unbedingt diese Reform durchführen, sie dürften es nicht mehr tun, dann würden viele weiße Menschen

hierherkommen, um Ordnung zu machen, und den Negern würde dann das Leben in ihrem schönen Lande viel leichter fallen.

Bum-Drum hörte Hänschen traurig zu und antwortete, schon einmal hätte ein König das machen wollen, aber sie hätten ihn dafür vergiftet, das sei eine sehr schwierige Reform, aber er würde noch darüber nachdenken.

Nach diesem Gespräch ging Hänschen noch ein wenig in den Wald hinaus. Der Mond schien, alles war so zauberhaft und still. Plötzlich hörte Hänschen etwas rascheln. Was konnte das sein? Vielleicht schlich ihm ein Tiger oder eine Schlange nach? Er ging weiter und wieder hörte er ein Geräusch, jemand folgte ihm. Hänschen zog seinen Revolver aus der Tasche und wartete.

Da kam ein Negermädchen, die lustige Klu-Klu, eine Tochter des Königs der Menschenfresser. Hänschen erkannte sie gleich, weil der Mond so hell schien, und er hätte gern gewußt, was sie von ihm wollte.

„Was willst du, Klu-Klu?“ fragte Hänschen in der Negersprache, denn ein bißchen hatte er sie schon gelernt.

„Klu-Klu kiki retz – Klu-Klu kin brun.“

Noch lange redete sie auf ihn ein, doch Hänschen verstand kein Wort. Er behielt nur: „Kiki, retz, brum, bus, kin.“

Und er sah, daß Klu-Klu sehr traurig war und weinte; das Mädchen tat ihm leid, sicher hatte es Kummer. Darum schenkte er ihm seine Uhr, ein Spieglein und ein hübsches Fläschchen, aber Klu-Klu hörte nicht auf zu weinen.

Was konnte sie wollen?

Als er zurückkam, fragte er den Professor, und der erklärte ihm, daß Klu-Klu ihn, Hänschen, sehr liebhabe und mit ihm wegfahren wolle.

Hänschen bat den Professor, er solle Klu-Klu klarmachen, allein könnte sie nicht fahren, aber er würde ihren Vater, König Bum-Drum, nach Europa einladen, und dann könnte sie mit dem Vater fahren.

Dann dachte Hänschen nicht mehr an die kleine Klu-Klu, er hatte nämlich vor der Abreise noch sehr viel zu tun. Auf fünfhundert Kamele wurden Kisten mit Gold und Edelsteinen, verschiedene schmackhafte Früchte und Getränke, afrikanische Leckerbissen, Wein und Zigarren als Geschenk für die Minister verladen. Er verabredete mit Bum-Drum, in drei Monaten würde er Käfige für die wilden Tiere schicken, und sagte auch, vielleicht würde er mit einem Flugzeug verschiedene Dinge senden, sie sollten sich nur nicht erschrecken, wenn auf einem großen eisernen Vogel ein weißer Mensch angeflogen käme.

Am frühen Morgen saßen sie auf und ritten los. Die Reise war sehr beschwerlich, aber sie waren nun alle abgehärtet, daher ermüdete sie die Wüste nicht mehr so stark.

Inzwischen hatten Hänschens Minister die ganze Verfassung ausgearbeitet und warteten nun.

Sie warteten und warteten, aber Hänschen kam und kam nicht wieder. Wo er geblieben war, wußte keiner zu sagen. Er war mit dem Schiff nach Afrika gefahren, dann mit der Eisenbahn bis zur letzten Negersiedlung an der Wüste. Dort hatten sie in Zelten gewohnt, und der Offizier der weißen Garnison hatte mit ihnen gesprochen. Dann waren vom König der Menschenfresser Kamele gekommen, und das war das letzte Lebenszeichen von ihm.

Doch da kam plötzlich ein Telegramm, König Hänschen habe das Schiff bestiegen und kehre nach Hause zurück.

„Dem Hänschen gelingt aber auch alles", sagten neidvoll die ausländischen Könige.

„Ein Glück hat dieses Hänschen", sagten die Minister und seufzten; denn sie dachten daran, wie schwer es ihnen gefallen war, mit Hänschen fertigzuwerden, als er aus dem Krieg zurückgekommen war, und überlegten, was jetzt werden sollte, da er aus dem Lande der Menschenfresser zurückkehrte.

„Nach dem Krieg hat er uns ins Loch gesteckt. Wer weiß, was er jetzt wieder gelernt hat; vielleicht will er uns verspeisen."

Hänschen kehrte sehr fröhlich zurück, weil ihm die Reise so gut gelungen war. Die Sonne hatte ihn braungebrannt, er war gewachsen, hatte einen großartigen Appetit und beschloß, den Ministern eine Schreck einzujagen. Als sie sich zum Kronrat versammelten, fragte König Hänschen: „Sind die Eisenbahnen repariert?"

„Jawohl", sagte der Eisenbahnminister.

„Das ist gut, denn sonst hätte ich befohlen, Sie in Krokodilsoße zu kochen. Und sind viele neue Fabriken gebaut worden?"

„Jawohl", antwortete der Industrieminister.

„Das ist gut, denn sonst hätte ich Sie mit Bananen gefüllt und gebraten."
Die Minister machten so entsetzte Gesichter, daß Hänschen laut lachen mußte.
„Meine Herren", sagte Hänschen, „haben Sie nur keine Angst vor mir. Ich bin nicht zum Menschenfresser geworden, und ich hoffe, es wird mir auch gelingen, meinen Freund Bum-Drum zu überreden, seinen wilden Brauch abzulegen."
Und nun erst begann Hänschen seine Abenteuer zu erzählen, die die Minister bestimmt für einen Witz gehalten hätten, wäre nicht gleichzeitig mit Hänschen ein ganzer Zug voll Gold, Silber und Edelsteinen angekommen, und als Hänschen den Ministern die Geschenke des Königs Bum-Drum, die ausgezeichneten Zigarren und schmackhaften afrikanischen Weine überreichte, da waren sie endgültig beruhigt.
Das Manifest, in dem Hänschen das ganze Volk zum Regieren aufrief, wurde verlesen. In den Zeitungen sollte immer stehen, was Minister und König tun wollten, und dann konnte jeder schreiben oder im Parlament sagen, ob ihm das gefiel oder nicht. Und schließlich sollte das ganze Volk entscheiden, ob die Minister es so machen sollten oder nicht.
„Na gut", sagte Hänschen, „und jetzt schreiben Sie bitte auf, was ich für die Kinder tun will. Geld habe ich ja nun in Hülle und Fülle. Also jedes Kind bekommt für den Sommer zwei Bälle und für den Winter Schlittschuhe. Jedes Kind erhält täglich nach der Schule einen Bonbon und ein Stück Zuckerkuchen. Die Mädchen kriegen jedes Jahr ein Puppe, die Jungen ein Taschenmesser. In allen Schulen sollen Schaukeln und Karussells gebaut werden, außerdem sollen in den Geschäften bei jedem Buch und jedem Heft hübsche bunte Bilder zugegeben werden. Das ist erst der Anfang, denn ich denke daran, noch viele andere Reformen einzuführen. Wollen Sie also bitte ausrechnen, wieviel das kosten wird und wieviel Zeit man braucht, um das alles durchzuführen? Und in einer Woche bitte ich um Antwort."
Man kann sich leicht vorstellen, welche Freude in den Schulen herrschte, als die Kinder das alles erfuhren. Was Hänschen

ihnen da gegeben hatte, war schon großartig, aber es hieß, das wäre erst der Anfang, und es würde noch viel, viel mehr geben.
Wer schreiben konnte, schickte König Hänschen einen Brief, er bitte noch um dies und jenes. Ganze Säcke von Kinderbriefen kamen in die Hofkanzlei. Der Sekretär machte die Briefe auf, las sie und warf sie weg. So wurde das an den Königshöfen immer gemacht. Aber Hänschen wußte nichts davon. Er erfuhr es auch erst, als er einmal sah, wie ein Lakai einen Korb mit Papieren in die königliche Mülltonne warf.
Vielleicht ist eine seltene Briefmarke dabei, dachte Hänschen, denn er sammelte Marken, ja, er hatte sogar ein ganzes Album.
„Was sind das für Papiere und Briefumschläge?" fragte Hänschen.
„Das weiß ich nicht", sagte der Lakai.
Hänschen guckte hin: Nanu, das waren ja alles Briefe an ihn! Sofort befahl er, die Briefe in sein Zimmer zu bringen, und rief den Sekretär.
„Was sind das für Papiere, Herr Sekretär?" fragte Hänschen.
„Das sind unwichtige Briefe an Eure Majestät."
„Und die lassen Sie einfach wegwerfen?"
„So ist das immer gemacht worden."
„Dann ist es eben schlecht gemacht worden!" schrie Hänschen aufbrausend.
„Wenn ein Brief an mich geschrieben ist, dann kann nur ich allein wissen, ob dieser Brief wichtig ist oder nicht. Bitte lesen Sie meine Briefe überhaupt nicht, sondern schicken Sie sie mir. Und ich werde schon wissen, was ich mit ihnen tun soll."
„Majestät, Könige erhalten sehr viele Briefe, und wenn die Leute erfahren würden, daß die Könige sie auch lesen, dann würden sich solche Berge ansammeln, daß man mit ihnen überhaupt nicht mehr fertigwerden könnte. Auch so tun zehn Beamte den ganzen Tag über nichts anderes, als die Briefe lesen und die wichtigen aussortieren."
„Und welche Briefe sind wichtig?" fragte Hänschen.

„Wichtig sind Briefe von ausländischen Königen, von Fabrikanten, von großen Schriftstellern."
„Und unwichtig?"
„An Eure Majestät schreiben vor allem die Kinder. Wenn einem etwas in den Kopf kommt, gleich setzt er sich hin und schreibt, und manche schmieren so, daß man es kaum lesen kann."
„Na gut: Wenn es Ihnen so schwerfällt, die Briefe der Kinder zu lesen, dann werde ich das eben tun, und die Beamten können Sie bei einer anderen Arbeit einsetzen. Ich bin auch ein Kind, falls Sie das wissen wollen, aber ich habe einen Krieg gegen drei erwachsene Könige gewonnen und habe eine Reise gemacht, zu der niemand den Mut aufbringen konnte."
Der königliche Sekretär erwiderte nichts, er verbeugte sich nur tief und ging hinaus. Hänschen aber machte sich ans Lesen.
Wenn Hänschen etwas anfing, dann tat er es mit Begeisterung, so war er nun einmal. Stunde um Stunde verrann, Hänschen aber las und las.
Schon einige Male hatte der Zeremonienmeister durchs Schlüsselloch in das königliche Arbeitszimmer geguckt, was Hänschen eigentlich machte, weil er gar nicht zum Mittagessen kam. Aber er sah den König über Papiere gebeugt dasitzen und fürchtete sich, das Zimmer zu betreten.
Hänschen merkte bald, daß er allein nicht fertigwerden konnte. Manche Briefe waren sehr undeutlich geschrieben. Die warf Hänschen beiseite. Aber es gab auch sehr schön geschriebene und sehr interessante Briefe. Irgendein Junge hatte Hänschen einen Brief geschrieben, was er tun wollte, wenn er die Schlittschuhe bekäme. Ein zweiter schrieb, was er geträumt hatte, ein dritter, was für prächtige Tauben und Kaninchen er habe, und er wollte König Hänschen zwei Tauben und ein Kaninchen schenken, aber er wußte nicht wie. Ein Mädchen hatte ein kleines Gedicht über König Hänschen geschrieben und schickte ihm das mit einer hübschen Zeichnung. Ein anderes Mädchen beschrieb seine Puppe, die sich sehr gefreut hätte, daß sie nun bald ein Schwesterchen bekommen würde. Es gab viele Briefe mit Zeichnungen. Ein Junge schenkte Hänschen ein Album mit

dem Titel „König Hänschen im Lande der Menschenfresser“, die Zeichnungen waren nicht sehr gut getroffen, aber hübsch waren sie doch, und Hänschen schaute sie sich mit Freude an.

Die meisten Briefe aber enthielten Bitten. Einer bat um ein Pony, ein zweiter um ein Fahrrad, ein dritter um einen Fotoapparat, ein vierter fragte, ob er nicht statt des Balls einen richtigen Fußball bekommen könnte. Ein Mädchen schrieb, seine Mama wäre krank und sie wären zu arm, um Medizin zu kaufen. Irgendein Schüler hatte keine Schuhe und konnte nicht in die Schule gehen; der sandte sogar sein Zeugnis ein, damit Hänschen sehen sollte, wie gut er lernte, nur hatte er eben keine Schuhe.

Vielleicht wäre es besser, den Kindern statt der Puppen und Bälle Schuhe zu schenken, dachte Hänschen, denn im Krieg hatte er gesehen, was Schuhe wert waren.

So saß Hänschen also und las. Plötzlich merkte er, daß er schrecklich hungrig war. Er klingelte und ließ sich das Abendbrot ins Arbeitszimmer bringen, er habe keine Zeit, er habe eine wichtige Arbeit.

So saß Hänschen bis in die späte Nacht hinein. Und wieder schaute der Zeremonienmeister durchs Schlüsselloch, warum der König nicht schlafen ging. Er selbst und alle Lakaien waren schon sehr müde, aber sie durften nicht vor dem König zu Bett gehen.

Die Briefe mit den Bitten sonderte Hänschen aus.

Ich kann doch nicht die Mutter dieses kleinen Mädchens ohne Medizin sitzen lassen, und einem so fleißigen Schüler muß man doch Schuhe geben. Vom vielen Lesen taten Hänschen schon die Augen weh. Und dabei hatte er doch alle undeutlich geschriebenen Briefe weggeworfen. Das war eigentlich auch nicht richtig. Noch vor kurzem hatte Hänschen selber sehr undeutlich geschrieben und doch wichtige Papiere unterzeichnet. Es konnte ja sein, daß ein Kind etwas Wichtiges auf dem Herzen hatte und ihm eben schrieb, so gut es ging, und daß es noch nicht sehr schön schreiben konnte, war ja nicht seine Schuld.

Die Beamten, dachte Hänschen, können mir alle undeutlichen Briefe ins Reine schreiben.
Aber als noch ein paar Stunden vergangen waren und auf dem Tisch noch immer an die zweihundert Briefe lagen, da begriff Hänschen, daß er damit nicht fertigwerden konnte.
Ich werde den Rest eben morgen lesen, dachte Hänschen, und sehr traurig ging er in sein königliches Schlafzimmer.
Hänschen fühlte, so war es nicht das Richtige: Wenn er jeden Tag so viele Briefe lesen müßte, dann hatte er für nichts anderes mehr Zeit. Aber die Briefe in die Mülltonne werfen, war eine furchtbare Gemeinheit. Sie waren so wichtig und interessant, diese Briefe. Warum waren es nur so viele?

Am nächsten Tag stand Hänschen sehr früh auf, trank schnell ein Glas Milch und ging sofort in sein Arbeitszimmer. Unterricht hatte er nicht, darum las er bis kurz vor Mitternacht Briefe. Er war genauso müde wie nach einem schweren Marsch im Krieg oder nach seiner Reise durch die Wüste. Als er schon sehr hungrig war und gerade zu Mittag essen wollte, kam der Staatssekretär ins Arbeitszimmer und hinter ihm vier Männer.

„Das ist die heutige Post für Eure Majestät", sagte der Sekretär.

Hänschen schien es, als habe der Staatssekretär gelächelt, und das brachte ihn so in Wut, daß er mit dem Fuß aufstampfte und schrie: „Bei allen Menschenfressern und Krokodilen, was soll das eigentlich heißen? Wollen Sie vielleicht, daß ich blind werde? Einen solchen Sack voller Briefe kann doch kein König durchlesen. Wie können Sie es wagen, sich über den König lustig zu machen? Ins Gefängnis werde ich Sie stecken!"

Aber je mehr Hänschen schrie, desto klarer wurde ihm, daß er im Unrecht war, nur konnte er das nicht gut zugeben.

„Ihre Beamten sind lauter Tagediebe, die Maulaffen feilhalten. Die können nur die Briefe in den Papierkorb werfen oder sie mir zum Lesen geben."

Zum Glück betrat gerade der Ministerpräsident das Zimmer. Der ließ den Sack mit den Briefen fortschaffen und befahl dem Sekretär, im Nachbarzimmer zu warten, er werde mit dem König sprechen.

Als Hänschen sah, wie die vier Lakaien den verhängnisvollen Sack wegschleppten, wurde er wieder ganz ruhig, aber er tat, als wäre er immer noch böse.

„Herr Ministerpräsident, ich kann es nicht zulassen, daß Briefe an mich ungelesen in den Papierkorb wandern. Warum soll ich nicht wissen, was die Kinder meines Staates brauchen? Warum

soll ein Junge nicht in die Schule gehen können, weil er keine Stiefel hat? Das ist ungerecht, und ich muß mich doch sehr wundern, daß der Justizminister solche Dinge gestattet. Mein Freund, der König Bum-Drum, geht zwar auch ohne Schuhe, aber dort ist heißes Klima, und außerdem sind sie noch Wilde."
Lange dauerte die Beratung, die König Hänschen mit dem Ministerpräsidenten hatte. Auch der Sekretär wurde herbeigerufen; schon seit zwanzig Jahren sah er alle Briefe durch, die an den König-Vater, ja sogar an den König-Großvater gerichtet waren, darum hatte er große Erfahrungen.
„Majestät, zu Lebzeiten des König-Großvaters kamen täglich hundert Briefe. Gute Zeiten waren das! Im ganzen Staat konnten damals nur hunderttausend Einwohner schreiben. Seit jedoch König Stefan der Vernünftige Schulen gebaut hat, können zwei Millionen Einwohner schreiben. Und jetzt kommen täglich etwa sechshundert bis tausend Briefe. Damals nahm ich mir fünf Beamte, weil ich allein nicht mehr fertigwerden konnte. Aber seit unser allergnädigster König Hänschen der Tochter des Feuerwehrhauptmanns die Puppe geschenkt hat, schreiben auch die Kinder Briefe. Jetzt kommen täglich fünftausend bis zehntausend Briefe, die meisten davon am Montag, weil am Sonntag schulfrei ist, dann haben die Kinder viel Zeit. Und weil sie den König liebhaben, schreiben sie ihm. Ich wollte eben darum bitten, noch fünf Beamte einzustellen, denn wir schaffen die Arbeit nicht mehr, aber . . ."
„Ich weiß, ich weiß", sagte Hänschen. „Aber was hat man eigentlich von dem Lesen, wenn die Briefe nachher in den Papierkorb wandern?"
„Die Briefe müssen gelesen werden, denn es gibt ein Buch, da wird jeder Brief mit einer Nummer eingeschrieben — und wenn er nur überhaupt lesbar ist, dann schreibt man auf, wer was schreibt."
Hänschen wollte sich davon überzeugen, ob der Sekretär die Wahrheit sprach, und fragte: „Und zwischen den gestrigen Briefen, die der Lakai zur Mülltonne getragen hat, war da einer, in dem jemand um Schuhe gebeten hat?"

„Erinnern kann ich mich nicht, aber das werden wir gleich sehen.“

Zwei Beamte schleppten ein riesiges Buch herein, und dort stand wirklich unter Nummer 47 000 000 000 Name, Vorname und Adresse des Jungen, und in der Rubrik „Inhalt“ stand: Bittet um Schuhe für die Schule.

„Ich bin seit zwanzig Jahren Beamter, und in meiner Kanzlei hat immer Ordnung geherrscht.“

Hänschen war gerecht. Er gab dem Sekretär die Hand und sagte: „Ich danke Ihnen herzlich.“

Die Briefe sollten wie bisher von den Beamten gelesen werden. Die interessantesten wurden für Hänschen ausgesucht, aber es durften nicht mehr als hundert sein. Die Briefe mit Bitten wurden ausgesondert, und zwei Beamte sollten nachprüfen, ob auch die Wahrheit darin stand.

„Dieser Junge schreibt, er braucht Schuhe. Und wenn er nun lügt? Wenn ihm der König die Schuhe schickt, dann wird er sie vielleicht verkaufen und sich irgendwelche Kinkerlitzchen dafür anschaffen.“

Hänschen mußte zugeben, daß diese Annahme stimmen konnte. Er entsann sich, daß im Krieg in ihrer Abteilung ein Soldat gewesen war, der immer seine Schuhe verkaufte und sich Schnaps dafür besorgte, und dann wollte er wieder neue Schuhe haben, weil die alten angeblich zerrissen waren.

Es ist wirklich gar nicht schön, daß man den Menschen nicht trauen kann. Aber so ist es nun einmal.

„Man könnte ja auch noch folgendes machen: Wenn die Beamten festgestellt haben, daß alles stimmt, dann kann die Hofkanzlei nach dem Kind schicken, damit es zur Audienz kommt, und dann können Majestät ihm selbst überreichen, worum es gebeten hat.“

Ja, da ist ein guter Vorschlag, dachte Hänschen. Ich will auf der Audienz nicht immer nur ausländische Gesandte und Minister empfangen, sondern auch Kinder.

Also gut. Nun wußte Hänschen schon, was er als König der Kinder zu tun hatte. Jeden Morgen würde er bis zwölf Uhr Unterricht haben. Um zwölf würde das königliche Frühstück stattfinden. Dann eine Stunde Audienz für die Gesandten und Minister; dann bis zum Mittagessen Briefelesen. Nach dem Mittagessen Audienz für die Kinder, dann bis zum Abendbrot Sitzung mit den Ministern. Und dann ins Bett.

Als der Tagesplan festgelegt war, wurde Hänschen ganz traurig. Er hatte ja nun kein Stündchen mehr zum Spielen. Aber daran ließ sich nichts ändern. Er war König, wenn auch noch ein kleiner König, und ein König darf nicht nur an sich, er muß an alle denken.

Vielleicht ein bißchen später, wenn er allen gegeben hatte, was sie brauchten, würde auch für ihn eine Stunde täglich übrigbleiben.

Im übrigen bin ich ja auch schon viel gereist, Feste habe ich gesehen, einen Monat lang war ich an der See, im Land der Menschenfresser war ich auch. Jetzt brauche ich eigentlich nicht mehr zu spielen. Ich kann schon die Arbeit eines Königs auf mich nehmen.

Gesagt, getan.

Morgens lernte Hänschen, dann las man ihm Briefe vor. Der Beamte las sehr schnell, und Hänschen konnte nicht solange stillsitzen, also hörte er zu und ging dabei, die Hände auf dem Rücken, im Arbeitszimmer auf und ab. Der Doktor hatte geraten, wenn warmes und schönes Wetter sei, dann solle das Briefelesen im Schloßpark stattfinden. Und das war wirklich sehr schön. Es gab furchtbar viel Audienzen. Da kamen ausländische Gesandte und fragten, wann König Hänschen sein erstes Parlament zusammenrufen würde, weil sie dann auch dabei sein wollten, um zu sehen, wie das Volk anfing zu regieren. Oder die Minister kamen mit den Fabrikanten, die im ganzen Staat die Schaukeln und Karussells bauen sollten, und fragten, wie der König sie haben wollte. Dann wieder kamen Wilde angefahren, deren Könige mit Hänschen in Freundschaft leben wollten.

Wenn König Hänschen sogar mit Bum-Drum, dem König der Menschenfresser, Freundschaft schließen konnte, dann würde er doch sicher auch sie nicht verachten, denn wenn sie auch wild seien, so hätten sie doch schon lange die Menschenfresserei abgeschafft.

„Bei uns ißt man schon seit dreißig Jahren keine Menschen mehr", sagte der eine. „Bei uns ist der letzte Mensch vor vierzig Jahren aufgegessen worden. Und das war ein Ausnahmefall. Denn er war ein großer Faulpelz und Herumtreiber, also war er sowieso unnütz. Und außerdem war er fett, und als er nun das fünfte Mal vor Gericht stand, weil er nicht arbeiten wollte, da beschlossen alle einstimmig, ihn aufzuessen."

König Hänschen war nun schon etwas vorsichtiger geworden, er versprach nichts allein, sondern ließ alles aufschreiben, was sie sagten, und erwiderte ihnen, sie sollten in einer Woche wiederkommen; er müsse erst mit dem Außenminister darüber beraten, und überhaupt würde das alles erst auf der Sitzung der Minister beschlossen werden.

Die Kinderaudienz machte sehr viel Spaß. Die Jungen und Mädchen wurden der Reihe nach in den Thronsaal gelassen, und Hänschen gab ihnen, worum sie in den Briefen gebeten hatten. Jedes Kind hatte eine Nummer, und das Paket, das es bekommen sollte, trug die gleiche Zahl. Zur Audienz wurde niemand hereingelassen, bevor der Beamte nachgeprüft hatte, ob er das Gewünschte auch wirklich brauchte. Also herrschte Ordnung, und jeder verließ sehr zufrieden das Schloß.

Der eine bekam einen warmen Mantel, der andere Bücher, die er zum Lernen brauchte und sich nicht kaufen konnte; die Mädchen wollten meistens Kämme und Zahnbürsten. Wer schön zeichnen konnte, bekam einen Tuschkasten. Ein Junge hatte sehr um eine Geige gebeten, denn er spielte schon lange Mundharmonika, aber das war ihm langweilig geworden. Auf seiner Mundharmonika spielte er Hänschen etwas vor und freute sich sehr, als er eine neue Geige in einem schönen Futteral bekam.

Manchmal bat jemand während der Audienz um etwas Neues, wovon er in seinem Brief nichts geschrieben hatte. Dann wurde

Hänschen sehr böse. Ein kleines Mädchen, dem Hänschen ein neues Kleid zur Hochzeit seiner Tante geschenkt hatte, bat um eine Puppe bis hinauf zum Himmel.

„Du bist einfach dumm“, sagte Hänschen, „und wenn du zuviel haben willst, dann kriegst du das Kleid auch nicht.“

Hänschen war nun schon ein erfahrener König und ließ sich nicht mehr so leicht an der Nase herumführen wie früher.

Eines Tages während der Nachmittagsaudienz hörte Hänschen Lärm im Wartezimmer. Anfangs wunderte er sich nicht einmal so sehr, denn die Kinder saßen nie still, wenn sie sich erst ein wenig an die Umgebung gewöhnt hatten. Aber diesmal war offenbar Streit ausgebrochen. Hänschen schickte einen Lakaien hin, der sollte mal nachsehen, was da eigentlich los war. Der Lakai kam mit der Antwort zurück, ein Erwachsener wolle durchaus zum König und gar nicht wieder weggehen. Hänschen wurde neugierig und ließ ihn hereinführen.

Das Zimmer betrat ein junger Herr mit langem Haar, eine Aktentasche unter dem Arm. Er verbeugte sich nicht einmal, sondern fing gleich an, laut zu sprechen: „Majestät, ich bin Journalist, das heißt, ich schreibe für die Zeitungen. Seit einem Monat suche ich schon um eine Audienz nach, aber man will mich nicht hereinlassen. Dauernd sagt man mir, ich solle morgen wiederkommen, oder der König sei müde, und ich werde wieder auf den nächsten Tag vertröstet. Heute habe ich gesagt, ich wäre der Vater eines Kindes, weil ich dachte, vielleicht würde ich dann hereinkommen. Aber die Lakaien haben mich erkannt und wollten mich wieder nicht hereinlassen. Und dabei habe ich doch eine so wichtige Angelegenheit — eigentlich ein paar Angelegenheiten — und bin sicher, Majestät werden mich anhören wollen."

„Gut", sagte Hänschen, „warten Sie, bis ich mit den Kindern fertig bin, weil das jetzt ihre Stunden sind, dann werde ich mich mit Ihnen unterhalten."

„Würden Majestät mir gestatten, im Thronsaal zu bleiben? Ich werde ganz ruhig dastehen und nicht stören. Und morgen schreibe ich für die Zeitung, wie so eine Audienz beim König vor sich geht. Denn das wird die Leser unserer Zeitung sehr interessieren."

Hänschen ließ dem Journalisten einen Stuhl geben. Der schrieb die ganze Zeit hindurch irgend etwas in sein Notizbuch.
„Also, sprechen Sie bitte“, sagte Hänschen, als der letzte Junge den Thronsaal verlassen hatte.
„König“, begann der Journalist, „ich werde nicht viel Zeit brauchen. Ich werde ganz kurz sprechen.“
Doch trotz dieser Ankündigung sprach der Journalist sehr lange und sehr interessant. Hänschen hörte aufmerksam zu, schließlich aber unterbrach er ihn doch.
„Ich sehe, daß Ihre Angelegenheit wirklich wichtig ist. Essen Sie doch bitte mit mir zu Abend, dann werden wir in mein Arbeitszimmer gehen, bis Sie fertig sind.“
Bis elf Uhr sprach der Journalist, Hänschen aber schritt, die Hände auf dem Rücken, im Arbeitszimmer auf und ab und hörte zu. Zum ersten Mal sah Hänschen einen Mann, der Zeitungen schrieb — und er mußte zugeben, klug war dieser Mensch und, wenn auch schon erwachsen, so war er doch ganz anders als die Minister.
„Schreiben Sie nur, oder zeichnen Sie auch?“
„Nein, es gibt in jeder Zeitung jemanden, der nur schreibt, für die Zeichnungen sind andere da. Wenn Majestät unsere Zeitung morgen besuchen wollten, würden wir uns sehr freuen.“
Hänschen war schon lange nicht mehr ausgefahren, also nahm er die Gelegenheit gerne beim Schopf und ließ sich gleich am nächsten Tag mit dem Auto zum Haus dieser Zeitung bringen.
Das war ein großes Gebäude, und für Hänschens Empfang hatte man es mit Fahnen, Teppichen und Blumen geschmückt. Im Erdgeschoß standen riesige Maschinen, auf denen die Zeitung gedruckt wurde. Darüber lag das Kontor, und von hier aus wurde die Zeitung auf die Post geschickt und verkauft. Daneben gab es so etwas wie ein Geschäft, da wurden Anzeigen und Geld entgegengenommen. Noch weiter oben war die Redaktion, da saßen Herren, die schrieben alles auf, und das wurde unten gleich gedruckt. Hierher brachte man Telegramme aus der ganzen Welt, das Telefon klingelte, Boten liefen herein, die trugen das beschriebene Papier in die Druckerei, hier wurde

geschrieben, dort gezeichnet, da klapperte eine Schreibmaschine. Es war wie im Krieg während eines Angriffs.
Auf einem silbernen Tablett überreichte man Hänschen die neueste Zeitung, darin war ein Bild, wie Hänschen bei der Audienz die Kinder empfing – und was die Kinder zu Hänschen und was Hänschen zu ihnen gesagt hatte, das alles stand da gedruckt.
Hänschen verbrachte zwei Stunden in der Redaktion, und es gefiel ihm sehr, daß hier alles so schnell ging. Nun wunderte er sich gar nicht mehr, daß in der Zeitung immer gleich zu lesen war, wo etwas geschehen war: Feuersbrünste, Diebstähle, wenn jemand überfahren wurde, und was die Könige und Minister auf der ganzen Welt tun.
Der Journalist hatte recht gehabt: Wer bei der Zeitung war, wußte wirklich alles. Wie schnell hatten sie doch gedruckt, was Hänschen gemacht hatte, als er zu den ausländischen Königen auf Besuch gefahren war. Wie schnell hatten sie alles über den Krieg geschrieben, und sofort hatten sie gewußt, daß Hänschen aus dem Lande der Menschenfresser zurückkommen sollte.
„Und warum habt ihr damals nicht gewußt, daß ich an die Front geflohen war und daß mich eine Porzellanpuppe vertrat?"
„Oh, das haben wir gewußt, aber wir bringen nicht alles. In den Zeitungen steht nur das Nötige, alles andere wissen wir für uns selbst. Das Volk braucht nicht alles zu wissen, und es gibt viele Dinge, von denen das Ausland nichts erfahren darf."
Am Abend unterhielt sich Hänschen wieder lange mit dem Journalisten. Also:
Was Hänschen getan hatte, waren noch keine Reformen. Hänschen war kein Reformator, aber er konnte einer werden. Hänschen wollte, das ganze Volk sollte regieren. Aber die Kinder sind auch Volk. Darum mußten zwei Parlamente geschaffen werden: In dem einen sollten die Erwachsenen, im anderen die Kinder regieren. Die Kinder mußten auch ihre Abgeordneten wählen und sagen, ob sie Schokolade, Puppen und Taschenmesser haben wollten oder etwas anderes. Vielleicht wollten sie

lieber Bonbons, vielleicht auch Schuhe. Und vielleicht wollten sie nur Geld, dann konnte sich jeder kaufen, was er gerne haben wollte. Die Kinder mußten ebenso wie die Erwachsenen ihre Zeitung haben, die mußte jeden Tag erscheinen, und in dieser Zeitung würden sie dann schreiben, was der König für sie tun sollte. Es durfte nicht sein, daß der König tat, was ihm gerade in den Kopf kam, denn woher sollte der König wissen, was jeder brauchte, er konnte ja schließlich nicht alles wissen. Eine Zeitung aber weiß alles. Zum Beispiel hätten damals nicht alle Kinder die Schokolade bekommen, denn die Beamten auf dem Lande hätten die Schokolade allein aufgegessen und den Kindern keine gegeben. Und die Kinder hätten nicht einmal gewußt, daß ihnen Schokolade zustand, weil sie keine eigene Zeitung hatten.

Das alles war Hänschen so verständlich, daß es ihm vorkam, als habe er es schon lange gewußt. Vier Abende lang beriet er mit dem Journalisten, legte sich alles gut zurecht und ergriff auf dem Ministerrat in dieser Angelegenheit das Wort.

„Meine Herren Minister", begann Hänschen und trank Wasser, denn er wollte lange sprechen, „wir haben beschlossen, das ganze Volk soll regieren, und das ganze Volk muß sagen können, was es braucht. Aber Sie haben vergessen, daß das Volk nicht nur aus Erwachsenen, sondern auch aus Kindern besteht. Wir haben fünf Millionen Kinder, die müßten auch regieren. Es soll also zwei Parlamente geben, eins für die Erwachsenen — dort werden die Abgeordneten und die Minister Erwachsene sein — und das zweite für die Kinder — und dort werden die Kinder Abgeordnete und Minister sein. Ich bin König für die Erwachsenen und für die Kinder, aber wenn die Erwachsenen der Meinung sind, daß ich für sie zu klein bin, dann sollen sie sich einen erwachsenen König wählen, und ich werde König der Kinder." Hänschen trank viermal Wasser, sprach sehr lange, und die Minister begriffen, daß dies eine ernste Angelegenheit war, hier ging es nicht mehr um Schokolade oder Schlittschuhe oder Schaukeln, hier ging es um eine sehr wichtige Reform.

„Ich weiß, das ist schwierig", schloß Hänschen. „Alle Reformen sind schwierig, aber einmal muß man damit anfangen. Wenn es mir nicht gelingt, alles so zu machen, wie es sein muß, dann wird eben mein Sohn oder Enkel meine Reformen zu Ende führen."
Die Minister dachten nach. So lange und so klug hatte Hänschen noch nie gesprochen. Das stimmte schon, die Kinder gehörten auch zum Volk, also hatten auch sie das Recht zu regieren. Aber wie sollte man das machen? Werden sie das verstehen? Sind sie nicht zu dumm dazu?
Daß die Kinder zu dumm sind, konnten die Minister aber nicht gut sagen, denn Hänschen war ja auch noch ein Kind. Man mußte es eben versuchen. Es war möglich, eine Zeitung für die Kinder zu gründen; Hänschen hatte ja viel Gold mitgebracht, Geld war also da. Aber wer sollte für diese Zeitung schreiben?
„Einen Journalisten habe ich schon, und Minister für die Kinder wird Fritz."
Hänschen lag viel daran, Fritz davon zu überzeugen, daß er immer noch sein Freund war. Denn Fritz stritt sich häufig mit ihm und sagte: „Herrengunst steht auf lockerem Boden. Im Krieg, unter dem Kugelhagel, da war Fritz gut genug, aber für Bälle und Theater und zum Muschelsammeln an der See, da sind Peter und Leni besser. Ins Land der Menschenfresser ist aber wieder der Fritz gefahren, denn das war gefährlich, und die Mutter von Peter und Leni ließ ihre Kinder nicht mitfahren. Na ja, ich bin eben nur der Sohn eines Unteroffiziers. Mein Vater ist kein Herr Hauptmann. Vielleicht wird wieder mal eine Gefahr kommen, und dann wird man Fritz ja brauchen."
Unangenehm ist das, wenn man beschuldigt wird, hochmütig und, schlimmer noch, undankbar zu sein.
Dies aber war eine gute Gelegenheit, Fritz davon zu überzeugen, daß er sich geirrt hatte: Hänschen dachte nicht nur im Unglück an ihn. Außerdem lief Fritz immerzu mit den Kindern herum, er war Hansdampf in allen Gassen, darum wußte er bestimmt sehr gut, was die Kinder alles brauchten.

Armes Hänschen! So gern hatte er doch immer ein richtiger König sein wollen, so gern endlich selbst regieren, so schrecklich gern alles begreifen. Sein Wunsch war jetzt erfüllt, aber Hänschen ahnte nicht, wieviel Arbeit, wieviel Sorge und Kummer nun auf ihn warteten.

Im Lande ging alles gut. Man hatte begonnen, Kinderheime zu bauen, daher hatten die Bauleute, die Maurer, Zimmerleute, Ofensetzer, Klempner, Schlosser und Glaser Arbeit in Hülle und Fülle und freuten sich, weil sie gut verdienten. Die Ziegeleien, Sägewerke und Glashütten hatten zu tun, eine Schlittschuhfabrik wurde gebaut, vier große Bonbon- und Schokoladefabriken kamen hinzu. Besondere Käfige und Eisenbahnwaggons für die wilden Tiere wurden hergestellt; große Schwierigkeiten und Kosten verursachten die Waggons für die Elefanten und Kamele; und für die Giraffen mußte ein ganz besonderer Waggon ausgedacht werden, weil sie fürchterlich lange Hälse haben. Am Stadtrand wurde von Gärtnern der Zoo angelegt. Zwei große Hauser wurden gebaut, damit die Abgeordneten aus dem ganzen Land zusammenkommen und beraten könnten, wie regiert und welche Gesetze erlassen werden sollten. Das eine Parlamentsgebäude war für die erwachsenen Abgeordneten bestimmt, das andere für die Kinder. Im Kinderparlament war alles genauso eingerichtet, nur waren die Türklinken weiter unten angebracht, damit auch die allerkleinsten Abgeordneten die Türen öffnen konnten. Die Stühle waren niedriger, damit sie nicht mit den Beinen baumeln mußten. Und auch die Fenster waren weiter unten, damit sie auf die Straße hinausschauen konnten, wenn die Sitzung gerade einmal nicht sehr interessant war.

Die Handwerker und Arbeiter waren also zufrieden, weil sie Arbeit hatten, die Fabrikanten, weil sie gut verdienten, die

Kinder, weil der König an sie dachte. Die Kinder lasen ihre Zeitung, für die jeder schreiben durfte, was er wollte, und wenn eins noch nicht richtig lesen konnte, dann lernte es jetzt, was das Zeug hielt, lesen und schreiben, denn alle wollten ja wissen, was kommen würde, und alle wollten an ihre Zeitung schreiben, wenn sie Lust dazu hatten.

Daher waren auch die Eltern und Lehrer zufrieden, weil die Kinder auf einmal so fleißig lernten. Und die Kinder rauften sich nun auch in der Schule viel weniger, denn jedes wollte beliebt sein und zum Abgeordneten gewählt werden.

Jetzt war es nicht mehr nur das Heer, fast alle Leute hatten Hänschen gerne. Und jedermann bewunderte ihn und staunte, daß ein so kleiner König alles so schnell gelernt hatte und so gut regierte.

Aber das Volk wußte nicht, wieviel Sorgen Hänschen hatte; das Schlimmste war, daß die ausländischen Könige Hänschen beneideten.

„Was denkt er sich eigentlich?" sagten sie. „Wir regieren nun schon so lange, und Hänschen will gleich der erste unter uns sein. Das ist ja kein Kunststück, mit fremdem Geld den Wohltäter zu spielen. Bum-Drum hat ihm das Gold geschenkt, und damit gibt Hänschen jetzt an. Schickt es sich etwa, daß ein weißer König mit den Menschenfressern Freundschaft schließt?"

All das erfuhr Hänschen durch seine Spione, und auch der Außenminister hatte ihn gewarnt, es könne Krieg geben. Hänschen wollte keinen Krieg, er wollte sich von seiner Arbeit nicht trennen. Denn was sollte dann werden? Die Handwerker hätten wieder in die Schützengräben gehen müssen, und die Häuser wären nicht fertig geworden. Und Hänschen wollte, daß die Kinder schon diesen Sommer aufs Land fuhren, im Herbst sollten dann die beiden Parlamente, das für die Erwachsenen und das für die Kinder, zusammentreten.

„Wie können wir den Krieg verhindern?" fragte Hänschen und ging mit großen Schritten im Arbeitszimmer auf und ab, die Hände auf dem Rücken.

„Die ausländischen Könige müßten sich untereinander verzanken, und die stärksten von ihnen sich mit Hänschen befreunden."

„Ach, das wäre ausgezeichnet. Ich glaube, der dritte König, der traurige, der Geige spielt, würde Freundschaft mit uns schließen. Er hat mir damals gesagt, er habe überhaupt nicht mit mir Krieg führen wollen, ihn habe ich am allerwenigsten geschlagen, weil er in der Reserve stand, und er hat mir geraten, ich solle eine Reform für die Kinder durchführen."

„Das ist sehr wichtig, was Majestät mir da sagen", entgegnete der Außenminister. „Ja, er könnte mit uns Freundschaft schließen. Aber die beiden anderen werden wohl immer unsere Feinde bleiben."

„Warum?" fragte Hänschen.

„Der erste ärgert sich, weil bei uns das Volk regieren wird."

„Ja, was geht denn ihn das an?"

„Sehr viel. Wenn sein Volk davon erfährt, wird es auch regieren wollen, es wird ihm nicht gestatten, weiter zu tun und zu lassen, was er will. Und dann gibt es bei ihm eine Revolution."

„Na, und der zweite?"

„Der zweite, hm, mit ihm könnte man sich vielleicht verständigen, er ärgert sich am meisten darüber, daß uns die wilden Könige jetzt mehr lieben als ihn. Früher haben die schwarzen und gelben Könige ihm Geschenke gesandt, jetzt aber schicken sie sie uns. Mit ihm könnte man vielleicht übereinkommen, er solle die gelben Könige für sich behalten, und wir würden uns nur mit den schwarzen befreunden."

„Na ja, gut, das muß man versuchen, denn Krieg will ich auf keinen Fall", sagte Hänschen sehr entschieden.

An diesem Abend setzte König Hänschen sich hin und schrieb dem traurigen König, der die Geige spielte, einen Brief.

Meine Spione haben mir zugetragen, wie eifersüchtig die ausländischen Könige sind, weil mir Bum-Drum Gold schickt, und daß sie gewiß wieder über mich herfallen werden. Also bitte ich Eure Majestät, mein Freund zu werden und mit ihnen zu brechen.

Hänschen schrieb viel über seine Reformen und bat um Rat, was er weiter tun sollte. Er schrieb, wieviel Arbeit er hätte und wie schwierig es doch wäre, König zu sein. Und er bat, der traurige König sollte sich keine Sorgen machen, wenn im Parlament jemand rufe: Nieder mit dem König! Der hätte sich gewiß nur über etwas geärgert, was der König nicht so gemacht hatte, wie er das haben wollte, dafür aber wären die anderen zufrieden.

Es war schon spät in der Nacht, als Hänschen die Feder weglegte. Dann trat er auf den Balkon des Königsschlosses und schaute auf seine Hauptstadt. In den Straßen brannten die Laternen, die Fenster aber waren dunkel, weil die Menschen schon lange schliefen.

Und Hänschen dachte: Alle Kinder schlafen schon ruhig, nur ich allein wache noch und muß nachts Briefe schreiben, damit es keinen Krieg gibt, damit die Häuser auf dem Lande in Ruhe fertig werden und die Kinder im Sommer dorhin fahren können. Jedes Kind denkt nur an seine Schularbeiten und an sein Spiel, ich aber habe nicht einmal Zeit zum Lernen oder Spielen, weil ich an alle Kinder meines Staates denken muß.

Hänschen ging in das Zimmer, wo seine Spielsachen standen. Unberührt, staubbedeckt lagen sie da.

„Mein lieber kleiner Hampelmann", sagte Hänschen zu seinem Harlekin, „sicher bist du schon böse, daß ich solange nicht mehr mit dir gespielt habe. Aber was soll ich tun, du bist doch nur ein Hampelmann aus Holz, und wenn dich niemand zerbricht, dann liegst du da und brauchst nichts. Ich aber muß an die Menschen denken, und die brauchen sehr viel."

Hänschen legte sich ins Bett, machte das Licht aus und war schon im Einschlafen, da fiel ihm ein, daß er dem zweiten ausländischen König noch nicht geschrieben hatte, er solle die Geschenke der gelben Könige aus Asien nehmen und Hänschen die seiner schwarzen afrikanischen Freunde lassen. Was sollte er tun? Die beiden Briefe mußten gleichzeitig abgeschickt werden, und aufschieben konnte man das auch nicht, denn was sollte werden, wenn sie den Krieg erklären würden, bevor sie die Briefe bekamen?

Also stand Hänschen wieder auf, obwohl ihm der Kopf vor Müdigkeit wehtat, und schrieb, bis der Morgen graute, einen langen Brief an den zweiten ausländischen König.

Und so tat er die ganze Nacht kein Auge zu. Auch am nächsten Tage arbeitete er ununterbrochen. Und dieser Tag war für Hänschen sehr schwer. Es kam ein Telegramm aus der Hafenstadt, König Bum-Drum habe ein ganzes Schiff voll wilder Tiere und Gold geschickt, aber der ausländische König erlaube nicht, sie durch seinen Staat zu befördern.

Es kamen die Gesandten der ausländischen Könige und sagten, sie wünschten nicht, daß die Geschenke der Menschenfresser durch ihren Staat führen, und wenn sie das einmal gestattet hätten, so bedeute das noch lange nicht, daß sie Hänschen gehorchen müßten. Hänschen erlaube sich zuviel. Und daß Hänschen sie einmal besiegt habe, das hieße noch gar nichts, denn sie hätten jetzt neue Kanonen gekauft und gar keine Angst mehr vor Hänschen.

Sie sprachen überhaupt so, als ob sie sich streiten wollten; und einer stampfte sogar mit dem Fuß auf, so daß ihm der Zeremonienmeister erklären mußte, die Etikette gestatte es nicht, mit dem Fuß zu stampfen, wenn man mit dem König spricht.

Ganz im Anfang lief Hänschen vor Wut rot an, denn in seinen Adern floß ja das Blut von Heinrich dem Aufbrausenden, und als sie sagten, sie hätten keine Angst vor Hänschen, da wollte er schon schreien: Ich vor euch auch nicht! Im übrigen können wir es ja einmal darauf ankommen lassen, dann werden wir sehen, wer der Stärkere ist.

Aber gleich darauf wurde Hänschen wieder blaß und begann so zu sprechen, als hätte er gar nicht verstanden, was sie eigentlich wollten.

„Meine Herren Botschafter, Sie regen sich ganz unnötig auf. Ich will gar nicht, daß Ihre Könige Angst vor mir haben. Ich habe gerade heute nacht Briefe geschrieben, wie gerne ich mit

Ihren Königen in Freundschaft leben will. Wollen Sie bitte diese Briefe überreichen. Hier sind nur zwei Briefe, aber ich werde gleich auch den dritten schreiben. Wenn Sie Bum-Drums Geschenke nicht umsonst durch Ihr Land durchlassen wollen, dann will ich gern dafür bezahlen. Ich habe nicht gewußt, daß Ihren Königen diese Angelegenheit unangenehm ist."

Die Botschafter wußten nicht, was Hänschen ihren Königen geschrieben hatte, denn die Briefumschläge waren zugeklebt und mit dem königlichen Siegel verschlossen, also sagten sie nichts mehr, sie murmelten nur noch etwas vor sich hin und gingen.

Hänschen aber hatte eine Beratung mit dem Journalisten, eine zweite mit Fritz, und dann eine mit den Ministern. Und dann war die Audienz, dann mußten Papiere unterschrieben werden, und dann kam noch die Truppenparade, denn es war gerade der Jahrestag einer Schlacht, die die Truppen des Königs zur Zeit von Paul dem Siegreichen gewonnen hatten.

Am Abend war Hänschen so müde und so blaß, daß sich der Doktor große Sorgen machte.

„Majestät müssen besser auf Ihre Gesundheit achten", sagte der Doktor.

„Majestät wachsen und können die Schwindsucht bekommen, und dann werden Majestät Blut spucken."

„Ich habe gestern schon Blut gespuckt", sagte Hänschen.

Der Doktor bekam einen noch größeren Schreck, untersuchte Hänschen, aber da stellte sich heraus, daß es nicht die Schwindsucht war, Hänschen war nur ein Zahn ausgefallen, und darum hatte er Blut gespuckt.

„Wo ist der Zahn?" fragte der Zeremonienmeister.

„Den habe ich in den Papierkorb geworfen."

Der Zeremonienmeister sagte kein Wort, aber er dachte: Schöne Zeiten sind das, wenn man Königszähne in den Papierkorb wirft. Denn in der Hofetikette hieß es, Königszähne sollten in Gold gefaßt, in einer brillantbesetzten Kassette gesammelt werden, und die Kassette war in der Schatzkammer aufzubewahren.

Unbedingt mußte ein Treffen der Könige zustandekommen. Erstens war Hänschen bei allen zu Besuch gewesen, und nun war er an der Reihe, sie einzuladen. Zweitens sollte die erste Sitzung des Parlamentes feierlich in Gegenwart aller Könige eröffnet werden. Dann mußte man ihnen auch den neuen Zoo zeigen. Am wichtigsten aber war, sich mit ihnen auszusprechen, ob sie nun Freundschaft wollten oder nicht.

Brief um Brief, Telegramm um Telegramm wurden weggeschickt, die Minister kamen und gingen. Es war eine sehr wichtige Angelegenheit: Entweder Freundschaft mit den Königen und Ruhe, damit es allen gut ging, dann gab es Arbeit, die Menschen verdienten viel Geld, alles wurde billig, oder — ein neuer Krieg.

Daher gab es in Hänschens Palast ebenso wie bei den ausländischen Königen Tag und Nacht Sitzungen über Sitzungen.

Ein Botschafter kam und sagte: „Mein König will mit Hänschen in Freundschaft leben."

„Und warum stellt euer König dann neue Truppen auf und baut neue Festungen? Wenn jemand keinen Krieg führen will, dann braucht er doch keine Festungen."

„Mein König", sagte der Botschafter, „hat einen Krieg verloren, daher muß er sich nun vorsehen, das bedeutet aber noch lange nicht, daß er Hänschen überfallen will."

Doch die Spione erzählten, gerade dieser erste König sei der gefährlichste.

Eigentlich wolle nicht der König selbst Krieg führen, der sei schon alt und müde, aber sein ältester Sohn, der Thronfolger, wolle unbedingt gegen Hänschen kämpfen. Die Spione hatten sogar ein Gespräch des alten Königs mit seinem Sohn belauscht.

„Vater, du bist alt und nicht mehr recht bei Kräften. Das beste wird sein, wenn du den Thron mir übergibst, ich werde mit Hänschen schon fertigwerden."

„Was hat dir Hänschen denn getan? Er ist doch sehr nett, und mir gefällt er."

„Er gefällt dir, aber er hat dem traurigen König geschrieben, er solle von uns abfallen und sich mit ihm befreunden. Dem anderen König will er alle gelben Könige überlassen, Bum-Drum und die schwarzen afrikanischen Könige aber will er selbst behalten. Und wer wird uns Gold und Geschenke schicken? Wenn wir allein bleiben, werden sie mit Hänschen Freundschaft schließen und zu dritt über uns herfallen. Wir müssen zwei neue Festungen bauen und brauchen mehr Soldaten."

Der Sohn des alten Königs wußte alles, denn er hatte auch seine Spione, die ihm berichteten. Der alte König mußte zu den neuen Soldaten und der Festung ja sagen, denn wenn es einen neuen Krieg gab und er ihn wieder verlor, dann konnte der Sohn ihm Vorwürfe machen.

So war den ganzen Herbst und Winter über immer noch nicht recht klar, wer nun eigentlich mit wem in Freundschaft leben würde.

Erst als Hänschen sie alle zu sich einlud, mußten sie Farbe bekennen, ob sie nun kommen wollten oder nicht.

Die Könige antworteten auf Hänschens Einladung:

Jawohl, wir kommen gerne, aber wir stellen die Bedingung, daß Hänschen Bum-Drum nicht einlädt. Wir sind weiße Könige, und wir wollen nicht mit Menschenfressern am gleichen Tisch sitzen. Unsere gute Erziehung und unsere königliche Ehre gestatten es nicht, daß wir uns mit Wilden verbrüdern.

Das arme Hänschen war über diese Antwort sehr beleidigt, denn sie bedeutete ja, Hänschen sei schlecht erzogen und habe keine Ehre. Der Außenminister riet, er sollte so tun, als hätte er das nicht verstanden, aber das wollte Hänschen um keinen Preis.

„Ich will nicht so tun, als ob ich sie nicht verstehe. Auf gar keinen Fall. Sie haben nicht nur mich beleidigt, sondern auch meinen Freund, der mir Treue in jeder Gefahr geschworen hat, der bereit ist, für mich in Wasser, in Feuer und in der Luft sein Leben hinzugeben, und der sich zum Beweis, wie sehr er mich

liebt, von mir aufessen lassen wollte. Daß er ein Wilder ist, stimmt schon, er ist sogar sehr wild, aber er will sich doch bessern. Er ist mein wahrer Freund, er vertraut mir, er hat weder bei mir noch habe ich bei ihm Spione.
Die weißen Könige aber sind falsch und neidisch. Und das werde ich ihnen alles haarklein schreiben."
Der Außenminister bekam einen Heidenschreck.
„Majestät wollen keinen Krieg, aber eine solche Antwort bringt uns den Krieg bestimmt. Schreiben können wir ihnen, aber anders."
Hänschen schlief wieder die Nacht nicht, sondern arbeitete mit den Ministern die Antwort aus.
Also so:
König Hänschen hätte sich eben darum mit Bum-Drum befreundet, damit Bum-Drum aufhören sollte, Menschen zu essen. Bum-Drum habe Hänschen versprochen, er würde das auch nicht mehr tun. Und falls Bum-Drum sein Wort nicht gehalten hätte, so nur, weil er Angst habe, die Priester könnten ihn vergiften, denn die Negerpriester wollten nicht, daß ihr Volk aufhöre, wild zu sein. Im übrigen sei Hänschen bereit, nachzuprüfen, ob Bum-Drum aufgehört hätte, Menschenfresser zu sein oder nicht, und er würde den weißen Königen Antwort geben.
Und folgenden Schlußsatz schrieb Hänschen in den Brief:
Und ich versichere Eure Majestäten, daß auch mir meine Ehre und die meines schwarzen Freundes lieb und teuer ist und daß ich bereit bin, für diese Ehre mein Blut zu vergießen und mein Leben hinzugeben.
Das bedeutete, die ausländischen Könige sollten sich hüten, denn Hänschen lasse sich nicht beleidigen, und wenn er auch keinen neuen Krieg wollte, so sei er doch jeden Augenblick darauf vorbereitet.
Die ausländischen Könige schrieben: Gut, wenn Bum-Drum aufgehört habe, Menschenfresser zu sein, dann könnten sie mit ihm an einem Tisch essen.

Die ausländischen Könige, eigentlich nur der erste, wollten die ganze Sache auf die lange Bank schieben, weil seine neuen Festungen noch nicht fertig waren. Sie dachten sich das so: Falls Hänschen schreibt, Bum-Drum sei kein Menschenfresser mehr, dann antworten wir ihm, die schwarzen Könige lügen, sind treubrüchig, man kann ihnen keinen Glauben schenken, und darum dürfen sie nicht zu Hänschen kommen.

Aber daß Hänschen ihnen einen neuen Strich durch die Rechnung machen würde, das hatten sie nicht erwartet!

Hänschen erklärte sofort, als er die Antwort bekam: „Ich werde mit dem Flugzeug zu König Bum-Drum fahren, um mich davon zu überzeugen, ob er kein Menschenfleisch mehr ißt."

Vergeblich rieten die Minister Hänschen von dieser gefährlichen Reise ab.

Der Wind konnte das Flugzeug zerschmettern, der Pilot konnte sich verirren, vielleicht würde das Benzin nicht reichen oder der Motor entzweigehen. Selbst der Fabrikant, der das Flugzeug machen sollte und bestimmt viel daran verdienen würde, riet Hänschen ab.

„Ich kann nicht dafür garantieren, ob das Flugzeug fünf Tage wird ununterbrochen fliegen können. Die Maschinen fliegen meist in kühlen Ländern; wir wissen noch nicht, ob sie unter der Hitze nicht leiden. Außerdem kann ja ein Schräubchen zerbrechen, und in der Wüste gibt es keinen Mechaniker, der das beschädigte Flugzeug wieder heilmachen könnte."

Im übrigen konnte das Flugzeug außer dem Piloten und Hänschen niemanden mehr mitnehmen, und wie sollte sich Hänschen ohne den Professor, der fünfzig Sprachen kannte, mit Bum-Drum verständigen?

Hänschen nickte. Jawohl, er verstand. Das würde eine sehr schwierige und sehr gefährliche Reise sein, er könnte wirklich im Wüstensand umkommen, und ohne den Professor würde es sehr schwer sein, sich mit Dum-Brum zu verständigen; aber trotz allem beschloß er zu fahren.

Und er bat den Fabrikanten sehr, keine Ausgaben zu scheuen, die besten Meister zu rufen, die besten Geräte und Materialien

kommen zu lassen und so schnell wie möglich ein erstklassiges Flugzeug zu bauen.
Der Fabrikant legte alle anderen Arbeiten zur Seite, und die besten Mechaniker arbeiteten Tag und Nacht in drei Schichten. Der Chefingenieur der Fabrik hatte alles so genau berechnet, daß er fast den Verstand verlor und danach zwei Monate im Krankenhaus liegen mußte. Hänschen aber kam täglich mit dem Hofauto in die Fabrik gefahren, saß einige Stunden da und schaute sich jedes Röhrchen und jedes Schräubchen ganz genau an.
Welchen Eindruck diese Nachricht im In- und Ausland machte, kann man sich leicht vorstellen. In den Zeitungen war von fast nichts anderem mehr die Rede als von der Reise des Königs. Hänschen wurde „König der Lüfte", „König der Wüste", „Hänschen der Große", „Hänschen der Wahnwitzige" genannt.
„Na, das ist ganz bestimmt sein Ende", sagten die Angsthasen. „Zweimal ist es Hänschen gelungen, aber beim dritten Mal geht es bestimmt schief."
Lange suchte Hänschen einen Flugzeugführer. Zwei hatten sich gemeldet: Der eine war schon ziemlich alt, hatte keine Beine mehr und nur noch ein Auge, und der zweite war — Fritz.
Der Pilot ohne Beine war der Obermechaniker, der das Flugzeug zusammengebaut hatte. Er war schon geflogen, als Flugzeuge noch nicht sehr gut waren und oft abstürzten. Er war auch siebenmal abgestürzt, viermal hatte er sich nur sehr wehgetan, sonst aber war ihm nichts geschehen. Beim fünften Mal hatte er ein Auge eingebüßt, der nächste Unfall hatte ihm die Beine zerschmettert, und beim letzten Mal hatte er sich zwei Rippen gebrochen und eine solche Gehirnerschütterung bekommen, daß er ein Jahr lang im Krankenhaus liegen mußte und nicht mehr sprechen konnte. Auch jetzt redete er nicht sehr deutlich. Der letzte Unfall hatte ihm das Fliegen verleidet, weil er aber die Flugzeuge so sehr liebte, war er in die Fabrik gegangen, um sie wenigstens zu bauen.

Mit König Hänschen aber würde er fahren: Seine Hände waren stark, und sein eines gutes Auge ersetzte ihm das fehlende. Fritz begriff schnell, daß er sich mit einem so erfahrenen Piloten nicht vergleichen konnte, und er wich um so lieber zurück, weil er wie alle anderen dachte, die Sache könnte auch schiefgehen. Hänschen aber flog tollkühn mit seinem beinlosen Reisegefährten ab.

Der Offizier der weißen Garnison saß eines Abends mit dem Funker zusammen, schmauchte sein Pfeifchen, und sie plauderten über dies und das.

„Ach, ist das ein Hundeleben. Hier in diesem Negerdorf am Rand der Wüste sind wir verraten und verkauft. Seit König Hänschen hier war, ziehen jetzt immer Käfige mit wilden Tieren und Säcke mit Gold von König Bum-Drum durch unser Dorf, dadurch ist die Langeweile noch schwerer zu ertragen. Wenn ich mir so vorstelle, daß diese Tiere in Hänschens Hauptstadt wohnen werden, mitten unter weißen Menschen, ich aber, ein Mensch, soll bis an mein Lebensende in dieser Einöde sitzen! Früher haben sich die Neger wenigstens ab und zu einmal aufgelehnt, und man hat mit ihnen gekämpft, seit sie sich aber mit König Hänschen befreundet haben, sind sie lammfromm, überfallen uns nicht mehr, und der Teufel weiß, wozu wir eigentlich hier bleiben.

In ein oder zwei Jahren werden wir nicht einmal mehr wissen, wie man schießt."

Der Funker wollte etwas sagen, da pochte plötzlich der Telegraf los.

„Oho, eine Depesche."

Der Apparat tickte, und auf dem weißen Papierstreifen erschienen Buchstaben.

„Ach, ist das aber eine interessante Neuigkeit."

„Was ist denn los?"

„Ich weiß es noch nicht genau. Gleich: *Morgen um sechzehn Uhr wird mit der Eisenbahn König Hänschen ankommen, um mit dem Flugzeug über die Wüste hinweg zu König Bum-Drum zu fliegen. Das Flugzeug kommt auch mit der Bahn an. Wenn es ausgeladen wird, zerbrecht irgendein Rädchen, damit König Hänschen nicht fliegen kann. Dies ist ein Geheimnis.*"

„Ich verstehe", sagte der Hauptmann, „unseren Königen gefällt Hänschens Freundschaft mit Bum-Drum nicht. Aber das ist kein sehr angenehmer Befehl. Selbst wollten sie mit den Menschenfressern keine Freundschaft schließen, und jetzt wollen sie auch Hänschen daran hindern. Das ist eine Riesenschweinerei. Aber was soll ich tun: Ich bin Offizier und muß den Befehl ausführen."

Der Offizier rief sofort einen Soldaten, zu dem er Vertrauen hatte, und befahl ihm, sich als Gepäckträger zu verkleiden.

„Bei der Eisenbahn gibt es nur schwarze Gepäckträger, wenn Hänschen also einen einzigen Weißen sieht, wird er ihn bestimmt bitten, er solle auf die Wilden aufpassen, damit sie nichts kaputtmachen. Dann drehst du irgendein Rädchen heraus, damit das Flugzeug nicht mehr fliegen kann."

„Zu Befehl!" sagte der Soldat, verkleidete sich als Gepäckträger und ging zum Bahnhof.

Hänschen kam an. Die Neger umringten ihn. Hänschen machte ihnen in der Zeichensprache verständlich, sie sollten die Maschine ausladen, aber vorsichtig, damit ja nichts entzweiginge. Hänschen hatte Angst, sie könnten ihn nicht verstehen. Plötzlich erschien ein Weißer. Hänschen freute sich sehr. „Ich werde Sie gut bezahlen", sagte Hänschen, „aber erklären Sie ihnen doch bitte alles, und passen Sie auf."

Inzwischen kam der Hauptmann angelaufen, als hätte er erst in diesem Augenblick von Hänschens Ankunft erfahren.

„Was, mit dem Flugzeug? Ach, das wird ja eine wunderschöne Reise. Wie — morgen schon? Bleiben Sie doch ein paar Tage bei uns, Herr König, und ruhen Sie sich aus. Na, kommen Sie, meine Herren, zum Frühstück."

Hänschen war gerne einverstanden, der Flieger aber wollte um gar keinen Preis mitgehen.

„Ich will lieber mit meinem einen Auge aufpassen, daß die mir nicht anfangen herumzubasteln."

„Ich passe bestimmt auf", sagte der als Gepäckträger verkleidete Soldat. Der Flieger aber, der keine Beine mehr hatte, beharrte bei seinem Entschluß. Nein. Solange das Flugzeug nicht aus dem Waggon ausgeladen und zusammengebaut sei, würde er nicht von der Stelle weichen.

Tja, da ließ sich nichts machen, wenn er nun einmal so eigensinnig war. Die Neger luden die Flügel, die Kiste mit dem Motor und zum Schluß den Propeller aus und schraubten unter Anleitung des Piloten gleich alles zusammen. Der verkleidete Gepäckträger versuchte ihn irgendwie loszuwerdeen, aber das wollte ihm nicht gelingen. Schließlich bot er ihm eine Schlafzigarre an. Und als der Pilot nur ein paarmal daran gezogen hatte, schlief er ein. „Laßt den Weißen nur schlafen, er ist sehr müde von der Reise, und ihr habt euch auch redlich geplagt", sagte der weiße Gepäckträger zu den Negern. „Hier habt ihr Geld, geht nur und trinkt einen Schnaps dafür."

Die Neger gingen weg. Der Flieger schlief, der Gepäckträger aber schraubte inzwischen das wichtigste Rädchen los, ohne das kein Flugzeug fliegen kann, und vergrub dieses Rädchen unter einer Palme im Sand.

Nach einer Stunde wachte der Flieger wieder auf, schämte sich ein bißchen, daß er bei der Arbeit eingeschlafen war, und setzte das Flugzeug, das die Neger auf den Rädern bis zum Lager geschleppt hatten, zusammen.

„Ist alles gut gegangen?" fragte der Offizier den Soldaten leise.

„Alles in Ordnung", sagte der Soldat. „Das abgeschraubte Rädchen habe ich unter einem Baum vergraben, soll ich es herbringen?"

„Nein, nein, laß es nur da liegen."

Die Sonne war noch nicht aufgegangen, da fing Hänschen schon an, sich für die Reise vorzubereiten. Er nahm einen Wasservorrat für vier Tage, nur wenig Lebensmittel, aber zwei Revolver mit. Sie gossen Benzin in den Kanister und verpackten ihr Öl, um den Motor unterwegs schmieren zu können. Mehr konnten sie nicht brauchen, sonst wäre das Flugzeug zu schwer geworden.

„Na, wir können starten."

Aber was war das? Der Motor sprang nicht an. Woran konnte es liegen? Der Pilot hatte ihn doch eigenhändig zusammengebaut.
„Das Rädchen ist weg!“ rief er plötzlich. „Wer hat mir nur das Rädchen abgeschraubt?“
„Welches Rädchen?“ fragte der Offizier.
„Hier, hier hat ein Rädchen gesessen. Und ohne das Rädchen kann man nicht fliegen.“
„Haben Sie denn kein Ersatzrädchen mitgenommen?“
„Ich bin doch nicht verrückt. Ich habe das mitgenommen, was unterwegs kaputtgehen oder zerbrechen konnte, aber so ein Rädchen läßt sich nicht zerbrechen und nicht kaputtmachen.“
„Vielleicht hat man vergessen, es einzuschrauben?“
„Blödsinn. Ich habe es in der Fabrik noch selbst eingeschraubt, und gestern, als der Motor aus der Kiste genommen wurde, habe ich es noch gesehen. Das hat jemand mit Absicht entfernt.“
„Wenn es schön geglänzt hat“, sagte der Offizier, „dann ist es möglich, daß die Neger es mitgenommen haben, die haben glänzende Dinge sehr gerne.“
Hänschen war schon ganz traurig über das Mißgeschick. Er stand schweigend neben dem Flugzeug, als er plötzlich neben dem Flügel des Apparates im Sand etwas blitzen sah.
„Was blitzt denn da? Schauen Sie doch mal nach, meine Herren.“
Wie groß war die Verwunderung aller, als sich herausstellte, daß eben das verlorengegangene Rädchen dort lag.
„Ist das aber ein Teufelsland!“ schrie der Pilot. „Hier geschieht ja ein Wunder nach dem anderen. Solange ich lebe, bin ich bei der Arbeit noch nicht eingeschlafen, das ist mir gestern zum ersten Mal passiert. In all meinen Flugzeugen, die ich hatte, sind die verschiedensten Dinge entzweigegangen oder zerbrochen, aber noch nie dieses Rädchen, das immer am allerstärksten festgeschraubt ist. Und wie kommt es gerade hierher?“
„Na, beeilen wir uns“, sagte Hänschen, „wir haben sowieso schon eine ganze Stunde verloren.“

Nicht weniger verwundert war der Offizier, am meisten aber staunte der Soldat, der jetzt in seiner Uniform gleich in der Nähe stand.

Da haben mir doch diese schwarzen Teufel, die Neger, einen Streich gespielt, dachte er. Und so war es auch.

Als die Neger in die Schenke gingen, unterhielten sie sich über diese merkwürdige Maschine, die sie da aus dem Zug ausgeladen hatten.

„Ganz wie ein Vogel ist sie, und der weiße König soll mit ihr zum Menschenfresser Bum-Drum fliegen."

„Was sich die Weißen nicht alles ausdenken!" sagten sie erstaunt und nickten.

„Aber mir", sagte ein alter Neger, „kommt der lebendige weiße Gepäckträger noch komischer vor als der tote Vogel. Nun arbeite ich schon seit dreißig Jahren bei den Weißen, aber ich kann mich nicht erinnern, daß ein Weißer jemals Mitleid hatte, weil der schwarze Arbeiter müde ist, und ihm vor Arbeitsschluß Geld gab."

„Und wie kommt er hierher? Ist er mit denen angekommen?"

„Ich gebe euch mein Wort darauf, das ist einer von den hiesigen, der hat sich nur als Gepäckträger verkleidet. Für einen Weißen spricht er unsere Sprache viel zu gut."

„Und habt ihr bemerkt, wie der Mechaniker, der keine Beine hat, gleich eingeschlafen ist, als ihm der weiße Gepäckträger die Zigarre gab? Das war doch ganz bestimmt eine Schlafzigarre."

„Irgend etwas stimmt da nicht." Darin waren sie alle einer Meinung.

Nach Arbeitsschluß war der weiße Träger weggegangen, und sie setzten sich zufällig in die Nähe des Baumes, unter dem das Rädchen eingegraben war. Plötzlich rief einer der Neger: „Oho, hier ist ja ganz frischer Sand! Da ist doch was vergraben. Ich weiß es ganz genau. Vor der Arbeit war der Sand unter der Palme nicht feucht."

Sie begannen nachzugraben, fanden das Rädchen und dachten sich gleich, was geschehen war.

Aber was sollten sie tun? Die Weißen wollten Hänschen einen Streich spielen, die Neger aber liebten Hänschen. Sie verdienten doch jetzt viel Geld, seit sie die schweren Käfige, Kisten und Säcke von Bum-Drums Kamelen in die Waggons luden, in diesen feuerspeienden Drachen, den die Weißen Eisenbahn nennen.

Was also sollten sie tun? Zu Hänschen gehen und das Rädchen abgeben? Aber dann würde sie der Offizier der weißen Garnison vielleicht streng bestrafen. Hin und her berieten sie. Endlich beschlossen sie, sich nachts in das Lager zu schleichen und das Rädchen dort hinzulegen.

Gesagt, getan. Dank der Hilfe der redlichen Neger konnte sich Hänschen, wenn auch mit dreistündiger Verspätung, auf den Weg machen.

Verirrt!

Wer das nicht schon einmal selbst erlebt hat, der kann nicht wissen, wieviel Schrecken in diesem Wort liegt. Und noch eins: Wenn man sich im Wald verirrt hat, dann ist man doch nicht ganz allein, überall in der Runde stehen die Bäume, und man findet vielleicht ein Forsthaus, pflückt Blaubeeren, da plätschert ein Bächlein, aus dem man trinken kann, und wenn man müde wird, legt man sich unter einen Baum und schläft. Wenn sich ein Schiff verirrt, dann sind darauf doch Menschen, die einen aufheitern und trösten können. Lebensmittel sind da, ab und zu taucht eine Insel auf. Aber so zu zweit in der Luft über der Wüste den Weg zu verlieren, das ist wohl das Allerschlimmste, was einem Menschen passieren kann. Niemand ist da, den man fragen könnte. Es gibt nichts zu sehen, ja man kann nicht einmal einschlafen, um wieder ein wenig munterer zu werden.
Da sitzt du nun auf diesem schrecklichen Vogel und weißt nur: Er rast pfeilschnell dahin, aber wohin, das weißt du nicht, und so wird er weiterrasen, bis ihm das Bezin und Öl ausgeht, und dann, das weißt du genau, wird er zu Boden stürzen. Und mit dem Tod dieses Riesenvogels — da ist guter Rat teuer — bleibt auch dir nur der Tod im heißen Wüstensand.
Vor zwei Tagen hatten sie die zweite Oase überflogen, und heute früh um sieben hätten sie über die dritte dahinbrausen müssen, dann wären sie um zwei Uhr mittags in Bum-Drums Land eingetroffen. Zwanzig gelehrte Professoren hatten die Zeit ganz genau ausgerechnet. Wirklich ganz genau, sogar die Windstärke war einberechnet. Sie flogen immer geradeaus, denn in der Luft gibt es keine Hindernisse, die man umgehen muß.
Was konnte also geschehen sein?
Um sieben Uhr früh hätten sie die letzte, dritte Oase überfliegen müssen, nun war es schon zwanzig Minuten vor acht, und unter ihnen nichts als Sand und noch mal Sand.

„Wie lange können wir uns noch in der Luft halten?"

„Höchstens neun Stunden. Benzin haben wir vielleicht noch für länger, aber diese Bestie säuft so viel Öl, sie kann gar nicht genug bekommen. Das ist ja auch kein Wunder, heiß wie es ist, da will sie eben trinken."

Sie verstanden diesen Durst sehr gut, denn auch sie selbst hatten nur noch einen kleinen Wasservorrat.

„Trinken Majestät nur", sagte der Flieger. „Ich bin nicht so durstig; meine Beine sind zu Hause geblieben und brauchen kein Wasser mehr."

Er tat, als mache er Witze, aber Hänschen sah die Tränen, die dieser furchtlose Pilot in den Augen hatte.

„Dreiviertel acht."

„Zehn vor acht."

Und keine Oase zu sehen.

Wenn wenigstens noch Sturm gewesen wäre oder irgendein anderes Unglück, dann hätte es ihnen vielleicht nicht so leid getan, bald sterben zu müssen. Aber alles war doch gut gegangen. Die erste Oase hatten sie zehn Sekunden zu früh, die zweite vier Sekunden zu spät überflogen. Sie flogen immer noch mit der gleichen Geschwindigkeit, gut, um fünf Minuten hätten sie sich vielleicht verspäten können, aber doch nicht um eine ganze Stunde! Kurz vor dem Ziel sollte Hänschens letzte gefährliche Reise also heute schon enden. Von dieser Reise hing alles ab. Und nun?

„Vielleicht ändern wir den Kurs?" riet Hänschen.

„Das läßt sich leicht machen. Mein Flugzeug folgt mir auf jeden Wink. Wie fein es fliegt. Es kann ja nichts dafür, was geschehen ist. Mach dir keine Sorgen, mein Vögelchen. Den Kurs ändern, aber warum? Und auf welchen Kurs sollen wir gehen? Ich denke, wir fliegen einfach weiter. Vielleicht spielt uns da wieder jemand so einen Teufelsstreich wie damals mit dem Rädchen. Denn wie ist das eigentlich verschwunden? Und warum war es dann auf einmal wieder da? Der Motor will schon wieder trinken. Da hast du ein Gläschen Öl, du Dummkopf, aber denke daran, das

Saufen bringt immer Unglück, und du hast sowieso nichts Gutes zu erwarten."
„Die Oase!" schrie plötzlich Hänschen, der die Augen nicht vom Fernglas ließ.
„Um so besser", sagte der Pilot und war jetzt im Glück ebenso ruhig wie vor kurzem noch im Unglück. „Das ist ja nett von der Oase. Fünfundsechzig Minuten Verspätung. Das ist nicht so schlimm. Wir haben für drei Stunden mehr Benzin und Öl, als wir eigentlich brauchen, weil wir keinen Gegenwind haben. Na komm, da trinken wir eben zusammen." Der Flieger goß sich einen Becher Wasser ein und stieß mit der Ölkanne an. „Prost, Brüderchen!" Und nachdem er die Maschine reichlich geölt hatte, trank er den ganzen Becher Wasser aus.
„Bitte, geben Majestät mir doch für ein Weilchen das Fernglas, ich möchte mit meinem einen Auge dieses Wunder auch mal sehen.
Guck mal an, hübsche Bäumchen hat dieser Bum-Drum. Sind Majestät eigentlich ganz sicher, daß Bum-Drum kein Menschenfresser mehr ist? Aufgefressen werden ist ja noch nicht das Schlimmste, wenn man nur weiß, daß man gut schmeckt, und daß sie einen hinterher loben. Ich bin aber bestimmt ganz hart und zäh, außerdem wiege ich ohne Beine weniger, und eine Brühe aus gebrochenen Rippen hat auch keinen großen Nährwert."
Hänschen konnte sich nicht genug wundern, wie fröhlich und gesprächig dieser schweigsame Mensch, der während der ganzen Eisenbahnfahrt fast kein Wort gesagt hatte, plötzlich war.
„Und sind Majestät ganz sicher, daß es auch die richtige Oase ist? Sonst kommen wir vielleicht wieder in diesen verfluchten Sand, vielleicht sollten wir lieber hier landen."
So ganz sicher war Hänschen nicht, denn von oben sieht alles anders aus; aber landen konnten sie auch nicht, denn sie hätten bestimmt Wüstenräuber getroffen oder wären wilden Tieren zum Opfer gefallen.
„Vielleicht gehen wir ein bißchen mehr herunter, um uns das Land aus der Nähe anzusehen."

Sie waren sehr hoch geflogen, denn da war es nicht so heiß, und sie wollten Öl sparen. Aber jetzt brauchten sie keine Angst mehr zu haben, weil es ja nur noch ein paar Stunden dauerte, bis sie am Ziel waren.
Das Flugzeug heulte auf, machte einen Ruck — und ging herunter.
„Was ist das?" wunderte sich Hänschen.
Und gleich darauf schrie er: „Höher, schnell nach oben!"
Etwa zehn Pfeile steckten fest in den Tragflächen.
„Bist du verwundet?" fragte Hänschen voller Unruhe den Piloten.
„Kein bißchen; das war ja ein netter Empfang. Diese schwarzen Schlingel", fügte er hinzu.
Noch ein paar Pfeile schwirrten am Flugzeug vorbei, aber da waren sie schon wieder hoch oben.
„Jetzt bin ich ganz sicher, daß das die gleiche Oase war. Die Räuber wagen sich nicht sehr weit in die Wüste, da würden sie auch gar keine Beute finden. Sie machen immer die Gegend in der Nähe von Bum-Drums Wäldern unsicher und lagern in der nächsten Oase."
„Majestät wissen also genau, daß wir nicht per Flugzeug zurückkehren, sondern auf Kamelen?"
„Selbstverständlich wird uns Dum-Brum genauso zurückschicken wie beim ersten Mal. Übrigens können wir in seinem Land auch Öl wohl bekommen, aber Benzin hat er bestimmt nicht."
„Wenn es so ist", sagte der Pilot, „dann können wir es ja riskieren. Wenn ein ordentlicher Lokomotivführer einmal Verspätung hat, rast er drauf los, um rechtzeitig anzukommen. Ich werde es auch so machen: Ich lasse die Maschine mit voller Kraft losbrausen, um genau nach dem Kursbuch zu landen. Vielleicht ist es der letzte Flug meines Lebens, da will ich wenigstens noch etwas davon haben."
Und er gab so viel Gas, daß sie eine Minute später Oase und Räuber schon weit hinter sich hatten.
„Und die Pfeile schaden nichts?" fragte Hänschen.

„Ganz und gar nicht. Die können ruhig da baumeln."

Sie flogen und flogen und flogen. Der gut geölte Motor arbeitete, wie er sollte — und genau wie damals tauchten langsam, nach und nach, Sträucher und niedrige Bäume auf.

„Ha, ha, mein Pferdchen spürt den Stall", scherzte der Flieger. Sie tranken den Rest Wasser aus und aßen ihre Vorräte auf, um nicht hungrig zu landen. Denn man konnte nicht wissen, wie lange die Begrüßungsfeierlichkeiten dauern würden, und wann sie endlich etwas zu essen bekämen. Und außerdem gehört es sich nicht, ausgehungert zu Besuch zu kommen. Die Neger sollten doch nicht denken, sie wären nur hergeflogen, um sich den Bauch vollzuschlagen.

Vorsichtig gingen sie herunter, flogen langsamer, denn Hänschen sah von weitem schon den schwarzen Gürtel von Bum-Drums Wäldern.

„Na gut", sagte der Pilot, „aber gibt es dort im Wald irgendeine Wiese? Ich bin zwar schon einmal im Wald gelandet, das heißt eigentlich nicht ich, sondern das Flugzeug hat mich gelandet, und da war es um mein Auge geschehen. Ich war sehr jung damals, und die Flugzeuge auch, sie wollten noch nicht so recht gehorchen."

Gerade vor dem Schloß, das heißt vor der königlichen Hütte von Bum-Drum, gab es eine große Waldwiese. Und jetzt kreiste das Flugzeug ganz niedrig über dem Wald und suchte diese Lichtung.

„Ein bißchen nach rechts!" rief Hänschen und schaute durch das Fernglas.

„Zu weit, bitte zurück. Nach links. Einen kleineren Kreis. Gut."

„Oh, da ist sie ja, da ist sie ja, die Wiese. Aber was ist denn los?"

„Höher", schrie Hänschen erschreckt.

Sie stiegen wieder höher, denn von unten klang ihnen ein solcher Schrei in die Ohren, als heulte der ganze Wald. Die ganze Wiese vor dem Königszelt war voller Menschen. Da standen sie Kopf an Kopf.

„Irgend etwas muß passiert sein, entweder ist Bum-Drum gestorben, oder sie haben einen Feiertag."
„Na gut, aber wir können doch nicht auf ihren Köpfen landen."
„Ja, wir müssen eben solange steigen und heruntergehen, bis sie verstehen, daß sie auseinandergehen müssen, sonst werden sie zerquetscht."
Siebenmal gingen sie rauf und runter, bis die Wilden begriffen, daß dieser große Vogel sich auf der Wiese niederlassen wollte, und dann erst zogen sie sich zwischen die Bäume zurück, so daß das Flugzeug ruhig landen konnte. Kaum stand Hänschen auf festem Boden, da lief ein krausköpfiges Wesen auf ihn zu und fiel ihm stürmisch um den Hals.
Hänschen stand einen Augenblick still, bis ihm der Kopf nicht mehr schwirrte und er wieder klar sehen konnte. Da erst erkannte er dicht vor seinem Gesicht den Lockenkopf eines Negerkindes. Und als das Kind den Kopf hob und ihm in die Augen schaute, erkannte Hänschen die Königstochter, die liebe kleine Klu-Klu.

Hänschen verstand nichts von dem, was nun geschah. Es ging alles so schnell, daß er fast glaubte, er träume oder sitze im Kino.

Zuerst einmal sah Hänschen Bum-Drum, der mit afrikanischer Schnur gefesselt war. Bum-Drum lag auf einem Scheiterhaufen, rundherum standen schwarze Priester. Alle Priester waren schrecklich, einer aber sah in seiner Verkleidung besonders furchterregend aus: Er hatte zwei Flügel, zwei Köpfe, vier Hände und zwei Beine. In einer Hand hielt er ein Brett, auf dem mit Menschenblut etwas gezeichnet oder geschrieben stand, in der anderen Hand eine brennende Fackel. Hänschen dachte sich gleich, daß sie Bum-Drum verbrennen wollten. Im Umkreis standen, ebenfalls gefesselt, seine zweihundert Frauen, und jede hielt einen vergifteten Pfeil in der Hand, die Spitze auf ihr Herz gerichtet. Bum-Drums Kinder weinten furchtbar, krochen auf allen Vieren oder schlugen Trauer-Purzelbäume. Nur die kleine Klu-Klu zerrte Hänschen an der Hand auf ihren Vater zu und sagte etwas, aber Hänschen verstand sie nicht. Für alle Fälle zog Hänschen seinen Revolver und schoß in die Luft.

Im gleichen Augenblick hörte Hänschen hinter sich einen Schrei. Der Flieger schrie, warf die Arme hoch, wurde ganz blau und fiel tot zu Boden.

Da heulten alle Wilden los, daß Hänschen dachte, sie hätten den Verstand verloren. Und der Priester mit den beiden Köpfen zerschnitt Bum-Drum die Fesseln, begann einen wilden Tanz, kletterte auf den Scheiterhaufen, auf dem Bum-Drum vor einem Augenblick noch gelegen hatte, und berührte das Holz mit der brennenden Fackel. Das Holz mußte mit irgendeiner feuergefährlichen Flüssigkeit getränkt sein, denn blitzschnell schoß eine so starke Flamme in den Himmel, daß Hänschen und Klu-Klu kaum noch zur Seite springen konnten, sonst hätten sie womöglich auch noch Feuer gefangen. Das Flugzeug lag gleich neben dem Scheiterhaufen, daher griff das Feuer auf die eine Tragfläche über, es gab einen Knall, das Benzin im Motor war explodiert. Bum-Drums Frauen ergriffen Hänschen, setzten ihn auf den goldenen Thron, dann legten Bum-Drum und alle Fürsten und Prinzen den Kopf auf die Stufen des Throns, ergriffen Hänschens Fuß, setzten ihn sich dreimal auf den Nacken und sagten etwas, wovon Hänschen kein Wort verstand.

Die Leiche des Piloten wurde in Leinwand gewickelt, die war mit so stark duftenden Ölen getränkt, daß Hänschen, der niedergekniet war, um noch ein Gebet zu sprechen, ganz schwindlig wurde.

Was soll das alles bedeuten? fragte sich Hänschen.

Daß etwas Außergewöhnliches geschehen war, merkte er, aber was konnte es nur sein? Es sah so aus, als hätte Hänschen Bum-Drum und seinen zweihundert Frauen das Leben gerettet. Ihm selbst drohte, allem Anschein nach, keine Gefahr. Aber konnte man im Lande dieser merkwürdigen Menschen wirklich sicher sein?

Woher waren nur all die vielen Neger gekommen? Was würden sie nun tun? Erst einmal hatten sie im Wald mindestens tausend Lagerfeuer angezündet und tanzten, spielten und sangen. Jeder Stamm spielte und sang etwas anderes.

Es waren nicht nur Untertanen von Bum-Drum, das hatte Hänschen schon an der Kleidung erkannt. Die einen mußten aus den Wäldern stammen, denn sie trugen Laub und Vogelfedern, die anderen schleppten auf dem Rücken die Panzer großer Wasserschildkröten mit sich, wieder andere waren in Affenfelle gekleidet, und manche waren splitternackt, nur in Nase und Ohren trugen sie Schmuck.

Hänschen fürchtete sich nicht, er hatte ja schon so manches Mal dem Tod kühn ins Auge geblickt, aber er war nun so ganz allein und weit von zu Hause weg, unter Tausenden von Wilden, ganz mutterseelenallein ... Nein, das war sogar für Hänschens tapferes Herz zuviel. Und als er noch an seinen Reisegefährten denken mußte, der auf so geheimnisvolle Weise umgekommen war, da ergriff ihn solcher Schmerz, daß er laut zu weinen anfing.

Hänschen bekam ein Zelt aus Löwen- und Tigerfellen und dachte, er könne sich nun so richtig ausweinen und niemand würde ihn hören. Aber er täuschte sich. Die kleine Klu-Klu wachte, die kleine Klu-Klu wich nicht von seiner Seite. Auch jetzt sah er sie wieder beim Licht eines riesigen Diamanten. Sie legte ihm ihr kleines schwarzes Händchen auf die Stirn und weinte bitterlich, die Tränen kullerten ihr nur so die Wangen herab.

Ach, bedauerte Hänschen jetzt, daß er die Sprache der Menschenfresser nicht kannte. Klu-Klu hätte ihm alles erzählt. Sie sagte etwas zu ihm, sie sprach sehr langsam und wiederholte den gleichen Ausdruck einige Male. Sie dachte nämlich, vielleicht würde Hänschen sie so verstehen. Dann ging sie zur Zeichensprache über. Und zwei Dinge konnte Hänschen dem allen entnehmen, Klu-Klu sei seine allerbeste Freundin auf der Welt, und Hänschen drohe weder jetzt noch in Zukunft eine Gefahr.

Trotz seiner Müdigkeit schlief Hänschen die ganze Nacht nicht. Erst gegen Morgen hörten die Schreie auf, und Hänschen schlief ein. Aber sie weckten ihn wieder, setzten ihn erneut auf den Thron, und jede Negergruppe brachte ihm Geschenke. Hänschen lächelte, bedankte sich, aber er begriff, daß es auf der ganzen Welt nicht so viele Kamele gab, um all diese Geschenke durch die Wüste zu transportieren. Außerdem hatten die ausländischen Könige kurz vor Hänschens Abreise erklärt, sie würden nur noch die Käfige mit den wilden Tieren durch ihre Staaten ziehen lassen, aber nichts weiter, und sollte ihnen Hänschen auch Berge von Gold dafür bezahlen.

Wie schade ist es doch, dachte Hänschen, daß mein Staat keinen eigenen Hafen und keine Schiffe besitzt. Er beschloß daher, beim nächsten Krieg, den er gewinnen würde, dem ausländischen König einen Seehafen abzunehmen, denn er wollte ihnen nicht mehr auf Gnade und Ungnade ausgeliefert sein.

Hänschen wäre gerne etwa acht Tage geblieben, um sich ein bißchen auszuruhen, aber das ging nicht. Wenn nun der Krieg ausbrach, und er war nicht da? Und das Briefelesen? Wie sollte er später damit fertigwerden? Es waren doch jeden Tag hundert Briefe, und täglich kamen hundert Kinder zur Audienz, denen er geben mußte, was sie brauchten.

„Ich muß nach Hause", sagte Hänschen zu Bum-Drum und zeigte auf ein Kamel, wobei er mit der anderen Hand nach Norden wies.

Bum-Drum verstand.

Dann machte Hänschen ihm klar, er wolle die Leiche des kühnen Piloten mit nach Hause nehmen.

Wieder verstand ihn Bum-Drum.

Als die duftenden Leintücher aufgerollt wurden, sah Hänschen seinen toten Reisegefährten: Er war nun ganz weiß und hart wie Marmor. Die Neger legten ihn in einen Ebenholzsarg und machten Hänschen begreiflich, er könne ihn mitnehmen.

In eine zweite Kiste legte man die Überreste des verbrannten Flugzeuges. Hänschen gab ihnen zu verstehen, das brauche er nicht. Er wunderte sich sehr, weil sich Bum-Drum schrecklich darüber freute, als sei das verbrannte Flugzeug etwas unerhört Kostbares.

Das war ja alles gut und schön, aber das Wichtigste wußte Hänschen immer noch nicht: War Bum-Drum nun eigentlich noch Menschenfresser oder nicht? Da war guter Rat teuer, er mußte ihn eben mitnehmen.

Und Hänschen nahm Bum-Drum mit. Auf dem gleichen Weg wie damals zog die königliche Karawane durch die Wüste.

Erst in seinem Arbeitszimmer, in seiner Hauptstadt, verstand Hänschen all die merkwürdigen Dinge, deren Zeuge er im Lande der Menschenfresser geworden war. Der Professor, der fünfzig Spachen kannte, erklärte Hänschen alles.

Als einer von Bum-Drums Vorfahren hatte aufhören wollen, Menschen zu essen, und als sie ihn darauf vergiftet hatten, da verkündete der Oberpriester der Wilden eine uralte Prophezeiung:

Eines Tages würden sich die Menschenfresser ändern. Aber vorher wird es folgende Zeichen geben: Abends wird ein Riesenvogel zu sehen sein, der wird ein eisernes Herz haben, und in seinem rechten Flügel werden zehn vergiftete Pfeile stecken. Dieser Vogel wird siebenmal die Wiese der königlichen Hauptstadt umkreisen und immer tiefer herunterkommen. Der Vogel wird riesige Flügel, vier Hände, zwei Köpfe, drei Augen und zwei Beine haben. Ein Kopf und zwei Hände dieses Vogels werden sich an einem der zehn Pfeile verletzt haben und an dem Gift sterben. Zwei Donnerschläge werden rollen. Dann wird der älteste Priester verbrannt werden, und das eiserne Herz des großen Vogels wird springen. Und nur ein Stückchen Marmor, ein Häuflein Asche wird übrigbleiben, und ein weißer Mensch, der der König aller schwarzen Könige werden wird. Und dann werden die Neger aufhören, Menschenfresser zu sein, und anfangen, all die Zauberkünste und Weisheiten der Weißen zu lernen. Bis dieser Vogel kommt, dürfe man jedoch nichts ändern. Und jeder König, der früher etwas ändern sollte, müsse durch Feuer oder Gift umkommen. Bum-Drum hatte das Feuer gewählt. Und eben in dem Augenblick, als Bum-Drum feierlich verbrannt und seine zweihundert Frauen vergiftet werden sollten, erschien das Flugzeug mit den beiden Reisenden. Hänschen schoß zweimal in die Luft — das war der Donner — und der Flieger, also zwei Hände und ein Auge des Vogels, fiel tot zu Boden, weil er sich unvorsichtigerweise an einem der zehn Pfeile der Wüstenräuber geritzt hatte. Der Oberpriester ließ sich freiwillig verbrennen, der große Vogel ging in Flammen auf, und Hänschen wurde der König nicht nur aller Menschenfresser, sondern überhaupt aller schwarzen Könige. Und von diesem Augenblick an würden die Menschenfresser niemals mehr Menschen essen, sie wollten nun lesen und schreiben lernen, sie würden keine Muscheln und Knochen mehr in der Nase tragen und sich anziehen wie alle anderen Menschen auch.

„Das ist ja ausgezeichnet", sagte Hänschen. „Dann soll Bum-Drum nur gleich hundert Neger schicken, unsere Schneider werden ihnen beibringen, wie man Anzüge näht, unsere Schuster, wie man Schuhe macht, und unsere Maurer, wie man Häuser baut. Wir werden ihnen Grammophone schicken, damit sie schöne Melodien lernen. Erst einmal senden wir ihnen Trompeten, Trommeln und Flöten, dann Geigen und Klaviere. Wir lehren sie unsere Tänze und schicken ihnen Zahnbürsten und Seife."

„Wenn sie sich daran gewöhnen, werden sie vielleicht nicht mehr ganz so schwarz sein, obwohl es eigentlich nichts schadet, daß sie anders aussehen als wir", sagte der Professor.

„Ich weiß schon, was ich tue", rief plötzlich Hänschen, „ich richte in Bum-Drums Hauptstadt einen drahtlosen Telegraphenapparat ein, dann werde ich mit ihnen alle Geschäfte erledigen können, denn dauernd so weit reisen, ist doch zu anstrengend."

Hänschen ließ die königlichen Handwerker rufen und Bum-Drum zwanzig Anzüge, zwanzig Paar Schuhe, zwanzig Mäntel und zwanzig Hüte machen. Ein Frisör schnitt ihm die Haare. Bum-Drum aber ließ alles mit sich geschehen. Nur, als er eine Tube Schuhkrem und ein Stück duftende Seife aufgegessen hatte, mit der er sich eigentlich waschen sollte, war ihm nicht ganz wohl im Magen. Von nun an paßten immer vier Lakaien auf, damit Bum-Drum nicht aus Unwissenheit wieder eine Dummheit machte.

Der Ministerpräsident hatte gleich für den Tag nach Hänschens Rückkehr eine Beratung einberufen, aber Hänschen hatte darum gebeten, sie noch ein wenig aufzuschieben. Es fiel nämlich gerade so schöner weißer Schnee, im Schloßpark hatten sich an die zwanzig Jungen versammelt, darunter auch Fritz und Peter, und die spielten so voller Begeisterung, daß Hänschen für sein Leben gerne mitgespielt hätte. „Herr Ministerpräsident", sagte Hänschen, „ich bin doch gestern erst von einer schweren und gefährlichen Reise zurückgekommen. Und ich habe alles so gut erledigt. Und wenn ich auch König bin, kann ich nicht wenigstens einmal einen Tag für mich haben? Ich bin doch noch ein kleiner Junge und möchte so gerne ein bißchen spielen. Wenn es nichts sehr Wichtiges gibt, und wenn man damit einen Tag warten kann, dann möchte ich die Beratung lieber morgen haben und heute den ganzen Tag mit den Jungen spielen. Es schneit so schön, das ist in diesem Jahr bestimmt das letzte Mal."

Dem Ministerpräsidenten tat Hänschen leid. Denn wenn ihn Hänschen auch nicht um Erlaubnis gebeten, sondern nur gefragt hatte, ob das möglich sei, so war das doch das gleiche, als hätte Hänschen ihn darum gebeten. „Ach, einen Tag kann man schon warten", sagte der Ministerpräsident. Hänschen machte vor Freude einen Luftsprung. Er zog seine Pelzjacke an, weil er sich in ihr gut bewegen konnte, und einen Augenblick später formte er schon Schneebälle und warf nach den Jungen. Die vermieden es im Anfang, Hänschen zu treffen, denn sie wußten nicht recht, ob sie das auch durften. Als Hänschen aber merkte, daß niemand auf ihn zielte, schrie er: „Ich spiele nicht mehr mit! Das macht keinen Spaß, wenn ich auf euch werfe und ihr nicht auf mich. Das ist keine Kunst. Ich werde mich schon wehren. Schneebälle sind doch keine vergifteten Pfeile."

Also gut. Sie teilten sich nun in zwei Parteien. Die einen griffen an, die anderen verteidigten sich. Das gab einen solchen Krach, daß die Lakaien gelaufen kamen, um zu sehen, was los war. Als sie den König sahen, wunderten sie sich, sagten aber kein Wort und gingen weg.

Niemand hätte den König erkannt, wenn er nicht gewußt hätte, daß er es wirklich war. Er war nämlich genauso wie die anderen voller Schnee, weil er ein paarmal hingefallen war und so mancher Schneeball ihn an Rücken, Kopf und Ohr getroffen hatte. Verbissen verteidigte er sich.

„Hört mal zu!" rief er plötzlich. „Wir wollen es so machen, wer von einem Schneeball getroffen wird, der gilt als erschlagen und nimmt an der Schneeballschlacht nicht mehr teil. Dann werden wir wenigstens wissen, wer Sieger ist."

Das war aber nicht gut. Viel zu schnell waren sie alle tot. Also machten sie aus, daß man erst nach drei Treffern erschlagen war. Der eine oder andere schummelte zwar und spielte weiter, obwohl er schon drei Schneebälle ins Kreuz gekriegt hatte. Aber es war nicht mehr so furchtbar laut, sie machten die Schneebälle fester und zielten besser. Zum Schluß aber galt jeder, der hinfiel, als erschlagen.

War das ein wunderschönes Spiel! Dann bauten sie einen riesigen Schneemann, gaben ihm einen Besen in die Hand, machten ihm Kohlenaugen und eine Mohrrübennase. Immer wieder rannte Hänschen in die Schloßküche. „Herr Koch, geben Sie mir bitte zwei Kohlenstückchen."

„Herr Koch, bitte eine Mohrrübe als Nase für unseren Schneemann."

Der Koch war böse, denn alle Jungen liefen hinter Hänschen her, und in der Küche war es heiß, so daß der Schnee schmolz und der Fußboden schmutzig wurde.

„Nun bin ich schon achtundzwanzig Jahre Schloßkoch, aber meine Küche hat noch nie wie ein Schweinestall ausgesehen!" schrie er und trieb zornerfüllt die Küchenjungen an, den Fußboden wieder aufzuwischen.

Wie schade, daß es in Bum-Drums Land keinen Schnee gibt, dachte Hänschen. Sonst würde ich den Negerkindern zeigen, wie man einen Schneemann macht.

Als der Schneemann fertig war, schlug Fritz vor, nun Schlitten zu fahren. Für die Königskinder gab es vier kleine Schlitten und vier Ponys. Die wurden eingespannt.

„Kutschieren werden wir selbst", sagte Hänschen zu den Stallknechten. „Wir werden rund um den Park um die Wette fahren: Sieger ist, wer als Erster fünfmal den ganzen Park umfährt."

„Gut". Die Stalljungen waren einverstanden.

Hänschen stieg gerade in den Schlitten, da sah er den Ministerpräsidenten schnell auf sich zukommen.

„Der will mich bestimmt abholen." Hänschen seufzte.

Und so war es auch.

„Ich bitte Majestät hundertmal um Entschuldigung. Es tut mir außergewöhnlich leid, daß ich Majestät beim Spielen stören muß."

„Da ist nichts zu machen, spielt nur ohne mich weiter", sagte Hänschen zu den Jungen. „Was ist denn geschehen?"

„Unser wichtigster Spion ist aus dem Ausland gekommen", flüsterte der Minister. „Er hat Neuigkeiten mitgebracht, die konnte er nicht einmal aufschreiben, weil ja sein Brief hätte jemandem in die Hände fallen können, und es handelt sich wirklich um sehr wichtige Neuigkeiten. Wir müssen sofort beratschlagen, denn in drei Stunden fährt er wieder ins Ausland."

In diesem Augenblick fiel gerade der erste Schlitten um, denn das Pony war schon lange nicht mehr im Gespann gegangen und so störrisch, daß es statt vorwärts zur Seite sprang. Traurig schaute Hänschen zu, wie die Jungens unter Gelächter aus dem Schnee aufstanden, um den Schlitten wieder umzudrehen. Aber was sollte er machen? Er ging.

Hänschen war sehr neugierig, denn er hatte immer schon einen richtigen Spion sehen wollen. Bis jetzt kannte er sie nur vom Hörensagen.

Hänschen vermutete, ein Junge mit bloßen Beinen oder ein Großvater mit einem Sack auf dem Rücken würde hereingeführt werden, statt dessen aber sah er einen sehr eleganten Herrn. Im ersten Augenblick dachte er sogar, das sei der Landwirtschaftsminister, den er kaum kannte, denn dieser Minister wirtschaftete auf dem Lande und nahm nur selten an den Sitzungen teil. „Ich bin der Chef der Spione beim ersten ausländischen König", sagte der elegante Herr. „Ich bin gekommen, um Majestät zu warnen, weil der Sohn dieses Königs gestern den Bau seiner Festung abgeschlossen hat. Das ist aber noch nicht das Schlimmste. Insgeheim hat er vor einem Jahr mitten im Wald eine große Granatenfabrik gebaut und ist nun zum Krieg gerüstet. Er hat sechsmal mehr Pulver als wir."
„So ein Schurke!" rief Hänschen. „Ich habe im Wald Kinderheime gebaut, damit die Jungen und Mädchen im Sommer aufs Land fahren können, und der macht im Wald Kugeln und Kanonen, um meinen Staat zu überfallen und zu vernichten, was ich gebaut habe."
„Einen Augenblick, das ist noch nicht alles", fuhr der Chef der Spione mit seiner angenehmen, leisen Stimme fort. „Er wollte noch etwas viel Schlimmeres machen. Er wußte, daß Majestät beabsichtigen, den ausländischen Königen Einladungen zur feierlichen Eröffnung des Parlamentes zu schicken, da hat er unseren Sekretär bestochen: Der sollte statt der Einladungen gefälschte Kriegserklärungen absenden."
„So ein Schuft! Ich habe doch gleich gesehen, als ich bei ihm zu Besuch war, daß er mich nicht leiden kann."
„Ich bin noch nicht fertig. Oh, er ist sehr schlau, dieser Thronfolger. Für den Fall, daß es dem Sekretär nicht gelingen würde, die Briefe hier zu vertauschen, waren schon zwei gleiche Briefe mit der gefälschten Unterschrift von König Hänschen vorbereitet, die an den Hof des traurigen Königs und des Freundes der gelben Könige abgeschickt werden sollten. Doch nun gestatten mir Majestät, ihn ein wenig in Schutz zu nehmen."
„Wie ist es nur möglich, daß Sie so einen heuchlerischen Räuber verteidigen?"

„Tja, sehen Majestät, er sorgt genauso für sein Land wie wir für das unsere. Wir wollen die ersten sein, sie aber auch. Daß wir uns darüber aufregen, hat gar keinen Sinn. Nur müssen wir aufpassen und rechtzeitig Vorsorge treffen."

„Was also soll ich tun?"

„Majestät unterschreiben bitte sofort die Einladungen an die ausländischen Könige, und ich werde diese Briefe mitnehmen. Auf der morgigen Sitzung werden Sie beraten, wie und wann die ausländischen Könige eingeladen werden sollen, als seien die Briefe noch gar nicht abgegangen. Dann muß man dem Sekretär Zeit lassen, die Briefe zu vertauschen, sie im allerletzten Augenblick öffnen — und ihn dann festnehmen."

„Na schön, aber was wird mit der Festung und der Kanonenfabrik."

„Oh, das ist ein Kinderspiel." Der Chef der Spione lächelte. „Festung und Fabrik sprengen wir einfach in die Luft. Eben in dieser Angelegenheit bin ich hier, ich möchte Majestät um Erlaubnis dazu bitten."

Hänschen wurde kreidebleich.

„Was soll das heißen? Wir stehen doch nicht im Krieg. Das ist ganz etwas anderes, wenn man im Krieg die feindlichen Pulvervorräte explodieren läßt. Aber so: Jemanden zu sich einladen und so tun, als wisse man nicht, was er tut, und ihm dann einen solchen Schaden zufügen?"

„Ich verstehe", sprach der Chef der Spione weiter. „Majestät denken, das sei gemein. Wenn Majestät nicht wollen, werde ich es nicht tun, aber gut ist das nicht: Er hat sechsmal mehr Pulver als wir."

Schrecklich aufgeregt lief Hänschen im Arbeitszimmer auf und ab.

„Und wie wollen Sie das machen?" fragte er.

„Wir haben den Gehilfen des Chefingenieurs der Fabrik bestochen. Der weiß genau, wo alles liegt. Sie haben ein Häuschen, das ist ihr Holzlager. Niemand wird etwas erfahren. Dort liegen viele Sägespäne, die werden Feuer fangen, und es wird eine Feuersbrunst geben."

„Na, die werden sie doch löschen!"
„Sie werden sie nicht löschen." Wieder lächelte der Chef der Spione und zwinkerte Hänschen zu. „Denn merkwürdigerweise wird gleichzeitig in der wichtigsten Wasserleitung ein Rohr platzen, und in der ganzen Fabrik wird es keinen Tropfen Wasser geben. Majestät können ganz beruhigt sein."
„Werden auch keine Arbeiter dabei umkommen?" fragte Hänschen wieder.
„Feuer entsteht meistens nachts, viele Arbeiter werden also bestimmt nicht Schaden leiden. Und im Kriegsfalle würden hundert-, ja tausendmal mehr Menschen sterben."
„Ich weiß, ich weiß", sagte Hänschen.
„Majestät, wir müssen es tun", warf der Ministerpräsident schüchtern ein.
„Daß wir das tun müssen, weiß ich auch alleine", sagte Hänschen wütend. „Wozu bitten Sie mich überhaupt um Erlaubnis?"
„Sonst dürfen wir es doch nicht tun."
„Wir müssen, von «dürfen» kann nicht die Rede sein. Verbrennen Sie also bitte die Fabrik, aber daß Sie mir ja die Festung nicht anrühren!"
Hänschen unterschrieb rasch die Einladungsbriefe an die drei Könige zur Eröffnung des Parlaments und ging in sein Zimmer.
Da saß nun Hänschen am Fenster und schaute zu, wie Peter, Fritz und alle anderen Jungen fröhlich schlittenfuhren. Schwer stützte er den Kopf auf die Hand.
Jetzt verstehe ich, warum der traurige König so schwermütig auf seiner Geige spielt, dachte er. Und jetzt verstehe ich auch, warum er damals keinen Krieg mit mir führen wollte und doch mußte.

Kurz vor Beginn der Sitzung, auf der die bereits unterzeichneten Einladungen in den Umschlag gelegt und mit dem königlichen Siegel versehen werden sollten, wartete Hänschen gespannt auf den Staatssekretär, denn er wollte sehen, wie der die gefälschten Kriegserklärungen statt der Einladungen in die Briefumschläge schmuggeln würde. Er war sehr erstaunt, als nicht der Sekretär selbst, sondern sein Gehilfe kam.

„Werden die Häuser fertig werden?" fragte Hänschen.

„Ganz bestimmt!"

„Ausgezeichnet."

Folgendes Programm war vorgesehen: Die Feierlichkeiten sollten eine Woche dauern. Am ersten Tag: Gottesdienst, Militärparade, Galadiner und große Theatervorstellung. Am zweiten Tag: Eröffnung des Parlaments der Erwachsenen. Am dritten Tag: Eröffnung des Kinderparlaments. Am vierten Tag: Eröffnung des Zoologischen Gartens. Am fünften Tag: Festzug der Kinder, die aufs Land fuhren, um in den Häusern, die ihnen Hänschen in seinen Wäldern hatte bauen lassen, die großen Ferien zu verbringen. Am sechsten Tag: Großer Abschiedsball für die ausländischen Könige, und am siebenten Tag: Abreise aller Gäste.

Hänschen fügte dem Programm des vierten Tages noch die Enthüllung eines Denkmals für den mutigen Piloten hinzu, der auf Hänschens letzter Reise umgekommen war, und einen großen Ball für die schwarzen Könige. Auf allen Veranstaltungen sollten die Abgeordneten beider Parlamente anwesend sein, Minister Fritz sollte links, der Ministerpräsident rechts von Hänschen sitzen. Das bedeutete, daß der Minister der Erwachsenen und der Minister der Kinder dem König gegenüber gleichgestellt waren, und daß Fritz ebenfalls mit „Herr Minister" angeredet werden mußte.

Als sie alles durchgesprochen hatten, unterzeichnete Hänschen die Einladungen an die ausländischen Könige: Die an die weißen waren auf weißes Papier geschrieben, an die gelben auf gelbes und an die schwarzen auf schwarzes Papier. Die Briefe an die weißen Könige waren mit schwarzer, die an die gelben mit roter und die an die schwarzen Könige mit goldener Tinte geschrieben. Die Einladungen an die schwarzen Könige sollte Bum-Drum mitnehmen. Die an die gelben Könige sollten durch ihren Freund, den weißen König, abgesandt werden. Es war aber von vornherein abgemacht worden, daß der weiße König diese Einladungen zurückhalten und nicht absenden würde. Dann würden sie auf Hänschen sehr böse sein und sich nur mit dem anderen befreunden.

Der Zeremonienmeister brachte das Kästchen mit dem königlichen Siegel. Die Einladungen wurden der Reihe nach in die Umschläge gelegt, und der Gehilfe des Staatssekretärs verschloß sie mit rotem und grünem Siegellack. Hänschen paßte auf wie ein Schießhund. Früher war ihm diese ganze Zeremonie des Siegelns lächerlich vorgekommen, er hatte sie für unnötig gehalten und sich geärgert, weil sie so lange dauerte. Jetzt erst verstand er, wie wichtig sie war.

Alle Briefe außer den drei letzten waren nun schon versiegelt. Auch die Minister langweilten sich bei dieser Zeremonie, sie steckten sich eine Zigarre an und unterhielten sich leise, obwohl das Sprechen eigentlich verboten war, wenn Briefe mit dem königlichen Siegel versehen wurden. Sie ahnten ja auch nicht, was nun kommen würde. Nur Hänschen, der Ministerpräsident und der Justizminister wußten Bescheid. Der Außenminister war nachher sogar schrecklich beleidigt, weil man ihm nichts gesagt hatte.

Der Gehilfe des Staatssekretärs wurde blaß, aber seine Hände zitterten nicht ein bißchen. Und als er die Einladungen an die weißen Könige in die Umschläge legen sollte, fing er plötzlich an zu husten. Dann begann er seine Taschen zu durchsuchen, als könne er sein Taschentuch nicht finden. Mit dem Taschentuch aber zog er genau solche Briefbogen heraus, steckte die anderen ein, und das alles machte er so geschickt, daß es nur jemand merken konnte, der davon wußte.

„Verzeihung, Majestät", sagte er untertänig, „aber in meinem Arbeitszimmer ist eine Fensterscheibe gesprungen, darum bin ich so erkältet."

„Oh, machen Sie sich nichts daraus", sagte Hänschen, „das ist meine Schuld. Die Scheibe habe ich zerschlagen, als wir die Schneeballschlacht machten."

Plötzlich aber sagte der Justizminister: „Meine Herren Minister, ich bitte um Aufmerksamkeit. Legen Sie die Zigarren bitte weg, meine Herren." Sie wußten gleich, irgend etwas mußte geschehen sein. Der Justizminister setzte die Brille auf die Nase und wandte sich an den Gehilfen des Staatssekretärs.

„Ich verhafte Sie im Namen des Gesetzes als Spion und Verräter. Nach Paragraph 174 werden Sie gehängt."

Dem wurde es grün und blau vor den Augen, er begann sich den Schweiß von der Stirn zu wischen, spielte aber immer noch den Ruhigen.

„Herr Minister, ich weiß von nichts, ich verstehe nichts, ich bin krank, ich huste, weil in meinem Arbeitszimmer eine Scheibe zerschlagen wurde. Ich muß nach Hause, ich gehöre ins Bett."

„Nein, nein, Brüderchen, du entkommst mir nicht. Im Gefängnis werden sie dich schon wieder gesundmachen."

Fünf Gefängniswärter traten ein und legten ihm Ketten um Hände und Füße.

„Was ist denn nur geschehen?" fragten erstaunt die Minister.

„Das werden Sie gleich sehen, meine Herren. Wollen Majestät bitte das Siegel dieser Briefe öffnen?"

Hänschen machte die Umschläge auf und zeigte die gefälschten Papiere. Da stand geschrieben:

Jetzt, da alle wilden Könige meine Freunde sind, könnt Ihr mir mal den Buckel runterrutschen. Ich habe Euch einmal geschlagen und werde Euch ein zweites Mal schlagen. Dann werdet Ihr mir wohl gehorchen. Ich erkläre Euch den Krieg.

Und der fünfte Gefängniswärter zog dem Gehilfen des Sekretärs zusammen mit dem Taschentuch die zerknüllten Einladungen an die weißen Könige aus der Tasche.
Der mußte, in Fesseln geschlagen, wie er war, ein Protokoll unterschreiben, daß alles der Wahrheit entsprach. Dann wurde telefonisch der Staatssekretär herbeigerufen, der schreckerfüllt auch sofort angefahren kam.
„Ist das aber ein Schurke!" rief er. „Ich wollte doch selbst kommen, und er hat mich so gebeten, ich solle doch ihn schicken, ein Zirkusbillett hat er mir gekauft und gesagt, die Vorstellung wäre schön. Und ich Dumkopf habe ihm auch noch geglaubt."
Gleich kamen fünf Generäle, um Gericht über den Gehilfen des Staatssekretärs zu halten.
„Wenn der Angeklagte die Wahrheit sagt, so kann das sein Los erleichtern. Wenn er aber schwindelt, dann ist alles verloren."
„Ich werde die Wahrheit sagen."
„Angeklagter, seit wann sind Sie Spion?"
„Seit drei Monaten."
„Angeklagter, warum sind Sie Spion geworden?"
„Ich hatte viel Geld beim Kartenspiel verloren und konnte nicht zahlen. Und Kartenschulden muß man innerhalb von vierundzwanzig Stunden begleichen . . . Also habe ich Regierungsgelder genommen."
„Gestohlen haben Sie."
„Ich wollte es zurückgeben, ich hoffte, es wiederzugewinnen."
„Na und?"
„Dann habe ich wieder Karten gespielt, um es zu gewinnen habe aber noch mehr verloren."
„Wann war das?"
„Vor etwa einem halben Jahr."
„Und was geschah dann?"
„Dann hatte ich ununterbrochen Angst, eine Revision würde kommen, und man würde mich ins Gefängnis stecken. Da bin

ich also zum ausländischen König gefahren und sein Spion geworden."

„Wieviel hat er Ihnen gezahlt?"

„Verschieden. Für wichtige Nachrichten bekam ich viel, für andere wenig. Für diese Sache sollte ich sehr viel Geld bekommen."

„Meine Herren Generäle und Richter", sagte der Justizminister, „dieser Mensch hier hat drei Verbrechen begangen: Das erste Verbrechen war, daß er Regierungsgelder gestohlen hat, das zweite, daß er Spion geworden ist, und das dritte, daß er einen Krieg herbeiführen wollte, in dem wieder viele unschuldige Menschen umgekommen wären. Ich fordere für ihn die Todesstrafe nach Paragraph 174. Der Angeklagte ist kein Soldat, also braucht man ihn nicht zu erschießen, es reicht, wenn man ihn aufhängt. Was den Staatssekretär betrifft, so ist er für seinen Gehilfen verantwortlich. Ich gehe auch sehr gern in den Zirkus, aber zu einer so wichtigen Sitzung hätte er selbst kommen müssen und hätte keinen Spion schicken dürfen. Das ist ein schweres Versäumnis, und dafür gebührt ihm ein halbes Jahr Gefängnis."

Die Richter zogen sich zur Beratung zurück, und Hänschen flüsterte dem Ministerpräsidenten zu:

„Warum hat unser Spion gesagt, der Sekretär sollte es tun, und nicht sein Gehilfe?"

„Ach, die Nachrichten der Spione stimmen manchmal nicht ganz genau. Ein Spion darf nicht zu viel fragen, denn das würde auffallen, man würde sich wundern, warum er immer alles so ganz genau wissen will. Ein Spion muß sehr vorsichtig sein."

„Aber wie klug er uns geraten hat, daß wir uns mit der Verhaftung nicht so sehr beeilen, sondern bis zur Sitzung warten sollten", sagte Hänschen erstaunt. „Ich war die ganze Zeit drauf und dran, ihn verhaften zu lassen."

„Oh nein, so darf man das nicht machen. Am besten ist, man tut, als wisse man von nichts und schnappt ihn dann auf frischer Tat. Dann kann er ganz bestimmt keine Ausrede mehr finden."

Der Zeremonienmeister schlug dreimal mit seinem silbernen Stab auf den Tisch, und die Generäle betraten wieder den Saal.

„Das Urteil lautet: Der Staatssekretär ist zu einem Monat Haft verurteilt, sein Gehilfe wird aufgehängt."

Der zum Tode Verurteilte begann so laut zu weinen und um Gnade zu flehen, daß er Hänschen schon fast leid tat.

Hänschen mußte daran denken, wie er selbst vor dem Kriegsgericht gestanden hatte, und daß er ja eigentlich nur am Leben geblieben war, weil sich die Richter gezankt hatten, ob sie ihn erschießen oder aufhängen sollten.

„Eure Majestät hat das Recht zu begnadigen. Majestät können das Todesurteil in lebenslängliches Gefängnis umwandeln."

Hänschen schrieb auf das Urteil:

Ich wandle es um in lebenslängliches Gefängnis.

Und nun ratet einmal, wann Hänschen schlafenging?

Es war drei Uhr nachts.

Hänschen saß noch beim Frühstück, da war der Journalist schon da.

„Ich wollte der erste sein, der Majestät die heutige Zeitung bringt. Majestät werden sich bestimmt sehr darüber freuen."

„Was gibt es denn Neues?"

„Lesen Majestät bitte selbst."

Auf der ersten Seite war Hänschen gezeichnet, wie er auf dem Thron sitzt, und vor ihm knieen Tausende Kinder mit Blumensträußen in der Hand.

Unter der Zeichnung war ein Gedicht, in dem wurde Hänschen über den grünen Klee gelobt, es hieß dort, er sei der größte König seit Anbeginn der Welt und der allergrößter Reformator. Der Dichter nannte ihn den Sohn der Sonne und den Bruder der Götter.

Hänschen gefielen weder die Zeichnung noch das Gedicht, aber er ließ sich nichts anmerken, weil er ja wußte, wie stolz der Journalist darauf war.

Auf der zweiten Seite war eine Aufnahme von Fritz und ein Artikel: *Der erste Kinderminister der Welt.* Und darin wurde Fritz gelobt, wie klug und mutig er sei; so wie Hänschen die erwachsenen Könige besiegt habe, genauso würde Fritz die erwachsenen Minister unterkriegen.

Erwachsene dürften nicht regieren, stand da. *Denn sie können nicht rennen, weil sie schon alt sind und ihnen alle Knochen wehtun.*

Und so ging es weiter.

Das gefiel Hänschen auch nicht sehr, denn wozu soll man sich rühmen, wenn man doch noch gar nicht weiß, wie alles ausgeht. Zudem ist es nicht schön, so über die Alten herzufallen. Seit Hänschen wirklich zu regieren begonnen hatte, vertrug er sich gut mit seinen Ministern, hörte gerne auf ihren Rat und lernte viel von ihnen.

Aber weiter hinten in der Zeitung war die interessanteste Neuigkeit.

Riesenbrand in den königlichen Wäldern.

„Der größte Wald des ausländischen Königs steht in Flammen", sagte der Journalist.

Hänschen nickte. Jawohl, er hatte die Nachricht gesehen, dann las er sehr aufmerksam, was dort geschrieben stand.

Na ja, die Arbeiter, die im Wald Bäume fällten, hatten einen Zigarettenstummel weggeworfen, und daraus war eine so schreckliche Feuersbrunst entstanden.

„Merkwürdig", sagte der Journalist. „Ich verstehe noch, daß im Sommer der trockene Wald Feuer fangen kann, aber jetzt, wo doch vor kurzem noch Schnee gelegen hat? Und dann soll es auch geknallt haben. Wenn aber der Wald brennt, dann gibt es doch keinen Knall."

Hänschen aß sein Frühstück auf und antwortete nicht.

„Und wie denken Majestät darüber?" fragte der Journalist. „Ist diese Feuersbrunst nicht ein wenig verdächtig?"

Der Journalist sagte das mit seiner leisen und sehr angenehmen Stimme.

Hänschen wußte selbst nicht warum, aber er dachte: Vorsicht!

Der Journalist zündete sich eine Zigarette an und begann von etwas anderem zu sprechen.

„Angeblich ist gestern der Staatssekretär zu einem Monat Arrest verurteilt worden? Ich habe das in unserer Zeitung nicht bekanntgegeben, weil die Kinder ja wenig angeht, was mit den Erwachsenen geschieht. Wenn irgendeine Unordnung in ihrem Ministerium vorgekommen wäre, das wäre etwas anderes. Majestät wissen überhaupt nicht, wie gut das war, daß Fritz Minister wurde. Die Truppen freuen sich, daß der Sohn eines Unteroffiziers Minister geworden ist. Die Zeitungsjungen kennen Fritz, weil er doch vor dem Krieg ab und zu einmal Zeitungen verkauft hat. Na, und alle Kinder freuen sich auch. Aber wofür ist eigentlich dieser arme Staatssekretär eingelocht worden?"

„Für Unordnung in der Kanzlei", antwortete Hänschen ausweichend, denn merkwürdigerweise kam es ihm plötzlich so vor, der Journalist sei ein Spion.

Als er schon lange gegangen war, dachte Hänschen immer noch über ihn nach. Ach, das kommt mir sicher nur so vor. Ich bin ganz einfach schläfrig und in den letzten Tagen habe ich so viel von Spionen gehört, daß ich jetzt gegen jeden Verdacht hege.

Und dann vergaß Hänschen das wieder, denn bis zum Besuch der Könige hatte er noch furchtbar viel zu tun.

Die Beratungen mit dem Zeremonienmeister wollten kein Ende nehmen. Der Sommerpalast im Park wurde für die schwarzen Könige instand gesetzt. Außerdem wurde ein Schlößchen gebaut, falls irgendeiner der gelben Könige doch kommen sollte. Die weißen Könige würden bei Hänschen im Schloß wohnen.

Die Käfige mit den wilden Tieren trafen ein. Man beeilte sich sehr, damit der Zoologische Garten zur rechten Zeit fertig wurde.

Dann waren da noch die Kinderheime und der Bau der beiden riesigen Parlamentsgebäude.

Und dann begannen die Wahlen im ganzen Land. Für das Kinderparlament beschloß man, Abgeordnete zwischen zehn und fünfzehn Jahren zu wählen. Die jüngeren Klassen in jeder Schule wählten einen Abgeordneten, und die älteren Klassen auch einen. Das Durcheinander war groß, weil sich herausstellte, daß es sehr viel Schulen gab und daß nicht alle Abgeordneten in einem Saal untergebracht werden konnten. Jetzt kamen noch mehr Briefe, und Hänschen saß manchmal stundenlang in seinem Arbeitszimmer. Die Briefe waren sehr wichtig, die verschiedensten Fragen standen darin:

Können Mädchen auch Abgeordnete werden? Selbstverständlich können sie das.

Dürfen Abgeordnete gewählt werden, die noch nicht sehr gut schreiben können?

Wo werden die Abgeordneten wohnen, die vom Lande und aus anderen Städten kommen?

Wird für die Abgeordneten eine Schule eröffnet werden, damit sie weiterlernen können und während der Zeit, da sie in der Hauptstadt an den Beratungen teilnehmen, nicht ein Schuljahr verlieren?
Der Staatssekretär wurde aus dem Gefängnis entlassen und bekam Hausarrest, das heißt, er saß zu Hause und durfte einen Monat lang nicht spazierengehen; er fuhr nur zu Hänschen in die Kanzlei, weil Hänschen ohne ihn nicht fertig geworden wäre.
Der Zeremonienmeister legte das Programm der Feierlichkeiten fest: wo Triumphbogen für die ausländischen Könige aufgestellt werden und wie sie aussehen sollten, auf welchen Straßen das Orchester spielen und was für Blumen herbeigeschafft werden mußten. Teller, Messer und Gabeln mußten dazugekauft werden. Und mehr Autos mußte man anschaffen. Und wie sollten die Könige im Theater und beim Mittagessen sitzen? Die wichtigen Könige mußten die besseren Plätze bekommen, und man durfte auch nicht zwei Könige nebeneinander setzen, die einander nicht leiden mochten. Wein, Obst und Blumen wurden aus warmen Ländern gebracht. Schmutzige Häuser wurden getüncht. Das Straßenpflaster wurde ausgebessert. Hänschen schlief und aß nicht mehr, er arbeitete nur noch.
„Der Baumeister ist zu Majestät gekommen."
„Der Gärtner möchte mit Majestät sprechen."
„Der Außenminister ist da."
„Der Botschafter eines gelben Königs ist eingetroffen."
„Da sind zwei Herren, die mit Majestät sprechen möchten."
„Was wollen die denn nun wieder?" fragte Hänschen ganz ungeduldig, denn das war das dritte Mal, daß man ihn vom Mittagessen wegrief.
„Sie wollen über das Feuerwerk berichten."
Wütend und hungrig ging er in sein Arbeitszimmer, denn Hänschen empfing jetzt kaum noch im Thronsaal. Für lange Zeremonien reichte die Zeit nicht.
„Was wollen Sie, meine Herren? Aber bitte kurz, denn ich habe keine Zeit."

„Wir haben gehört, daß wilde Könige kommen sollen, denen muß man etwas zeigen, was ihnen gefallen wird. Der Zoologische Garten wird sie nicht sehr interessieren, weil die ja zu Hause genug wilde Tiere gesehen haben. Vom Theater verstehen sie auch nichts ..."

„Schon gut, gut." Hänschen wußte schon, was kommen würde.

„Sie wollen also ein Feuerwerk abbrennen?"

„Jawohl."

Auf allen Regierungshäusern würden sie Raketen aufstellen, im Schloßpark würden sie einen hohen Turm errichten, weiter eine Mühle und so etwas wie einen Wasserfall, und das würde abends alles angezündet werden. Vom Oberteil des Turms würden Feuerraketen hochsteigen, grüne und blaue Kugeln herabfallen, darunter sollten sich kleine Mühlen aus grünen und roten Funken drehen. Im Feuer würden bunte Blumen aufblühen und der Wasserfall wie Feuerregen herunterströmen.

„Hier sind die Zeichnungen. Wollen Majestät sie bitte ansehen?"

Die Feuerwerker hatten hundertzwanzig Zeichnungen mitgebracht, wie das alles aussehen sollte. Hänschen schaute sie sich an, und inzwischen wurde das Mittagessen kalt.

„Und wieviel wird das kosten?" fragte Hänschen vorsichtshalber.

Denn auf der letzten Sitzung hatte der Finanzminister wieder gesagt, man müsse eine neue Anleihe aufnehmen.

„Wieso?" hatte sich Hänschen gewundert. „Wir hatten doch so viel Gold."

„Das stimmt schon, aber die Reformen Eurer Majestät kosten schrecklich viel."

Und dann hatte er angefangen aufzuzählen: Wieviel der Bau der Kinderheime, wieviel die beiden riesigen Parlamentsgebäude, wieviel die Schokolade, wieviel die Puppen und Schlittschuhe kosteten.

„Wenn nur das Geld für den Empfang der ausländischen Könige reicht, dann haben wir noch Glück."

„Sollte es etwa nicht reichen?" Hänschen bekam einen Heidenschreck.

„Es ist gar nicht so schlimm, wir können ja neue Steuern erheben. Jetzt verdienen alle gut; also können sie einen Teil ihres Geldes der Regierung geben."

„Ach", seufzte Hänschen, „hätten wir doch nur einen eigenen Hafen und eigene Schiffe, dann würde uns Bum-Drum soviel Gold schicken, wie wir nur haben wollen."

„Dem läßt sich abhelfen", mischte sich der Kriegsminister ein. „Wir dürfen eben keine Ausgaben für Kanonen, Gewehre und Festungen scheuen, dann wird sich auch ein Hafen finden. Ja, ja, Kanonen sind wichtiger als Schokolade und Puppen."

Hänschen wurde puterrot. Ja, das stimmte schon, ein paar neue Festungen würden ihnen sehr zugute kommen. Der Kriegsminister hatte auf allen Sitzungen erklärt, einen Teil von Bum-Drums Gold müsse er für seine Truppen erhalten. Aber Hänschen war so mit anderen Dingen beschäftigt gewesen, daß er ihn immer noch ein wenig warten ließ.

Schweren Herzens sagte Hänschen ja zu dem Feuerwerk.

„Was soll ich machen? Später werde ich sparen, aber jetzt müssen wir auch den schwarzen Königen etwas bieten."

Und als Hänschen endlich spät in der Nacht in seinem Bett lag, dachte er: Ich habe das vielleicht doch falsch gemacht, daß ich den Spion nicht auch die Festung habe in die Luft sprengen lassen. Da hätte mein Nachbar eine Festung weniger. Aber wenn er durchaus Krieg will, dann kann er ihn meinetwegen haben. Doch diesmal würde Hänschen nicht mehr so dumm sein. Er würde sagen: Ich habe dich geschlagen, und darum mußt du mir jetzt einen Hafen und zehn Schiffe geben.

Hänschen war doch bei den ausländischen Königen gewesen. Er wußte also, wie sie das gemacht hatten. Hübsch war das gewesen, sehr hübsch. Aber der Empfang, den Hänschen seinen königlichen Freunden bereitete, war etwas Außergewöhnliches. Das gaben übrigens alle Könige zu. Denn vieles war schon von vornherein festgelegt worden, und eine Menge Überraschungen dachte sich Hänschen noch aus, als die Könige bereits da waren. Jeden Tag gab es etwas anderes: eine Jagd, einen Ausflug, eine Zirkusvorstellung mit dressierten Tieren, einen Ringkampf.

Als erste kamen die schwarzen Könige an. Aber Sorgen hatte man mit ihnen — du meine Güte! Wenn Bum-Drum nicht gewesen wäre, der in ihrem Sommerpalast Ordnung hielt, dann hätte man sie überhaupt nie unter einen Hut bekommen.

Das Schlimmste war, daß sie bei jeder Kleinigkeit gleich anfingen, sich zu schlagen. Und dabei ging es sehr wild zu. Sie kratzten und bissen, man konnte sie nicht auseinanderreißen. Dann überfraßen sie sich wieder an den Leckerbissen, die ihnen der Hofkoch zubereitet hatte, und weinten, weil ihnen der Bauch wehtat, und wenn ihnen dann der Doktor sagte, sie sollten einen Tag lang gar nichts essen, wurden sie wütend und zerbrachen Stühle und zerschlugen Scheiben. Vor allem möglichen hatten sie furchtbare Angst. König Lum-Bo kriegte einen solchen Schreck, als er sich im Spiegel sah, daß man ihm Beruhigungstropfen geben mußte. König Du-Nko ging nicht etwa die Treppen herunter, sondern rutschte auf dem Geländer, fiel hin und brach sich ein Bein. König Mup biß vor Wut einem Lakai den Finger ab. Niemand konnte zählen, wieviel Beulen und blaue Flecken sie hatten. König Pu-Bu-Ro hatte zwanzig Frauen mitgenommen, die gar nicht eingeladen waren. König Dul-Ko-Zin hatte sich heimlich eine Wurst aus vier Negern mitgebracht. Und es gab einen Riesenkrach, als man ihm die Wurst wegnahm. König Bra-Put kletterte auf einen Baum und saß fünf Stunden da oben, und als man ihn herunterholen wollte, da spuckte, trat und biß er. Man mußte die Feuerwehr rufen, und die richtete einen so starken Wasserstrahl auf ihn, daß er in das ausgebreitete Netz fiel.

Bum-Drum schämte sich sehr für seine Landsleute und hatte Angst, sie würden die ganze Feierlichkeit verderben. Wenn sie sich zu Hause im Palast herumschlugen, so machte das ja weiter nichts, aber was sollte werden, wenn sie bei der Galavorstellung oder während eines Staatsdiners einen Streit vom Zaune brachen.

Bum-Drum wollte ihnen Prügel verabreichen oder sie einsperren.

Hänschen wehrte sich lange dagegen, aber er sah, daß Bum-Drum anders mit ihnen nicht fertig würde.

In einem Zimmer des Königsschlosses gab es ein Museum. Da waren verschiedene Instrumente zu sehen, mit denen Heinrich der Aufbrausende seine Untertanen bestraft hatte. Da gab es Nadeln zum Augenausstechen, Zangen zum Nagelausreißen und Fingerbrecher, schreckliche Sägen zum Abschneiden von Händen und Beinen, verschiedene eiserne Geräte, Riemenpeitschen, Stöcke und Knüppel. Die Haare standen einem zu Berge, wenn man das anschaute. Hänschen ging gar nicht gern in das Museum. Im Garten war ein bodenloser Brunnen, aber ohne Wasser; früher einmal hatte man diejenigen hineingeworfen, die zum Hungertod verurteilt waren.

Bum-Drum beschloß, sich das alles zunutze zu machen. Und am Tag vor der Ankunft der weißen Könige führte er die Wilden zum Brunnen und dann in die alte Folterkammer und hielt ihnen eine lange Rede.

Was er sagte, verstand Hänschen nicht, aber er mußte ihnen Schreckliches angedroht haben, denn sie benahmen sich nun auf der Straße und bei den Feiern ganz gesittet.

Nur zweimal mußte Bum-Drum die wilden Könige bestrafen. Einer bekam zehn Hiebe, weil er dem weißen Lakai den Finger abgebissen, und ein anderer saß den ganzen Tag in einem eisernen Käfig, weil er nachts Streit angefangen hatte.

Und das war so gewesen:

Mitten in der Nacht hatte er auf einmal Lust bekommen, seine Pfeife zu blasen. Man sagte ihm, die Könige wären müde und wollten schlafen. Aber er nahm keine Rücksicht. Als man ihm die Pfeife mit Gewalt wegnehmen wollte, sprang er auf den Schrank und fing an, ihnen Vasen und Figuren an die Köpfe zu werfen, die da oben standen. Was aber das Schlimmste war, er sprang durchs Fenster in den Park und machte auf der Terrasse des Winterpalastes einen solchen Lärm, daß alle weißen Könige aufwachten. Und die waren so wütend, weil man sie nicht schlafen ließ, daß sie sich bei Hänschen beklagten.

„Es ist wohl noch nicht genug, daß wir mit diesen Affen bei Tisch sitzen und zuschauen müssen, wie sie mit den Pfoten und ohne Gabel essen, sich ihre Plattnasen mit den Fingern abwischen und die Luft so verpesten, daß man nicht essen kann, weil es einen ekelt. Nicht einmal nachts haben wir unsere Ruhe."

Nur schwer konnte Hänschen ihnen klarmachen, Bum-Drum sei auch so wild gewesen und habe doch in zwei Monaten gelernt, sich mit duftender Seife zu waschen; er benutzte sogar schon einen Zahnstocher, und die andern würden sich auch bessern.

Es sah schon fast so aus, als wollten die weißen Könige abreisen, und sie ließen sich nur mit Mühe davon überzeugen, daß sie ja auch allein essen könnten, wenn sie das lieber wollten. Dann würden eben nur die Neger, die am wenigsten wild waren, mit ihnen zusammen bei Tisch sitzen.

Denn auch unter den schwarzen Königen waren drei ganz in Ordnung und zivilisiert, sie trugen sogar Hosen und Kragen und konnten ein Grammophon aufziehen.

Vielleicht hätten die weißen Könige nicht so leicht nachgegeben, aber die einen warteten auf die Jagd, die anderen auf den Ringkampf, und alle zusammen, die schwarzen, gelben und weißen, warteten auf das Feuerwerk. Von den gelben Königen waren nur zwei gekommen. König Kito-Siwo benahm sich ganz wie ein weißer, trug eine Brille und sprach wie ein Europäer. Zin-Dan aber war zwar anders als die weißen Könige, doch wild war er nicht, denn er kannte die Etikette. Mit ihm hatten sie wieder andere Sorgen. Er wollte nämlich jeden begrüßen oder sich von ihm verabschieden. Das wäre ja an sich noch nicht so schlimm gewesen, aber man muß wissen, wie er das machte. Zuerst vollführte er vor jedem König vierzehn einleitende Bücklinge, dann zwölf gewöhnliche, zehn etikettenmäßige, acht zeremonielle, dann sechs feierliche und vier zusätzliche. Zusammen waren es also 14 + 12 + 10 + 8 + 6 + 4, was siebenundvierzig Minuten dauerte, denn die einleitenden Bücklinge dauerten eine halbe Minute, alle anderen jeder eine Minute.

„Seit fünftausend Jahren haben es meine Vorfahren so gemacht, also werde ich es nicht ändern."

„Na gut, aber so kann man einem oder zwei Königen Guten Tag sagen, aber doch nicht einem solchen Schwarm von Königen."

Wie merkwürdig das doch ist auf der Welt, dachte Hänschen. Die einen sind nicht höflich genug, und die anderen wieder zu sehr. Und wie soll man das nun wieder alles unter einen Hut bringen?

König Zin-Dan war mit zweien seiner Gelehrten gekommen, denen gelang es, Zin-Dan zu überzeugen, daß es sich überhaupt nicht lohnte, die schwarzen Könige zu begrüßen, und das waren die meisten. Und vor den weißen brauchte man die Bücklinge nicht persönlich zu machen, man konnte auch ihre Bilder nehmen. Also wurden alle weißen Könige fotografiert, und jeden Morgen und Abend machte Zin-Dan in seinem Zimmer vor ihren Bildern Bücklinge. Wenn er mit dem einen fertig war, stellten ihm die Lakaien das Foto des zweiten hin, und so weiter. Zin-Dan kam zum Frühstück immer zu spät, obwohl er zwei Stunden früher aufstand und zwei Stunden später schlafenging als die anderen Könige.

Was die schwarzen Könige betraf, mit denen war nun Ruhe. Die einen steckten zur Begrüßung zweimal die Zunge heraus, die anderen viermal. Wieder andere bohrten den rechten Mittelfinger in das linke Nasenloch, noch andere klopften sich mit den Fersen den Rücken, sprangen dreimal in die Höhe; es gab aber auch welche, die das sechsmal taten.

Hänschen war sehr erstaunt, als ihm Bum-Drum erzählte, im vergangenen Jahrhundert habe fünfzehn Jahre lang ein schrecklicher Krieg zwischen zwei schwarzen Königen getobt, weil der eine bei der Begrüßung den rechten Mittelfinger ins linke Nasenloch gebohrt habe und der andere umgekehrt. Das ganze Volk hätte sich erhoben. Auch die Priester und andere Könige hätten sich in den Streit gemischt. Die einen sagten hü, die anderen hott. Und dann begann der Kampf, wer nun eigentlich recht hätte. Ganze Dörfer wurden niedergebrannt, Frauen und Kinder erschlagen, Gefangene gemacht und den Löwen zum Fraß vorgeworfen. Schließlich brach eine Epidemie aus, und es herrschte eine solche Hungersnot, daß sie nicht weiterkämpfen konnten, aber keiner gab nach. Auch jetzt noch saßen diese beiden Könige bei Tisch weit voneinander entfernt.

Ich sage: Sie saßen bei Tisch, aber das war auch nicht so leicht gewesen. Bum-Drum lief der Schweiß von der Stirn, bis sie endlich begriffen hatten, daß Stühle zum Sitzen dienen und keine Waffen sind, mit denen man sich gegenseitig die Schädel einschlägt . . .

Wer aber in Hänschens Hauptstadt die größte Freude hatte, das waren die Kinder. Die Schulen waren geschlossen, aber es wäre auch sowieso niemand zum Unterricht gekommen.

Die wilden Könige fuhren nicht gern im Auto, sie gingen lieber zu Fuß durch die Stadt. Und jedem folgte ein ganzer Schwarm von Jungen. Die Polizei hatte auch ihre liebe Not. Nach den Feierlichkeiten beklagte sich der Polizeipräfekt, er hätte sieben Kilo abgenommen.

„Stellt euch das bloß mal vor. Da kriechen nun diese Affen durch die ganze Stadt, und ich muß aufpassen, daß ihnen nicht irgendein Flegel einen Stein an den Kopf wirft, daß sie nicht überfahren werden, na — und daß sie niemanden auffressen, das hätte nämlich auch leicht geschehen können."

Hänschen mußte ihm einen Orden geben, überhaupt verteilte Hänschen viele Orden während der Feierlichkeiten. Die schwarzen Könige befestigten sich diese Orden an der Nase, die weißen auf der Brust. Und alle waren sehr zufrieden.

Noch einen Kummer hatte Hänschen. Den schwarzen Königen gefiel nämlich die Jagd nicht. Das war nicht weiter verwunderlich: Wie konnte die Jagd auf Hasen und Rehe Menschen gefallen, die daran gewöhnt waren, Elefanten, Tiger und Krokodile zu erschlagen? Vielleicht gefiel auch den weißen Königen das eine weniger, das andere mehr, aber sie waren gut erzogen und taten so, als sei alles sehr schön, weil sie ja sahen, wie sehr Hänschen sich Mühe gab. Die wilden Könige aber waren schlecht erzogen und dachten womöglich noch, Hänschen halte sie zum Narren. Denn sie erhoben einen solchen Höllenlärm und schwenkten so drohend die Bogen und Speere, mit denen sie sich für diese unglückliche Jagd bewaffnet hatten, daß die weißen Könige in die Autos stiegen und das Hasenpanier ergreifen wollten und daß Bum-Drum wie verrückt mit den Händen fuchtelte, um die Empörten zu beruhigen, was ihm dann schließlich auch gelang.

Die Jagd ging ohne Abenteuer zu Ende. Die weißen Könige schossen zwei Wildschweine und einen Bären und sie dachten, die schwarzen Könige würden jetzt endlich merken, daß es auch in Europa gefährliche Tiere gibt. Derjenige, der den Bären geschossen hatte, stand nun bis zum Ende der Jagd wie ein guter Freund mit den Schwarzen zusammen und rühmte sich in der Zeichensprache, wie gut er schießen könne und was für ein großer Jäger er sei. Er schaute sich ihre Bogen und Pfeile an und erklärte sogar, er wolle bei ihnen im Sommerpalast übernachten. Und am nächsten Tag beim Frühstück erzählte er dann, die Schwarzen wären sehr nett, man könne viel von ihnen lernen — und er wisse nicht recht, ob das Essen nicht viel besser schmeckte, wenn man es einfach mit den Fingern zum Mund führe, statt mit einer kalten und scharfen Gabel.

Etwas ganz Unerhörtes war geschehen: Bum-Drums Tochter, die kleine mutige Klu-Klu, war in einem Affenkäfig in Hänschens Hauptstadt angekommen.

Und das kam so: Der Zoologische Garten war fertig. Alle Tiere saßen in ihren Käfigen. Am Mittwoch sollte der Garten feierlich eröffnet und am Donnerstag den Kindern zum Spielen freigegeben werden. Aber man wartete noch auf eine Kiste mit drei so seltenen Affen, wie sie kein weißer König in seinem Tiergarten hatte.

Diese Kiste sollte während der Feierlichkeiten ausgepackt werden. Man öffnete sie so, daß die Affen sofort in den Käfig laufen mußten. Alle standen da und schauten. Kaum war ein Brett gelöst, sprang zuerst der eine, dann der andere Affe in den Käfig. Der dritte aber ließ auf sich warten. Man schob die Kiste ein wenig von der Tür des Käfigs zurück, da hopste die kleine Klu-Klu heraus, warf sich Bum-Drum zu Füßen und sagte etwas in der Negersprache.

Bum-Drum ärgerte sich furchtbar, und wenn er auch nicht mehr ganz so wild war, so wollte er doch der ungehorsamen Klu-Klu schon Fußtritte versetzen, aber Hänschen nahm sie in Schutz.

Klu-Klu war von zu Hause ausgerissen und hatte obendrein nachts die Kiste geöffnet, einen Affen herausgelassen und dessen Platz eingenommen. Aber Klu-Klu hatte ihre Strafe schon weg. Denn selbst für ein Negerkind ist es unangenehm, sechs Wochen lang in einer Kiste mit Affen zu reisen. Und Klu-Klu war doch kein gewöhnliches schwarzes Kind, sondern als Königstochter an Bequemlichkeit gewöhnt. In der Kiste hatte sie es schlechter als die Affen, denn sie konnte ja nicht an das Fensterchen der Kiste gehen, durch das man ihnen das Fressen reichte, weil sie Angst hatte, man könnte sie unterwegs entdecken und wieder nach Hause schicken.

„König Bum-Drum, lieber Freund", sagte Hänschen ergriffen, „du kannst auf deine Tochter stolz sein. Kein weißes Mädchen, ja nicht einmal ein weißer Junge hätte das fertiggebracht."

„Ich kann dir ja dieses ungehorsame Mädchen schenken, wenn du es so verteidigst", sagte Bum-Drum wütend.

„Gut." Hänschen war einverstanden. „Dann soll sie nur in meinem Palast bleiben und lernen. Und wenn sie Königin wird, wird sie unter den Schwarzen genauso eine Reformatorin sein wie ich unter den Weißen der König-Reformator bin."

Merkwürdig war das: Eine Stunde nach der ganzen Geschichte benahm sich Klu-Klu schon so, als sei sie bereits sehr lange da.

Und als der alte Professor, der fünfzig Sprachen kannte, wie ein Neger zu ihr redete und ihr erklärte, was Hänschen mit ihr machten wollte, antwortete sie: „Genauso habe ich mir das auch gedacht, mein goldiger Professor, mein Löwe, mein Krokodil. Fang nur sofort an, mir eure Sprache beizubringen, denn sonst kann ich nicht sagen, was ich denke. Meine Pläne sind sehr wichtig. Und ich habe es gar nicht gern, wenn ich etwas aufschieben soll."

Es stellte sich heraus, daß Klu-Klu schon hundertzwölf europäische Worte kannte, die sie während Hänschens Aufenthalt in Afrika gelernt hatte.

„Das ist ja ganz außergewöhnlich, wie begabt die kleine Menschenfresserin ist", wunderte sich der Professor. „Sie hat ein ganz wundervolles Gedächtnis." Denn Klu-Klu kannte nicht nur die Worte, sie wußte auch, wo sie jedes einzelne Wort gehört hatte. Viele Worte hatte sie auch von den Matrosen gelernt, als sie in der Kiste saß.

„Pfui, Klu-Klu", sagte der Professor, „woher hast du nur diese häßlichen Worte? Du verstehst doch wohl nicht, was sie bedeuten."

Klu-Klu darauf: „Die drei Worte sagte der Träger, als er die Kiste auf die Schulter nahm. Die vier Worte hat er gesagt, als er gestolpert und beinahe hingefallen ist. Das sagte immer unser Wärter, wenn er uns zu essen gab. So schrien die Matrosen, wenn sie betrunken waren."

„Traurig ist das, Klu-Klu, daß dich die Weißen mit solchen Worten begrüßt haben", sagte der Professor. „Die mußt du nun schnell wieder vergessen. Wir Weißen können auch anders miteinander reden. Sehr gerne werde ich dich lehren, meine liebe, kleine, mutige Klu-Klu."

Bis zum Schluß der Feierlichkeiten stand Klu-Klu im Mittelpunkt. In allen Zeitungen sah man jetzt am häufigsten ihr Bild. Die Jungen riefen am lautesten und warfen ihre Mützen am höchsten in die Luft, wenn Klu-Klu im Auto vorüberfuhr. Und als Klu-Klu während der Eröffnung des Kinderparlaments auf europäisch sagte: „Im Namen meiner schwarzen Landsleute, der Negerkinder, begrüße ich dieses erste Kinderparlament der Welt", da brauste ein solcher Beifallsturm los, da herrschte eine solche Begeisterung, daß selbst der energische Fritz die Abgeordneten nicht wieder zur Ruhe bringen konnte. Einem, der gar zu toll brüllte, schrie er sogar zu: „Du hör mal, wenn du nicht sofort aufhörst, dann kriegst du eins zwischen die Zähne."

Daß Fritz das sagte, machte auf die weißen Könige schlechten Eindruck, aber sie ließen sich nichts anmerken.

Ich würde hier zu gern ganz genau alle Feste und Feierlichkeiten beschreiben, aber dann hätte ich keinen Platz mehr für die wichtigeren Dinge, denn in einem Buch über einen König-Reformator darf ja schließlich nicht nur von Unterhaltungen die Rede sein. Und die Leser dieses Buches müssen immer daran denken, daß Hänschen sich nicht nur so einfach Gäste eingeladen hatte, sondern daß es ihm dabei um sehr wichtige politische Fragen ging.

Unter den Gästen war der alte König mit seinem Sohn, Hänschens Feind. Auch der zweite König, der Freund der Gelben, war hier und der traurige König, mit dem Hänschen schon einige Male ein längeres Gespräch geführt hatte.

„Liebes Hänschen", sagte der traurige König, „ich muß zugeben, du hast mutig angefangen, deine Reformen sind interessant und wichtig. Bis jetzt gelingt dir alles gut. Sogar sehr gut. Aber vergiß eins nicht: Reformen kosten schwere Arbeit, Tränen und Blut. Du stehst noch am Anfang. Täusche dich nicht, so wird es nicht immer bleiben. Vertrau deinen Kräften nicht allzusehr."

„Oh, ich weiß", erwiderte Hänschen, „wie schwierig das ist." Und er erzählte, wieviel er arbeitete, wieviel Nächte er nicht schlief, wie oft ihm das Mittagessen kalt wurde.

„Das Schlimmste ist, daß ich keinen eigenen Hafen habe", sagte Hänschen bekümmert. „Und sie machen mir Scherereien mit der Goldzufuhr."

Der traurige König dachte eine Weile nach und meinte: „Weißt du, Hänschen, ich glaube, der alte König würde dir einen seiner Häfen geben."

„Ach i wo! Sein Sohn wird das nie im Leben zulassen."

„Und ich glaube, er wird es doch tun."

„Aber er haßt mich doch, er beneidet mich und traut mir alles Böse zu."

„Das stimmt, das stimmt alles. Und doch wird er ja sagen."

„Warum?"

„Weil er Angst vor dir hat. Auf meine Freundschaft kann er nicht bauen. Und der zweite König freut sich sehr, daß du ihm die gelben Könige überläßt."

„Ich kann doch nicht alle für mich allein behalten", sagte Hänschen mürrisch.

„Na ja, ich verstehe es gut, wenn jemand nicht die ganze Welt beherrschen will. Aber es gab, es gibt, und es wird auch immer Menschen geben, die das versuchen. Vielleicht wirst auch du darunter sein, Hänschen."

„Niemals."

„Ach, weißt du, die Menschen ändern sich, und Erfolg verdirbt."

„Aber nicht mich."

In diesem Augenblick trat der alte König mit seinem Sohn ein.

„Worüber sprechen Eure Majestäten?"

„Hänschen beklagt sich, daß er keinen Hafen besitzt. Er hat Berge, Wälder, Städte und Felder, aber ihm fehlt das Meer und die Schiffe. Und jetzt, da er sich mit den afrikanischen Königen befreundet hat, braucht er unbedingt einen Hafen."

„Das glaube ich auch", erwiderte der greise König. „Aber vielleicht finden wir da Rat. Im letzten Krieg hat Hänschen uns besiegt und den Krieg abgebrochen, ohne irgendeinen Tribut zu fordern. Das war sehr edel von ihm. Jetzt ist die Reihe an uns, zu zeigen, daß wir ihm zu danken wissen. Nicht wahr, mein Sohn, wir können Hänschen einen Teil unseres Meeres und einen Hafen geben, ohne Schaden zu erleiden?"

„Aber für die Schiffe muß Hänschen bezahlen", fügte der Sohn schnell hinzu. „Er hat doch so viele reiche Freunde."

„Bitte, mit dem größten Vergnügen", sagte Hänschen erfreut.

Sofort wurden der Außenminister und der Staatssekretär gerufen, ein entsprechendes Papier geschrieben, und alle Könige unterzeichneten. Der Zeremonienmeister brachte das Kästchen, und Hänschen drückte mit zitternder Hand sein Siegel darauf.

Es war auch höchste Zeit, denn gerade ging das Feuerwerk los.

Was gab es da nicht alles zu sehen! Die ganze Stadt war auf den Beinen. Der Park war für die Abgeordneten, die Truppen und die Beamten reserviert. Besondere Plätze nahmen die Journalisten ein, die aus der ganzen Welt zusammengekommen waren, um dieses Wunder für ihre Zeitungen zu beschreiben. Auf den Balkons, an den Fenstern und auf der Terrasse des Schlosses versammelten sich die Könige. Ein Teil der wilden Könige war aufs Dach geklettert, um besser sehen zu können. Eben flammte der Turm auf. Bengalisches Feuer, Raketen und rote Kugeln flogen über den Himmel. Feuerschlangen leuchteten auf. Die Mühlen zeigten immer wieder andere Farben. Ein Schrei der Bewunderung entrang sich allen Kehlen, als der feurige Wasserfall angezündet wurde. Es knallte und dröhnte.

„Mehr, mehr!" schrien die afrikanischen Könige verwundert und bezaubert und nannten Hänschen den König des hundertfarbigen Himmels und den Bezwinger des Feuers.

Aber es hieß früh schlafengehen, denn am nächsten Morgen sollten die Könige abreisen.
Hundert Orchester spielten auf den Straßen, als die königlichen Autos die Gäste zum Bahnhof brachten. Und mit zehn Hofzügen verließen die weißen, schwarzen und gelben Könige Hänschens gastfreundliche Hauptstadt.
„Wir haben einen großen diplomatischen Sieg davongetragen", sagte der Ministerpräsident auf der Rückfahrt vom Bahnhof und rieb sich die Hände.
„Was heißt das?" fragte Hänschen.
„Majestät sind ein Genie", sagte der Ministerpräsident. „Majestät haben etwas sehr Großes getan, ohne es zu wissen. Siege gibt es nicht nur im Krieg, wo man jemanden schlägt und sich dann von ihm etwas geben läßt. Ein diplomatischer Sieg bedeutet, daß man, ohne darum Krieg zu führen, einem anderen etwas aus der Nase zieht, was man braucht. Den Hafen haben wir. Das ist die Hauptsache."

Hänschen stand nun immer um sechs Uhr früh auf. Anders hätte er nicht alles geschafft. Er hatte seinen Tagesplan geändert und lernte täglich zwei Stunden. Er hatte ja noch die Parlamentssitzungen, und außer den Briefen mußte er zwei Zeitungen lesen: die für die Erwachsenen und die für die Kinder, damit er wußte, was im Land geschah.

Als es daher eines Morgens um acht Uhr im königlichen Schlafzimmer noch ganz ruhig war, machte man sich im Palast Sorgen.

„Hänschen muß krank sein."

„Das will ich wohl glauben, das war ja schon lange zu erwarten."

„Kein erwachsener König arbeitet so viel wie er."

„Und wie schlecht er aussieht."

„Er hat ja auch fast nichts gegessen."

„Aber man durfte ihm kein Sterbenswörtchen sagen, sonst wurde er sofort wütend."

„Ja, in der letzten Zeit war er sehr ungeduldig."

„Man sollte lieber gleich nach dem Doktor schicken."

Erschreckt kam der Doktor angefahren und trat ohne Anmeldung, ja ohne anzuklopfen, im Mantel ins königliche Schlafzimmer.

Hänschen wachte auf, rieb sich die Augen und fragte beunruhigt: „Was ist geschehen? Wie spät ist es?"

Der Doktor sagte sehr schnell, weil er Angst hatte, Hänschen könnte ihn unterbrechen: „Liebes Hänschen, mein gutes Kind, ich kenne dich von der Wiege an. Ich bin schon alt, an meinem Leben liegt mir nichts mehr. Laß mich aufhängen, erschießen, ins Gefängnis werfen, das ist mir alles ganz gleich. Als dein Vater starb, hat er dich meiner Obhut anvertraut. Ich verbiete dir aufzustehen, und damit basta. Wenn jemand kommt, um dich zu stören, dann laß ich ihn die Treppe hinunterwerfen.

Hänschen, du willst in einem Jahr machen, wofür andere Könige zwanzig Jahre brauchen. So geht das nicht weiter. Guck doch nur einmal in den Spiegel, wie du aussiehst. Nicht wie ein König, sondern wie das letzte Bettelkind. Wenn der Polizeipräfekt abgenommen hat, so schadet ihm das nichts, der ist sowieso viel zu dick, ihm kann das nur guttun. Aber wenn du abnimmst, Hänschen, dann ist das etwas anderes, du wächst doch noch. Für alle Kinder sorgst du. Morgen fahren zwanzigtausend Kinder aufs Land. Warum treibst du mit deiner Gesundheit Schindluder? Na, schau dich doch nur mal an. Du machst mir solche Schande, solche Schande, daß ich alter Esel . . ."
Der Doktor gab Hänschen den Spiegel.
„Schau nur, Hänschen, schau."
Und der alte Doktor fing an zu weinen.
Hänschen nahm den Spiegel. Es stimmte. Er war kreidebleich, seine Lippen blau angelaufen, tiefe Schatten hatte er unter den Augen, sein Hals war lang und mager.
„Du wirst krank werden und sterben", sagte der Doktor. „Und wirst dein Werk nicht zu Ende führen. Du bist ja schon krank."
Hänschen legte den Spiegel weg und schloß die Augen. Und es tat ihm so seltsam wohl, daß ihn der Doktor kein einziges Mal König genannt hatte, ihm das Aufstehen verbot und jeden die Treppe hinunterzuwerfen versprach, der etwas von ihm wollte.
Ach, wie schön, daß ich krank bin, dachte Hänschen und streckte sich bequem auf dem Bett aus.
Hänschen hatte geglaubt, er wäre nur müde. Darum, schien ihm, hatte er keine Lust mehr zum Essen, auch wenn er hungrig war. Deswegen konnte er nicht einschlafen und hatte nachts häßliche Träume. Er träumte, die schwarzen Könige hätten sich auf die Kinder gestürzt und äßen sie auf. Oder Feuerregen falle ihm auf den Kopf und verbrenne ihn. Oder man habe ihm beide Beine abgeschnitten und ein Auge ausgestochen. Oder er sei zum Hungertod verurteilt und säße im Brunnen. Häufig hatte

er Kopfschmerzen, und beim Unterricht ging ihm nichts in den Schädel, so daß er sich vor Peter und Leni genierte, am meisten aber vor der schwarzen Klu-Klu, die nach drei Wochen Unterricht schon allein die Zeitung las, Diktate schrieb und auf der Landkarte den Weg von Hänschens Hauptstadt in den Staat ihres Vaters Bum-Drum zeigen konnte.

„Und was tut man, wenn ein König krank ist, wer regiert dann?“ fragte Hänschen leise.

„Im Sommer haben die Parlamente sowieso Ferien. Geld ist da, man muß es nur heranschaffen. Einen Hafen und Schiffe haben wir. Die Heime in den Wäldern sind fertig. Den Rest machen die Beamten und Minister. Unser Hänschen aber wird schön für zwei Monate wegfahren und ausspannen.“

„Aber ich sollte doch in den Hafen reisen, den ich bekommen habe, und die Schiffe ansehen.“

„Das erlaube ich nicht, der Handelsminister und der Ministerpräsident werden dich vertreten.“

„Und beim Manöver sollte ich auch sein.“

„Das wird der Kriegsminister machen.“

„Und die Kinderbriefe?“

„Die wird Fritz lesen.“

Hänschen seufzte. Es ist nicht so leicht, sich vertreten zu lassen, wenn man sich daran gewöhnt hat, alles allein zu machen. Aber Hänschen konnte wirklich nicht mehr.

Das Frühstück brachte man Hänschen ans Bett, dann erzählte ihm die kleine Klu-Klu wunderhübsche Negermärchen. Dann spielte er mit seinem Hampelmann, den er sehr liebte. Dann schaute er sich komische Bilder in Kinderbüchern an. Dann wurde ihm ein Rührei aus drei Eiern, ein Glas heiße Milch und ein Brötchen mit frischer Butter gebracht. Und dann erst erlaubte ihm der Doktor, sich anzuziehen und sich in einen bequemen Sessel auf den Balkon zu setzen.

Da saß nun Hänschen und dachte an gar nichts. Er hatte keine Sorgen und keine Angst. Und niemand wollte etwas von ihm: kein Minister, der Zeremonienmeister nicht, der Journalist auch nicht, einfach niemand. Hänschen saß da und hörte zu, wie die

Vögel im Park zwitscherten. Er hörte und hörte, bis er einschlummerte, und dann schlief er bis zum Mittagessen.
„Und jetzt essen wir zu Mittag." Der Doktor lächelte. „Nach dem Mittagessen fahren wir ein bißchen durch den Park und dann wieder ein Nickerchen, dann ein warmes Bad und ab in die Heia. Und dann Abendbrot und wieder schlafen."
Hänschen schlief und schlief, am liebsten schlief er einfach. Auch die bösen Träume wurden seltener. Er aß mehr, und nach drei Tagen hatte er schon ein Pfund wieder zugenommen.
Der Doktor freute sich: „Wenn es so weitergeht, werde ich dich in acht Tagen wieder Majestät nennen, Hänschen. Jetzt bist du wirklich kein König, nur Haut und Knochen, ein armes kleines Waisenkind, das für die ganze Welt sorgen wollte und um das sich niemand kümmerte, weil es keine Mutti mehr hat."
Eine Woche später gab ihm der Doktor den Spiegel.
„Jetzt bist du fast schon wieder ein König, nicht?"
„Noch nicht", antwortete Hänschen, denn dieser zärtliche Ton des Doktors war so angenehm, es war so schön, daß man ihn wie ein Kind behandelte und nicht Majestät nannte.
Hänschen wurde wieder lebhaft und fröhlich, und der Doktor konnte ihn nur noch mit Mühe für ein paar Stunden ins Bett jagen.
„Was steht eigentlich in der Zeitung?"
„In der Zeitung steht, daß König Hänschen krank ist und genauso wie alle anderen Kinder seines Landes morgen aufs Land fährt, um sich zu erholen."
„Morgen?"
„Ja, morgen mittag."
„Und wer fährt mit?"
„Na ich, der Hauptmann mit seinen Kindern, und Klu-Klu müssen wir wohl auch mitnehmen, denn bei wem soll sie hier bleiben?"
„Selbstverständlich muß Klu-Klu mitfahren."
Nur zwei Papiere unterschrieb Hänschen vor der Abfahrt: in den Angelegenheiten der Erwachsenen sollte ihn der Ministerpräsident, in allen Kinderfragen Fritz vertreten.

Zwei Wochen lang tat Hänschen überhaupt nichts, er spielte nur. Alle Spiele führte Klu-Klu an. Da gab es Jagden, Kriegszüge, und was für herrliche Hütten konnte sie aus Zweigen bauen! Das brachte sie ihnen dann bei. Manche Spiele fanden auch auf den Bäumen statt. Anfangs konnte Klu-Klu nicht in Schuhen laufen.

„Ist das aber eine wilde Sitte", beschwerte sie sich, „die Füße zu bekleiden." Dann ärgerte sie sich über das Kleid.

„Warum ziehen sich bei euch die Jungen anders an als die Mädchen? Das ist überhaupt eine unmögliche Sitte. Deshalb sind auch die Mädchen bei euch so ungeschickt. Auf keinen Baum kann man klettern und über keinen Zaun kann man springen. Ewig bleibt dieses dumme Kleid irgendwo hängen."

„Aber Klu-Klu, du kletterst doch besser auf den Bäumen herum als unsere Dorfjungen, von Hänschen und Peter schon ganz zu schweigen."

„Das sollen Bäume sein?" Klu-Klu grinste. „Das sind Stengel, für zweijährige Kinder sind die gut, aber nicht für ein erwachsenes Mädchen wie mich."

Einmal bewunderten die Kinder, wie ein Eichhörnchen geschmeidig von einem Baum auf den anderen sprang.

„Das kann ich auch", sagte Klu-Klu sofort, und bevor Hänschen, Peter und Leni recht verstanden hatten, was sie tun wollte, hatte Klu-Klu Kleid und Sandalen abgeworfen, war dem Eichhörnchen nachgesprungen, und nun begann ein wilde Jagd. Das Eichhörnchen hopste von Zweig zu Zweig. Klu-Klu hinterher. Fünf Minuten lang jagten sie so hintereinander her, bis das Eichhörnchen sich ermattet zu Boden fallen ließ, Klu-Klu sauste hinterher. Die Kinder dachten: Nun bricht sie sich den Hals. Aber sie machte das so geschickt, hielt sich fest, stieß die Zweige beiseite, daß sie auf die Hände fiel und das Eichhörnchen fing. Sie hatte es so am Nacken gefaßt, daß das Eichhörnchen sie nicht einmal beißen konnte.

„Ist dieser Affe des Nordens giftig?"

„Nicht ein bißchen, bei uns sind nur ein paar Schlangen giftig."

Klu-Klu erkundigte sich ganz genau, wie eine Schlange aussieht, schaute sich aufmerksam Bilder von Schlangen an und ging in den Wald. Den ganzen Tag suchten sie Klu-Klu. Es war, als habe die Erde sie verschluckt. Erst gegen Abend kehrte sie ganz zerlumpt, zerkratzt und hungrig zurück, und in einem Glas brachte sie drei lebendige Schlangen mit.

„Wie hast du die nur gefangen?" fragte Hänschen erstaunt.

„So wie man alle Giftschlangen fängt", antwortete sie einfach.

Die Dorfkinder hatten zuerst Angst vor Klu-Klu gehabt, aber dann wurde sie sehr beliebt.

„Wenn sie auch nur ein Mädchen ist, so ist sie doch tüchtiger als jeder Junge. Mein Gott, wie müssen da erst bei ihnen die Jungen sein!"

„Die sind ganz genauso und überhaupt nicht besser", erklärte Klu-Klu.

„Nur bei den Weißen tragen die Mädchen langes Haar und Kleider, und darum können sie auch nichts anstellen."

Doch nicht nur im Steinewerfen und Bogenschießen, beim Pilzesammeln und Nüssepflücken war Klu-Klu die erste. Ich will schon gar nicht von Botanik, Zoologie, Geographie und Physik sprechen, in diesen Fächern war Klu-Klu sowieso die beste Schülerin. Sie brauchte eine Pflanze oder eine Fliege nur ein einziges Mal auf einem Bild gesehen zu haben, dann erkannte sie sie in Wiese oder Wald immer wieder. Wenn sie erfuhr, die und die Pflanze wachse im Sumpf, dann rannte sie — hast du nicht gesehen — gleich zu den Dorfjungen, um auszukundschaften: Wo gab es hier Sümpfe?

„Oh, das ist weit von hier, mindestens zwei Meilen."

Vielleicht war das weit, aber Klu-Klu machte es nichts aus. Sie schlich zum Küchenschrank, brach sich ein Stück Brot und Käse ab, und weg war sie. Man suchte sie nicht einmal mehr.

„Aha, Klu-Klu ist am Küchenschrank gewesen, da ist sie wieder einmal auf Reisen."

Es kam der Abend, die Nacht, Klu-Klu war nicht da.

Sie übernachtete im Wald und kam erst am nächsten Morgen voller Triumph wieder, in der Hand einen Strauß Sumpfblumen, außerdem hatte sie Frösche und Schnecken, Eidechsen und Blutegel mitgebracht.

Sie hatte das reichhaltigste Herbarium und die größte Sammlung von Käfern, Schmetterlingen und Steinen. In ihrem Aquarium schlüpften die meisten Molche aus und schwammen die meisten Fischchen umher.

Immer war sie fröhlich und zeigte lächelnd ihre scharfen weißen Zähne. Aber Klu-Klu konnte auch ernst sein.

„Ach, Hänschen, als ich das wunderschöne Feuerwerk und den Wasserfall sah, da habe ich mir gedacht, was für ein Glück das wäre, wenn sich auch die schwarzen Kinder eure Wunderwerke ansehen könnten. Ich habe eine große, große Bitte an dich, Hänschen."

„Und was willst du?“ fragte Hänschen.
„Laß doch hundert schwarze Kinder in deine Hauptstadt kommen, damit sie so lernen können wie ich. Und wenn sie dann nach Afrika zurückkehren, dann sollen sie auch den anderen schwarzen Kindern alles beibringen.“
Hänschen antwortete nicht darauf, denn er wollte Klu-Klu eine Überraschung bereiten. Und am gleichen Abend noch schrieb er einen Brief in die Hauptstadt:
Lieber Fritz! Als ich abfuhr, stellte man auf dem Dach einen drahtlosen Telegrafenapparat auf. Am ersten August sollte die Arbeit fix und fertig sein. Über diesen drahtlosen Telegrafen wollten wir uns mit Bum-Drum verständigen. Ich bitte Dich nun, eine Depesche an Bum-Drum zu senden: Er soll hundert Negerkinder schicken, für die ich in meiner Hauptstadt eine Schule eröffne. Bitte vergiß es ja nicht.
Hänschen
Hänschen leckte gerade am Briefumschlag, um ihn zuzukleben, da ging die Tür auf.
„Fritz, das ist aber fein, daß du gekommen bist. Eben wollte ich dir einen Brief schicken.“
„Ich bin in wichtiger Mission hier, ich bin amtlich gekommen“, sagte Fritz ernsthaft.
Er zog ein goldenes Etui aus der Tasche und bot Hänschen eine Zigarre an.
„Probieren Majestät bitte, sie sind tip-top, extra feine Sorte. Sie sind einer Königsnase wert.“
„Ich rauche nicht“, sagte Hänschen.
„Eben, eben“, sagte Fritz, „das ist schlecht. Ein König muß auf sich halten, und in dieser Angelegenheit bin ich amtlich hergekommen, in Sachen der Ratifizierung meines Konterprojekts. Mein Ultimatum lautet folgendermaßen: Erstens bin ich nicht mehr Fritz, sondern Baron Friedrich von Rauch.
Mein Parlament ist kein Kinderparlament mehr, sondern das Progreß-Parlament, abgekürzt Pro-Par. Weiterhin müssen wir ein für allemal mit diesem Hänschen Schluß machen. Majestät sind nun schon zwölf Jahre alt, sollten sich feierlich krönen

und Kaiser Johann I. nennen lassen. Sonst sind alle Reformen nichts wert."

„Ich habe eine andere Idee", widersprach Hänschen. „Ich wollte, daß sich die Erwachsenen selbst einen König wählen, und ich würde dann Hänschen, der Kinderkönig bleiben."

„Die Konzeption Eurer königlichen Majestät kann in ihrer primitiven Form kodifiziert werden", sagte Fritz. „Ich wage nicht, einem König mein Moratorium aufzuzwingen; was jedoch mich als Amtsperson betrifft, wünsche ich, Baron von Rauch, der Minister des Pro-Par zu sein."

Damit war Hänschen einverstanden.

Weiter forderte Fritz eine eigene Kanzlei, zwei Autos und ein doppelt so hohes Gehalt wie der Ministerpräsident erhielt.

Hänschen war einverstanden.

Weiter forderte Fritz den Grafentitel für den Journalisten der Kinderzeitung, die nun Progreß-Zeitung, abgekürzt Pro-Zeit, heißen sollte.

Auch damit war Hänschen einverstanden.

Fritz hatte die zur Unterzeichnung vorbereiteten Papiere aus der Hauptstadt mitgebracht. Hänschen unterschrieb.

Das ganze Gespräch war Hänschen furchtbar unangenehm, und er hatte zu allem ja gesagt, nur schnell sollte es gehen. Hänschen fühlte sich jetzt so wohl, er war an die Beratungen und Sitzungen gar nicht mehr gewöhnt und er wollte auch gar nicht mehr daran denken, wie es vorher gewesen war, und auch nicht daran, was ihn erwartete, wenn die Ferien zu Ende gingen. Er wollte nur eins: Fritz solle so schnell wie möglich wieder abfahren.

Dabei half ihm der Doktor, der von Fritzens Ankunft erfahren hatte und nun ärgerlich in Hänschens Zimmer gelaufen kam.

„Lieber Fritz, ich habe dich doch gebeten, du sollst den König in Ruhe lassen."

„Herr Doktor, wollen Sie bitte in einem höflicheren Ton mit mir sprechen und mich so anreden, wie ich wirklich heiße."

„Und wie heißt du?" fragte der Doktor verwundert.

„Ich bin der Herr Baron von Rauch."

„Seit wann denn das?"
„Seit dem Augenblick, da Seine Majestät mir diesen Titel durch diesen offiziellen Akt allergnädigst zu verleihen geruhten."
Und Fritz wies auf das Papier, auf dem Hänschens frische Unterschrift noch nicht getrocknet war.
Der lange Dienst bei Hofe hatte den Doktor Disziplin gelehrt. Er änderte also sofort seinen Ton und sagte ruhig, aber entschieden: „Herr Baron von Rauch, Seine Majestät ist auf Genesungsurlaub, und für den Ablauf der Kur bin ich verantwortlich. Und aus dieser Verantwortung heraus verlange ich, daß Sie, Herr Baron von Rauch, sofort dahin fahren, wo der Pfeffer wächst."
„Das wird Sie noch teuer zu stehen kommen", drohte Fritz, steckte seine Papiere in die Aktentasche und zog mit langer Nase ab.
Hänschen war dem Doktor richtig dankbar, um so mehr, als sich Klu-Klu ein neues Spiel ausgedacht hatte: Sie fingen Pferde mit einem Lasso.
Dazu brauchten sie ein langes und starkes Seil, an dessen Ende eine Bleikugel befestigt war. Die Kinder stellten sich wie Jäger hinter den Bäumen auf. Der Stallknecht ließ zehn Ponys aus dem königlichen Marstall heraus. Die Kinder fingen die Ponys mit dem Lasso, dann saßen sie ohne Sattel auf und ritten los.
Klu-Klu konnte auf dem Pferd nicht reiten, denn bei ihr zu Hause ritt man nur auf Kamelen und Elefanten. Aber sie lernte es schnell. Nur im Damensattel ritt sie nicht gerne, und überhaupt konnte sie den Sattel nicht leiden.
„So ein Sattel ist für alte Leute gut, die es gern bequem haben. Aber wenn ich reite, dann will ich auf dem Pferd sitzen und nicht auf einem Kissen. Nachts im Bett ist so ein Kissen eine gute Sache, aber nicht beim Spiel."
Die Dorfkinder hatten in diesem Sommer viel Spaß. Fast alle Spiele waren gemeinsam. Und sie lernten von Klu-Klu nicht nur neue Spiele, neue Märchen und Lieder, sie zeigte ihnen nicht nur, wie man Bogen und Laubhütten macht, wie man Körbe und Hüte flicht, wie man Pilze sammelt und trocknet.

Klu-Klu, die doch vor zwei Monaten noch nicht einmal ihre Sprache konnte, wurde nun die Lehrerin der Gänsemädchen und brachte ihnen das Lesen bei.
Bei jedem neuen Buchstaben sagte Klu-Klu, er sähe einem Wurm ähnlich.
„Was, ihr kennt die Fliegen und Würmer und Kräuter, Hunderte kennt ihr davon, und diese lumpigen paar Buchstaben könnt ihr nicht behalten? Ihr könnt das ja, ihr bildet euch nur ein, das sei so furchtbar schwer. Das ist genau dasselbe, als wenn man zum ersten Mal schwimmt oder auf dem Pferd sitzt oder auf Schlittschuhen steht. Man braucht sich nur zu sagen: Es geht ganz leicht, dann ist es auch leicht."
Und die Gänsemädchen sagten sich: Lesen ist leicht. Und so fingen sie an zu lesen. Ihre Mütter aber klatschten vor Verwunderung in die Hände.
„Dieses schwarze Mädchen ist aber ein ganzer Kerl. Da hat sich nun der Lehrer das ganze Jahr über den Mund fusselig geredet, mit dem Lineal geschlagen, sie an Ohren und Haaren gezaust, und nichts ist draus geworden, wie die Klötze haben sie dagesessen. Sie aber hat es ihnen beigebracht."
„Und wie sie die Kuh gemolken hat! Das muß man gesehen haben."
„Und bei mir ist ein Kalb krank geworden. Da kommt sie, schaut es an und sagt: « Das Kalb wird in drei Tagen sterben. » Das wußte ich auch ohne sie; schließlich war es ja nicht das erste Kalb, das mir gestorben ist. Aber sie sagt mir: « Wenn bei euch dieses und jenes Kraut wachst, dann kann ich das Kalb retten. » Aus Neugier bin ich mitgegangen. Sie suchte und suchte, hier roch sie mal, dort kaute sie ein bißchen. Und dann sagte sie: « Das, was ich brauche, ist nicht da, wir werden es mit diesem versuchen müssen, das ist fast genauso bitter wie das andere. » Dann hat sie die Kräuter gesammelt, ein wenig heiße Asche dazugetan, alles durchgemengt wie der Apotheker, es dann in die Milch geschüttet und dem Kalb gegeben. Und das trank das Gebräu, wenn es auch bitter war und ihm nicht schmeckte, als hätte es begriffen, worum es ging; es muhte,

trank wieder und leckte sich das Maul ab. Und was sagt ihr nun? Es ist gesund geworden. Ist das nicht ein Wunder?"

Als der Sommer zu Ende ging, da tat es den Frauen, Männern und Kindern leid um König Hänschen, um das Pärchen des Hauptmanns, weil sie so artig waren, um den Doktor, weil er sie behandelt und so manchem geholfen hatte; am meisten aber um Klu-Klu.

„So ein kluges, fröhliches und liebes Kind, nur schade, daß sie so schwarz ist."

„Dabei ist sie, wenn man sich dran gewöhnt hat, gar nicht so häßlich", fügten sie hinzu.

Schweren Herzens kehrte Hänschen in die Hauptstadt zurück. Schon der Empfang war nicht sehr angenehm. Auf dem Bahnhof merkte Hänschen, daß irgend etwas in der Luft lag. Der Bahnhof war von Militär umstellt. Es gab auch nicht soviel Fahnen und Blumen. Der Ministerpräsident machte ein sorgenvolles Gesicht. Auch der Polizeipräfekt war da, und der war früher nie gekommen, um Hänschen zu begrüßen.
Sie stiegen in die Autos und fuhren los, aber durch andere Straßen.
„Warum fahren wir nicht durch die schönen Straßen?"
„Da machen die Arbeiter einen Umzug."
„Die Arbeiter?" Hänschen wunderte sich, und der fröhliche Zug der Kinder fiel ihm ein, als sie für den Sommer in die Heime fuhren, die er ihnen in den Wäldern gebaut hatte. „Wohin fahren sie denn?"
„Sie fahren nicht weg, im Gegenteil, sie sind vor kurzem erst zurückgekommen. Sie haben die Kinderheime gebaut. Die Häuser sind fertig, und jetzt haben sie keine Arbeit mehr, darum machen sie Krawall."
Plötzlich sah Hänschen den Umzug. Da gingen die Arbeiter mit roten Fahnen und sangen.
„Warum haben sie denn rote Fahnen? Unsere Nationalfahne ist doch nicht rot?"
„Die Arbeiter haben in allen Staaten die gleichen roten Fahnen. Sie sagen, die rote Fahne sei das Banner aller Arbeiter auf der ganzen Welt."
Hänschen dachte nach: Vielleicht machen wir es so, daß die Kinder der ganzen Welt — die weißen, schwarzen und gelben — auch eine Fahne mit der gleichen Farbe haben. Aber welche Farbe sollte man da wählen?
Das Auto fuhr gerade durch eine graue, enge Gasse. Hänschen fiel der grüne Wald, die grüne Wiese auf dem Lande ein, und

laut sagte er: „Können wir das nicht auch so machen, daß die Kinder der ganzen Welt ihre grüne Fahne haben?"

„Das kann man", sagte der Ministerpräsident, aber mit einer Miene, als sei es ihm gar nicht angenehm.

Traurig ging Hänschen durch seinen Palast, und traurig lief Klu-Klu umher. „Ich muß mich an die Arbeit machen, ich muß mich an die Arbeit machen", wiederholte Hänschen immer wieder, aber er hatte überhaupt keine Lust dazu.

„Baron von Rauch", meldete der Lakai.

Fritz trat ein.

„Morgen hat das Pro-Par seine erste Sitzung nach den Ferien", sagte Fritz. „Majestät werden den Abgeordneten sicher einige Worte sagen wollen."

„Was soll ich ihnen denn sagen?"

„Gewöhnlich sprechen die Könige davon, wie es sie freut, daß das Volk seinen Willen zum Ausdruck bringt, und wünschen dem Parlament eine erfolgreiche Arbeit."

„Na schön, dann komme ich eben", sagte Hänschen.

Aber gerne fuhr er nicht hin. Da würde es bestimmt furchtbar laut sein, so viel Kinder, und alle würden ihn anstarren.

Aber als Hänschen sah, daß hier die Kinder aus dem ganzen Staat zusammengekommen waren, um zu beraten, wie regiert werden soll, damit alle es gut hätten und fröhlich wären, als er an der Kleidung die Dorfkinder erkannte, mit denen er vor ganz kurzer Zeit noch gespielt hatte, da spürte er plötzlich neue Kraft, und er hielt eine sehr hübsche Rede.

„Ihr seid Abgeordnete", sagte Hänschen. „Bis jetzt bin ich allein gewesen. Ich wollte so regieren, daß es euch gut geht. Aber für einen allein ist es zu schwer, wenn er erraten soll, was jeder braucht. Ihr habt es leichter. Die einen wissen, was den Kindern in den Städten, die anderen, was ihnen auf dem Lande fehlt. Die jüngeren wissen, was die kleinen, andere, was die älteren Kinder brauchen. Ich glaube, eines Tages werden die Kinder der ganzen Welt genauso zusammenkommen wie vor kurzem die Könige, und dann werden die weißen, die schwarzen und die gelben Kinder sagen, was jedes von ihnen haben will.

Zum Beispiel brauchen die schwarzen Kinder keine Schlittschuhe, denn bei ihnen gibt es keine Eisbahn. Die Arbeiter", sagte Hänschen, „haben schon ihre rote Fahne. Vielleicht werden die Kinder sich dann eine grüne Fahne aussuchen, denn die Kinder lieben den Wald, und der Wald ist grün . . ."

Und so sprach Hänschen noch lange, und die Abgeordneten hörten zu. Dann stand der Journalist auf und sagte, jeden Tag erscheine die Kinderzeitung, damit sie interessante Neuigkeiten lesen könnten, und wenn jemand Lust habe, dann solle er doch schreiben. Und er fragte, ob es ihnen auf dem Lande gut gegangen sei.

Da erhob sich ein solcher Lärm, daß man nicht mehr unterscheiden konnte, was jeder Einzelne sagte. Fritz rief die Polizei, und die kam in den Saal. Es wurde ein bißchen ruhiger.

Fritz sagte, wenn jemand laut sei, dann müßte man ihn hinauswerfen, und alle sollten der Reihe nach sprechen.

Als erster sprach ein barfüßiger Junge in einer abgetragenen Jacke.

„Ich bin Abgeordneter, und ich kann nur sagen, es ist uns ganz und gar nicht gut gegangen. Spiele gab es nicht, das Essen war schlecht, und wenn es regnete, dann tropfte uns das Wasser auf den Kopf, weil im Dach Löcher waren."

„Und die Wäsche wurde auch nicht gewechselt", schrie jemand.

„Abwaschwasser haben wir zum Mittagessen bekommen."

„Wie die Schweine."

„Ordnung gab es auch nicht."

„Und für jede Kleinigkeit haben sie uns verhauen oder eingesperrt."

Und nun fingen sie wieder so an zu schreien, daß die Sitzung für zehn Minuten unterbrochen werden mußte.

Vier Abgeordnete, die am lautesten geschrien hatten, wurden hinausgeworfen. Dann erklärte der Journalist, es sei schwer, alles sofort ganz gut einzurichten, und nächstes Jahr werde es schon besser sein. Und er bat, die Abgeordneten sollten sagen, was sie haben wollten.

Wieder gab es Krach.
„Ich will mir Tauben halten“, schrie einer.
„Und ich einen Hund.“
„Jedes Kind soll eine Uhr haben.“
„Kinder sollen telefonieren dürfen.“
„Niemand soll uns mehr abküssen.“
„Märchen soll man uns erzählen.“
„Wurst.“
„Schinken.“
„Wir wollen spät schlafengehen dürfen.“
„Jeder soll sein eigenes Fahrrad haben.“
„Jedes Kind soll einen Schrank kriegen.“
„Und mehr Taschen. Mein Vater hat dreizehn Taschen, und ich bloß zwei. Das reicht nicht, und wenn ich mein Taschentuch verliere, dann schreien sie mich an.“
„Jeder soll eine Trompete haben.“
„Und einen Revolver.“
„Wir wollen mit dem Auto zur Schule fahren.“
„Mädchen und kleine Kinder soll es überhaupt nicht mehr geben.“
„Ich will Zauberer werden.“
„Jeder soll sein eigenes Boot haben.“
„Ich will jeden Tag in den Zirkus gehen.“
„Jeden Tag soll Weihnachten sein.“
„Und erster April und Fastnacht.“
„Jedes Kind soll sein eigenes Zimmer haben.“
„Toilettenseife sollen sie uns geben.“
„Und Parfüm.“
„Jedes Kind soll einmal im Monat eine Scheibe kaputthauen dürfen.“
„Und Zigaretten rauchen.“
„Klassenarbeiten soll es nicht mehr geben.“
„Diktate auch nicht.“
„Einmal sollen die Erwachsenen einen ganzen Tag lang nirgends hingehen dürfen, nur die Kinder.“
„Die Könige sollen überall Kinder sein.“

„Die Erwachsenen sollen in die Schule gehen."
„Statt der ewigen Schokalade wollen wir auch mal Apfelsinen haben."
„Und Schuhe."
„Die Menschen sollen Engel sein."
„Jedes Kind soll sein eigenes Auto haben."
„Und einen Dampfer."
„Und ein Haus."
„Und eine Eisenbahn."
„Die Kinder sollen Geld haben und sich etwas dafür kaufen können."
„Wenn irgendwo ein Kind ist, dann soll auch eine Kuh da sein."
„Und ein Pferd."
„Jeder soll zehn Morgen Land haben."
So ging das etwa eine Stunde lang, aber der Journalist lächelte nur und schrieb alles auf. Die Kinder vom Land hatten sich im Anfang ein bißchen geschämt, aber dann fingen auch sie an zu sprechen.
Hänschen war der Sitzung schon überdrüssig geworden.
„Na schön, das ist nun alles aufgeschrieben. Aber was wollen wir weiter tun?"
„Man muß sie erziehen", sagte der Journalist. „Morgen schreibe ich einen Bericht für die Zeitung und erkläre ihnen, was sich machen läßt und was man nicht tun kann."
Gerade kam der Junge den Korridor entlang, der gewollt hatte, es solle keine Mädchen mehr geben.
„Herr Abgeordneter", fragte der Journalist, „was haben Sie eigentlich gegen die Mädchen?"
„Auf unserem Hof ist so ein kratzbürstiges Mädchen, mit dem kann man überhaupt nicht fertigwerden. Immer fängt sie an zu streiten, aber kaum rührt man sie an, heult sie los und rennt petzen. Und so macht sie es mit allen."
Der Journalist hielt einen zweiten Abgeordneten an.
„Warum wollen Sie nicht abgeküßt werden, Herr Abgeordneter?"

„Wenn Sie soviel Tanten hätten wie ich, dann würden Sie nicht fragen. Gestern hatte ich Geburtstag. Da haben sie mich so abgelutscht, daß ich den ganzen Schokoladenpudding mit Schlagsahne wieder von mir gegeben habe. Wenn die Erwachsenen sich so gerne abknutschen, dann sollen sie das gegenseitig tun. Uns aber sollen sie in Ruhe lassen, denn wir hassen das."

Der Journalist schrieb es sich auf.

„Und Sie, Herr Abgeordneter, hat ihr Vater wirklich soviel Taschen?"

„Na, zählen Sie doch mal: An den Hosen hat er an jeder Seite eine und eine hinten, in der Weste sind vier Täschchen und eine im Futter. Im Jackett zwei im Futter, an jeder Seite eine und eine oben, für den Zahnstocher hat mein Vater eine Extratasche, und ich habe nicht mal eine für Murmeln. Und außerdem haben sie noch Schubladen, einen Schreibtisch, Schränke und Regale. Und dann rühmen sie sich, daß sie nie etwas verlieren und daß bei ihnen Ordnung herrscht."

Der Journalist schrieb sich das auf.

Gerade kamen zwei Abgeordnete, denen die kleinen Kinder sichtlich viel zu schaffen machten. Warum?

„Und wer soll den Wagen schaukeln und sie in den Schlaf wiegen?"

„Und dann muß man ihnen immer nachgeben, weil sie doch noch so klein sind."

„Und mit gutem Beispiel muß man vorangehen. Wenn so ein Steppke etwas angestellt hat, dann wird nicht er ausgeschimpft, sondern ich. Das hat er von dir gelernt, heißt es dann. Habe ich ihm vielleicht gesagt, er soll mir alles nachmachen?"

Der Journalist schrieb auch das auf.

Der Journalist schrieb in der Zeitung, kein Parlament auf der Welt könne veranlassen, daß die Menschen Engel oder Zauberkünstler würden, es könne auch nicht jeden Tag Weihnachten sein, und nicht jeden Abend könne man in den Zirkus gehen. Es müsse Jungen und Mädchen, es müsse kleine und größere Kinder geben. All das war sehr vorsichtig geschrieben, um die Abgeordneten nicht zu beleidigen. Worte wie „Dummheiten", „Unsinn" oder „grün hinter den Ohren" kamen nicht darin vor. Die Zeitung schrieb nur, was man tun konnte und was sich nicht machen ließ.

Mehr Taschen? Das war durchführbar. Den Schneidern würde einfach befohlen werden, ein paar Taschen mehr einzunähen.

Na und so weiter.

Als Klu-Klu die Zeitung gelesen hatte, war sie einfach empört.

„Liebes Hänschen, laß mich nur ein einziges Mal zur Sitzung gehen, denen werde ich aber etwas erzählen. Warum gibt es in eurem Parlament denn keine Mädchen?"

„Die gibt es schon, aber die sagen nicht einmal Piep."

„Dann werde ich eben für sie sprechen. Das ist vielleicht eine Idee: Bloß, weil da auf irgendeinem Hof ein kratzbürstiges Mädchen ist, soll es gleich überhaupt keine Mädchen mehr geben. Und wieviel Jungen sind Kratzbürsten? Vielleicht soll es auch keine Jungen mehr geben, was? Ich begreife nur nicht, wie die Weißen, die sich doch soviel kluge Dinge ausgedacht haben, immer noch so dumm und wild sein können."

Klu-Klu fuhr also mit Hänschen hin, aber ihr Herz puckerte stark, nicht, daß sie Angst gehabt hätte, nur legte sie sich ganz genau zurecht, was sie nun eigentlich sagen wollte. Alle gafften Klu-Klu an, sie aber saß neben Hänschen in der Königsloge, als wäre das gar nichts besonderes.

Fritz eröffnete die Sitzung.

Er klingelte und sagte: „Die Sitzung ist eröffnet. Tagesordnung: Jedes Kind soll eine Uhr haben — erster Punkt, Kinder dürfen nicht mehr abgeküßt werden — zweiter Punkt, Kinder brauchen mehr Taschen — dritter Punkt, Mädchen soll es nicht mehr geben — vierter Punkt."

Fünfzehn Redner hatten zur Frage der Uhren ums Wort gebeten.

Ein Abgeordneter sagte, die Kinder brauchten Uhren, weil sie zur rechten Zeit in der Schule sein müßten. Die Erwachsenen würden eher ohne Uhr auskommen, weil sie besser kopfrechnen könnten.

„Wenn Vatis und Muttis Uhren nachgehen, warum muß dann ich darunter leiden?" sagte der zweite Redner. „Wenn ich aber meine eigene Uhr habe, werde ich schon aufpassen, daß sie richtig geht."

„Nicht nur für die Schule brauchen wir die Uhr", sagte der dritte Abgeordnete. „Wenn wir zum Mittagessen oder Abendbrot zu spät kommen, schnauzt man uns an. Ist es vielleicht unsere Schuld, wenn wir nicht wissen, wie spät es ist, wo wir doch keine Uhren haben?"

„Und zum Spielen brauchen wir auch eine Uhr", sagte der vierte Abgeordnete. „Wenn wir um die Wette laufen oder feststellen wollen, wer länger auf einem Bein stehen kann, dann geht das ohne Uhr auch nicht so recht." „Und wenn wir für eine Stunde ein Boot ausleihen, dann werden wir immer beschummelt. Die sagen, die Stunde sei schon um, dabei ist das gelogen, und wir müssen für die ganze Stunde bezahlen."

Fritz klingelte erneut.

„Wir gehen zur Abstimmung über. Es scheint mir, der Beschluß, alle Kinder brauchten Uhren, wird einstimmig angenommen."

Es fanden sich aber doch neun Abgeordnete, die keine Uhren haben wollten. Der Journalist lief gleich zu ihnen hin und fragte sie nach dem Grund.

„Wir werden ja doch nur daran herumbasteln und sie kaputtmachen. Schade um das Geld, man kann sie doch verlieren.

Beim Handstand fällt sie aus der Tasche und geht entzwei. Nicht jeder Erwachsene hat eine Uhr, das gibt nur Neid. Ich brauche keine. Vati wird sie mir wegnehmen, verkaufen und das Geld vertrinken."

Fritz klingelte noch einmal.

„Der Beschluß wurde mit der Mehrheit aller Stimmen bei neun Gegenstimmen zu Fall gebracht." Eigentlich hatte er sagen wollen: „angenommen". Einstimmig ging der Beschluß über das Abküssen durch, die Kinder wollten nicht jedem das Recht zugestehen, sie abzuknutschen, auch das Streicheln hatten sie gar nicht gern, sie wollten niemandem auf dem Schoß sitzen und nicht getätschelt werden. Für die Eltern könne man eine Ausnahme machen, aber keinesfalls für die Tanten. Es wurde eine Kommission gewählt, die das Gesetz genau ausarbeiten sollte. Dann erst sollte endgültig abgestimmt werden.

In Punkt drei der Tagesordnung wurde beschlossen, Mädchen sollten zwei, Jungen sechs Taschen haben.

Klu-Klu war empört. Warum sollten die Mädchen vier Taschen weniger haben als die Jungen? Aber noch hielt sie den Mund und wartete, was nun kommen sollte.

Fritz klingelte: die Frage der Mädchen.

Und nun ging es los:

„Mädchen sind Heulsusen."

„Mädchen sind Schwatzliesen."

„Mädchen petzen."

„Mädchen geben an."

„Mädchen sind zimperlich."

„Mädchen sind ungeschickt."

„Mädchen sind eingebildet."

„Mädchen sind beleidigte Leberwürste."

„Mädchen tuscheln sich ewig Geheimnisse zu."

„Mädchen kratzen und beißen."

Die armen Mädchen saßen da, Tränen in den Augen. Plötzlich erscholl aus der Königsloge die Stimme Klu-Klus: „Ich bitte ums Wort."

Es wurde mäuschenstill.

„In Afrika sind die Jungen nicht geschickter als die Mädchen, alle laufen gleich schnell, klettern auf die Bäume und schlagen Saltos. Was hier bei euch los ist, verstehe ich nicht. Dauernd zanken sich die Jungen mit den Mädchen, dauernd stören sie sie beim Spiel, wollen aber selbst nicht mit ihnen spielen. Ich schaue mir das so an, und da sehe ich: Zwar sind nicht alle Jungen Flegel, aber es gibt bei ihnen doch mehr von der Sorte als bei den Mädchen."

„Oho!"

Fritz klingelte, sie sollten nicht unterbrechen.

„Jungen sind grob, Jungen raufen immer, Jungen haben schmutzige Hände und Ohren. Jungen zerreißen Hosen, Jungen lügen und betrügen."

„Ohoho", hörte man wieder.

Fritz klingelte erneut, sie sollten nicht unterbrechen.

„Jungen reißen Seiten aus den Heften heraus und machen die Bücher entzwei. Lernen wollen sie nicht. Sie sind laut. Sie schlagen Scheiben ein. Sie nutzen aus, daß in Europa die Mädchen schwächer sind, weil sie Kleider tragen und langes Haar haben . . ."

„Da sollen sie sich doch die Haare abschneiden."

„Hosen sollen sie anziehen."

Fritz klingelte.

„Die Mädchen sind schwächer, also machen die Jungen mit ihnen, was sie wollen. Und dann wollen sie es nie gewesen sein."

Plötzlich brach der Sturm los. Die einen stampften mit den Füßen auf, die anderen pfiffen. Einer überschrie den anderen.

„Schaut sie euch mal an, die will uns Mores lehren!"

„Du hast wohl weiße Hände!"

„Affen gehören in den Käfig!"

„Königsbraut!"

„Hänschens Frau!"

„Hänschen, Kätzchen, sitz hinterm Ofen und kusch!"

„Piepmatz, flieg in dein Bauer und piepse!"

Am meisten schrie einer. Er sprang auf den Abgeordnetensessel, knallrot im Gesicht, und brüllte. Fritz kannte ihn: Das war ein ganz fürchterlicher Lausbub. Toni, der Taschendieb.
„Toni, das eine kann ich dir nur sagen", schrie Fritz, „ich schlage dir alle Zähne aus."
„Versuch es nur! Schau mal an: der Herr Minister, Baron von Rauch. Fritze-Schlafmütze. Du hast wohl schon vergessen, wie du den Marktfrauen die Äpfel aus den Körben geklaut hast. Schafskopf, Schafskopf."
Fritz warf mit Tintenfaß und Klingel nach Toni. Die Abgeordneten teilten sich in drei Gruppen. Die einen rannten, was das Zeug halten wollte, aus dem Sitzungssaal heraus, die beiden übrigen Gruppen begannen sich zu raufen.
Kreidebleich schaute Hänschen auf das Durcheinander.
Und der Journalist notierte.
„Herr Baron von Rauch, beruhigen Sie sich bitte. Nichts Schlimmes ist geschehen. Die Parteien kristallisieren sich heraus", sagte er zu Fritz.
Und Fritz beruhigte sich wirklich, denn die Abgeordneten hatten ihn vergessen und schlugen aufeinander ein.
Ach, hatte Klu-Klu Lust, an der Säule aus der Loge in den Saal hinunterzurutschen, einen Abgeordnetensessel zu ergreifen und diesen unverschämten Bengels zu zeigen, wie afrikanische Mädchen zu kämpfen verstehen. Klu-Klu wußte, das alles hatte sie eingebrockt, und Hänschen tat ihr leid, weil er nun ihretwegen solche Sorgen hatte. Aber sie bedauerte nichts: Nun wußten sie wenigstens Bescheid. Und was hatten sie ihr eigentlich gesagt: Daß sie schwarz war? Das wußte sie auch alleine. Affen gehören in den Käfig? Sie war ja schon einmal drin gewesen, aber von denen da sollte das mal einer versuchen. Hänschens Braut? Na und? Wenn nur Hänschen sie heiraten wollte. Wie schade, daß die dumme europäische Etikette es ihr verbot, mitzukämpfen.
Wie die sich prügelten, und das wollten Jungen sein. Stümper, Tolpatsche, Trampeltiere! Da schlugen sie sich nun schon seit zehn Minuten, und immer noch hatte niemand gesiegt. Wie

Kampfhähne sprangen sie aufeinander los und wieder auseinander, und die Hälfte der Püffe ging in die Luft.
Wie ungeschickt Fritz das Tintenfaß und die Klingel geworfen hatte! Wenn das Klu-Klu dem Toni zugedacht hätte, dann stünde der Bengel jetzt nicht mehr protzig auf dem Tisch.
Klu-Klu hielt es nicht länger aus. Sie sprang auf, griff mit einer Hand nach der Barriere, mit der anderen nach dem Eisengitter, trat auf den Sims, stieß sich ab, hielt sich beim Springen an der elektrischen Wandlampe fest, war mit einem Satz über den Tisch der ausländischen Journalisten hinweg und schupste die fünf Angreifer Tonis auseinander, die wie begossene Pudel abzogen.
„Willst du dich mit mir schlagen?"
Toni holte aus, aber das sollte er schwer bereuen. Nur vier Schläge erhielt er, eigentlich war es überhaupt nur einer, denn Klu-Klu puffte ihn mit Kopf, Bein und beiden Fäusten gleichzeitig. Und da lag Toni mit blutender Nase auf dem Boden, konnte Genick und Hand nicht mehr bewegen, und drei Zähne fehlten ihm.
Klu-Klu aber dachte: Armselig sind doch diese Weißen, was für schwache Zähne die haben.
Sie sprang zum Ministertisch, machte ihr Taschentuch in einem Glas Wasser feucht und legte es Toni auf die Nase.
„Hab nur keine Angst", beruhigte sie ihn, „gebrochen ist der Arm nicht. Bei uns liegt man nach so einem Kampf einen Tag, ihr seid zimperlicher, da wirst du sicher erst in einer Woche wieder gesund sein. Und wegen der Zähne entschuldige bitte. Oh, unsere Kinder sind viel stärker als die weißen."

Schwer beleidigt kehrte Hänschen in seinen Palast zurück. Nie, niemals wieder würde sein Fuß das Kinderparlament betreten.
So ein schwarzer Undank, das also war der Lohn für seine Arbeit, für all seine guten Absichten, seine Reisen, auf denen er fast das Leben eingebüßt hätte, für seine heldenhafte Verteidigung des Landes.
Zauberkünstler wollten sie sein, Puppen sollte er ihnen schenken, die bis zum Himmel reichen. Warum hatte er überhaupt damit angefangen? Durchs Dach hat es geregnet, das Essen war nicht gut, Spiele gab es nicht. Ob wohl in einem anderen Staat die Kinder einen solchen Zoo hatten? Und das Feuerwerk, die Militärmusik, waren sie denn immer noch nicht zufrieden? Eine Zeitung hatte er ihnen geschaffen. Das war ja alles nicht der Mühe wert gewesen. Die gleiche Zeitung würde nun morgen schon in die ganze Welt hinausposaunen, man habe ihn Kätzchen und Piepmatz genannt. Nein, es lohnte sich nicht.
Hänschen ließ sagen, er wolle keine Kinderbriefe mehr lesen, und es würde auch nachmittags keine Audienzen mehr geben. Er wollte nichts mehr verschenken. Er hatte es satt!
Hänschen bat den Ministerpräsidenten sofort in einer sehr wichtigen Angelegenheit zu sich, denn er wollte ihn um Rat fragen, was er nun tun sollte.
„Verbinden Sie mich bitte mit der Privatwohnung des Ministerpräsidenten."
„Wer ist am Apparat?"
„Der König."
„Der Ministerpräsident ist nicht zu Hause", erwiderte der Ministerpräsident, denn er glaubte nicht, daß Hänschen ihn an der Stimme erkennen würde.
„Aber Sie sprechen doch eben mit mir", sagte Hänschen ins Telefon.

„Ach, Majestät, ich bitte vielmals um Entschuldigung, ich kann leider nicht kommen, ich bin nämlich krank und gehe gleich ins Bett. Darum habe ich auch gesagt, ich sei nicht zu Hause."

Hänschen legte den Hörer auf.

„Er lügt ja", sagte er vor sich hin und ging empört im Arbeitszimmer auf und ab.

„Er will nur nicht kommen, er weiß schon alles. Nun wird mich niemand mehr achten, alle werden sich über mich lustig machen."

Da meldete der Lakai, daß Fritz und der Journalist gekommen waren.

„Ich lasse bitten", sagte Hänschen.

„Ich bin gekommen, um Majestät zu fragen, was ich über die heutige Sitzung des Pro-Par in der Zeitung berichten soll. Man kann es natürlich auch ganz unterlassen, aber dann wird es Gerede geben. Vielleicht schreiben wir lieber, die Sitzung sei stürmisch gewesen, Baron von Rauch sei zurückgetreten, so nennt man das, wenn jemand beleidigt ist und nicht mehr Minister sein will. Aber der König habe das nicht zugelassen. Baron von Rauch bleibe Minister, und der König werde ihm einen Orden verleihen."

„Und was wollen Sie über mich schreiben?"

„Nichts natürlich. Über diese Dinge schreibt man doch nicht, das wäre unhöflich. Das Schwierigste ist, was wir mit Toni machen sollen. Toni ist Abgeordneter, darum darf man ihn nicht vertrimmen. Die Abgeordneten untereinander können sich schlagen soviel sie wollen, aber die Regierung hat nicht das Recht, ihnen etwas zu tun, weil sie immun sind. Im übrigen hat ihm Klu-Klu schon eine Tracht Prügel verabreicht, vielleicht wird er sich jetzt beruhigen."

Hänschen freute sich sehr, daß nicht in der Zeitung stehen würde, wie Toni ihn ausgelacht hatte, und verzieh ihm.

„Morgen beginnt die Sitzung um zwölf."

„Das interessiert mich überhaupt nicht, ich werde nämlich nicht kommen."

„Das ist schlecht", sagte der Journalist. „Die Leute würden denken, Majestät haben Angst."

„Was soll ich denn aber tun? Ich bin doch beleidigt", sagte Hänschen, Tränen in den Augen.

„Dann wird eben eine Delegation von Abgeordneten kommen, um sich bei Eurer Majestät zu entschuldigen."

„Gut." Damit war Hänschen einverstanden.

Der Journalist ging, denn er mußte gleich die Zeitung schreiben, damit morgen früh alles fertig gedruckt war.

Fritz blieb.

„Habe ich dir damals nicht gleich gesagt, du sollst aufhören, dich Hänschen zu nennen."

„Na und?" unterbrach ihn Hänschen gereizt. „Du hast dich Baron von Rauch nennen lassen und hast Schafskopf zu hören bekommen. Das ist noch viel schlimmer als bei mir. « Katze » ist schließlich noch nicht gefährlich."

„Gut, aber ich bin nur Minister. Du bist der König, und es ist viel schlimmer, wenn König Hänschen ein Kätzchen genannt wird, als wenn ein Minister ein Schafskopf ist."

Klu-Klu ging nicht zur Sitzung, Hänschen aber mußte hin. Anfangs war ihm gar nicht wohl zumute, aber alle saßen so artig da, und die Reden waren so interessant, daß Hänschen schließlich ganz vergaß, was gestern los gewesen war.

Heute sprachen die Abgeordneten über die rote Tinte, und darüber, daß man die Kinder nicht auslachen soll.

„Wenn die Lehrer die Hefte korrigieren, dann machen sie das immer mit roter Tinte, wir aber müssen mit schwarzer schreiben. Wenn rote Tinte hübscher ist, dann wollen wir auch damit schreiben."

„Ja", sagte ein Mädchen, „und zu den Heften sollten sie in der Schule auch gleich Papier zum Einbinden geben. Denn der Heftdeckel kann schmutzig werden. Und Stempel, Blumen oder irgend so etwas, damit das Heft hübsch aussieht."

Als das Mädchen fertig war, wurde geklatscht. Damit wollten die Jungen zeigen, daß sie den Mädchen nicht böse waren und daß nur irgendein Rüpel den gestrigen Streit vom Zaun gebrochen hatte. Und daß unter so vielen Abgeordneten einige Rüpel waren, das war eigentlich gar nicht so schlimm. Sehr viel sprachen sie darüber, daß die Erwachsenen immer die Kinder blamierten.

„Fragt man nach etwas oder hat man was angestellt, wird man ausgeschimpft oder aber ausgelacht. Das darf nicht sein. Die Erwachsenen tun immer, als wüßten sie alles, dabei stimmt das gar nicht. Mein Vater konnte mir zum Beispiel nicht einmal die Kaps in Australien aufzählen, er kannte auch nicht alle Flüsse in Amerika, und aus welchem See der Nil entspringt, wußte er auch nicht."

„Der Nil liegt nicht in Amerika, er liegt in Afrika", rief ein anderer Abgeordneter von seinem Platz aus.

„Das weiß ich besser als du, ich habe das hier nur so als Beispiel gesagt. Von Briefmarken verstehen die Erwachsenen nichts, und auf den Fingern pfeifen können sie auch nicht, darum sagen sie immer, das tut man nicht."

„Mein Onkel kann pfeifen."

„Aber nicht auf den Fingern."

„Und wenn er es doch kann? Woher willst du denn das wissen?"

„Du bist ja dumm."

Vielleicht wäre es nun wieder zum Streit gekommen, aber der Vorsitzende klingelte und sagte, man dürfe keinen Abgeordneten mit Dummkopf titulieren, und wer das täte, würde von der Sitzung ausgeschlossen.

„Und was heißt das, von der Sitzung ausschließen?"

„Das ist ein parlamentarischer Ausdruck. In der Schule nennt man das: vor die Tür stellen."

So lernten die Abgeordneten langsam aber sicher, wie man sich im Parlament zu benehmen hat.

Gegen Ende der Sitzung kam ein Abgeordneter, der hatte sich verspätet.

„Verzeiht bitte, daß ich zu spät gekommen bin", sagte er, „aber meine Mutti wollte mich überhaupt nicht gehen lassen, weil man mir gestern die Nase zerkratzt und eine Beule geschlagen hat."

„Das ist ein Übergriff. Ein Abgeordneter ist immun, und man darf ihm daheim nicht verbieten, zur Sitzung zu gehen. Wie kann da Ordnung herrschen? Wenn er zum Abgeordneten gewählt wurde, dann muß er auch zur Beratung kommen. In der Schule kriegt er doch auch mal eins aufs Dach, und doch werden ihm seine Eltern nicht verbieten, in die Schule zu gehen."

So begann der Streit zwischen Kindern und Erwachsenen, aber das war erst der Anfang.

Denn nun muß ich etwas sagen, wovon weder Hänschen noch die Abgeordneten eine Ahnung hatten: Im Ausland hatten die Zeitungen angefangen, über das Kinderparlament zu schreiben. Und die ausländischen Kinder sprachen in der Schule und zu Hause immer häufiger davon. Und wenn man ihnen ungerechterweise eine schlechte Note gegeben oder sie gescholten hatte, dann sagten sie: „Wenn wir unsere eigenen Abgeordneten hätten, dann wäre das nicht vorgekommen."

Und in dem kleinen Staat der Königin Campanella in Südeuropa hatten die Kinder sich über irgend etwas geärgert und gestreikt. Jemand hatte erfahren, die Kinder wollten so wie die Arbeiter ihre eigene Fahne haben, und die solle grün sein. Also veranstalteten sie eine Demonstration mit einer grünen Fahne.

Die Erwachsenen waren wütend.

„Das ist ja eine schöne Geschichte. Wir haben schon genug Sorgen mit den Arbeitern und ihrer roten Fahne, und nun fangen die Kinder auch noch an. Das hat uns gerade noch gefehlt."

Hänschen freute sich sehr über diese Nachricht, und in der Zeitung stand ein großer Artikel mit der Überschrift: *Es geht los!*

Darin stand, im Staat der Königin Campanella sei warmes Klima, und die Kinder seien dort Hitzköpfe. So hätten sie eben ihre Rechte gefordert.

Es wird nicht lange mehr dauern, da werden alle Kinder der ganzen Welt die grüne Fahne tragen. Und dann werden die Kinder begreifen, daß sie sich besser nicht verprügeln sollten, und Ordnung wird herrschen. Und alle Menschen werden sich untereinander lieben. Und es wird überhaupt keinen Krieg mehr geben. Denn wenn die Menschen als Kinder lernen, sich nicht zu prügeln, dann werden sie sich auch später nicht prügeln, wenn sie groß sind.

König Hänschen, stand in der Zeitung, *hat als erster gesagt, die Kinder sollten eine grüne Fahne haben. König Hänschen hat sich das ausgedacht und soll nun nicht nur in seinem Staat, sondern auf der ganzen Welt zum König der Kinder werden.*

Prinzessin Klu-Klu wird nach Afrika fahren und dort den Negerkindern alles erklären. Die Kinder werden die gleichen Rechte haben wie die Erwachsenen und Staatsbürger sein wie sie.

Die Kinder werden gehorchen, nicht weil sie Angst haben, sondern weil sie selbst Ordnung haben wollen.

Noch viele interessante Dinge standen in der Zeitung. Hänschen aber wunderte sich sehr darüber, warum der traurige König eigentlich gesagt hatte, Reformator sein wäre sehr schwer, und Reformatoren nähmen meistens ein schlechtes Ende, weil die Leute erst nach ihrem Tod sähen, wie gut sie es meinten, und dann würde so einem Reformator ein Denkmal gesetzt.

Bei mir geht doch alles ganz gut, und mir droht keine Gefahr. Ich hatte ja eine Menge Kummer und Sorgen, aber die hat wohl jeder, der ein Volk regiert.

Eines Tages versammelten sich vor dem Parlamentsgebäude die Jugendlichen, also diejenigen, die schon über fünfzehn Jahre alt sind. Da standen sie nun, und einer von ihnen kletterte auf die Laterne und schrie: „Uns hat man wohl ganz vergessen, wir wollen auch unsere Abgeordneten haben. Die Erwachsenen haben ihr Parlament, die Kinder haben ihr Parlament, sind wir vielleicht schlechter als sie? Das kommt ja gar nicht in Frage, daß solche Steppkes tun und lassen können, was sie wollen. Wenn die Lausebengels Schokolade kriegen, dann wollen wir Zigaretten haben. Das ist nur gerecht!"
Die Abgeordneten gingen gerade zur Sitzung, aber sie konnten nicht durchkommen.
„Schöne Abgeordnete sind das, die können ja noch nicht mal das Einmaleins, und wählen schreiben sie mit e, dabei kommt das doch von Wahl."
„Und manche können überhaupt noch nicht schreiben."
„Die sollen regieren?"
„Nieder mit der Regierung!"
Der Polizeipräfekt rief schnell an, Hänschen solle zu Hause bleiben, in der Stadt gäbe es Krawalle. Dann ließ er die Menge von der berittenen Polizei auseinanderjagen. Sie wollten aber nicht auseinandergehen, sondern jeder fing an, nach der Polizei zu werfen, was er gerade in der Hand hatte: Bücher, Frühstücksbrot und so weiter. Einige rissen sogar schon die Steine aus dem Straßenpflaster. Da betrat der Polizeipräfekt den Balkon und schrie: „Wenn ihr nicht nach Hause geht, hole ich das Militär! Wenn jemand mit Steinen nach den Soldaten wirft, dann schießen die erst einmal in die Luft, und wenn das nicht hilft, wird scharf geschossen."
Doch es nützte alles nichts, im Gegenteil, sie wurden noch wütender; schlugen die Türen ein und stürmten in den Sitzungssaal.

„Wir weichen nicht von der Stelle, bis wir dieselben Rechte bekommen wie die Kinder."
Alle hatten den Kopf verloren, keiner wußte, was zu tun war. Plötzlich erschien in der königlichen Loge Hänschen, der nicht auf den Polizeipräfekten gehört hatte und selbst gekommen war, um zu erfahren, was das für Krawalle waren.
„Wir wollen auch ein Parlament, wir wollen Abgeordnete, wir wollen Rechte haben!" schrien sie erst, dann aber brüllten sie so, daß man sein eigenes Wort nicht mehr verstehen konnte.
Hänschen stand da und sagte gar nichts. Er wartete. Schließlich rief jemand:
„Der König will sprechen!" Da wurde es mäuschenstill.
Hänschen sprach lange. Er gab zu, daß sie recht hatten.
„Staatsbürger!" sagte Hänschen, „Rechte stehen euch zu, das stimmt. Aber es wird nicht lange dauern, dann seid ihr erwachsen und gehört zum Erwachsenen-Parlament. Ich habe mit den Kindern angefangen, weil ich doch selbst noch klein bin, da weiß ich besser, was die Kinder brauchen. Man kann nicht alles auf einmal machen. Ich habe sowieso sehr viel Arbeit. Wenn ich größer werde und fünfzehn bin, und wenn bei den Kindern Ordnung ist, dann fange ich mit euch an."
„Dann brauchen wir keine Gnade mehr, dann gehören wir schon zum Erwachsenen-Parlament."
Hänschen sah, daß das falsch war, also fuhr er fort: „Und was wollt ihr eigentlich von uns? Ihr habt schon einen Schnurrbart und raucht Zigaretten, da geht doch zu dem anderen Parlament, die sollen euch aufnehmen."
Die Ältesten, denen wirklich schon ein Bärtchen unter der Nase sproßte, dachten: Wirklich, wozu brauchen wir dieses Rotznasen-Parlament. Wir könnten doch schon im richtigen Parlament sein.
Die Jüngeren aber schämten sich, zuzugeben, daß sie keine Zigaretten rauchten. Daher sagten sie: „Gut."
Und so gingen sie. Als sie aber zum Erwachsenen-Parlament kamen, ließ das Militär sie nicht durch. Die Soldaten standen mit aufgepflanztem Bajonett da und hielten den Demonstra-

tionszug auf. Da wollten sie umkehren, aber im Rücken stand auch Militär. Sie trennten sich also, die einen bogen nach rechts in eine Straße ein, die anderen nach links. Dann trennten sie sich wieder, das Militär immer hinterher, um sie zu verfolgen. So wurden sie in kleine Grüppchen aufgespalten, und dann fing die Polizei an, sie zu verhaften.
Als Hänschen das erfuhr, ärgerte er sich sehr über den Polizeipräfekten, denn das sah ja so aus, als hätte der König sie betrogen. Der Präfekt aber erklärte, anders hätte man nicht vorgehen können. Nun ließ Hänschen an den Litfaßsäulen eine Bekanntmachung ankleben, sie sollten die drei Klügsten auswählen, und die sollten dann zu ihm zur Audienz kommen.
Am Abend aber bat man den König, er möge an der Ministerratssitzung teilnehmen.
„Es sieht schlecht aus", sagte der Bildungsminister. „Die Kinder wollen nicht lernen. Wenn der Lehrer etwas befiehlt, lachen sie ihn aus: Was wollen Sie uns denn tun? sagen sie. Wir haben keine Lust. Wir beschweren uns beim König. Wir sagen es unseren Abgeordneten. Und die Lehrer wissen nicht, was sie machen sollen. Die Älteren aber wollen überhaupt nicht mehr hören. So ein Dreikäsehoch will regieren, und wir sollen pauken, wir sind doch nicht blöd. Wenn wir keine eigenen Abgeordneten haben, dann brauchen wir auch keine Schulen. Früher haben sich die Kleinen untereinander geschlagen. Jetzt aber rempeln die Älteren die Kleinen an und hänseln sie: Geh doch zu deinem Abgeordneten petzen. Sie ziehen ihnen die Ohren lang und schlagen sie. Die Lehrer sagen, sie würden noch vierzehn Tage warten, wenn es bis dahin nicht besser wird, dann wollen sie keine Lehrer mehr sein. Ein paar sind sowieso schon weggegangen. Einer hat jetzt einen Kiosk mit Selterswasser, der zweite eine Knopffabrik."
„Die anderen Erwachsenen sind auch sehr unzufrieden", sagte der Innenminister. „Gestern in der Konditorei hat ein Herr gesagt, all das Neue wäre den Kindern zu Kopfe gestiegen; sie glaubten nun, sie könnten tun und lassen, was sie wollten — und sie machten einen Krach, daß man den Verstand verliert.

Sie hopsen vom Schrank auf das Sofa, spielen im Zimmer Fußball, treiben sich ohne Erlaubnis auf der Straße herum und machen ihre Anzüge derart kaputt, daß es nicht lange mehr dauern wird, dann sind sie halbnackt wie die Neger. Der Herr hat noch andere Dinge gesagt, aber die kann ich nicht wiederholen. Ich habe ihn verhaften lassen, und ihm wird der Prozeß gemacht. Wegen Majestätsbeleidigung."

„Ich weiß schon, was ich tue", sagte Hänschen. „Wer in die Schule geht, wird bezahlt wie ein Beamter: Er schreibt, rechnet und arbeitet doch in der Schule genauso wie ein Beamter im Büro. Also muß er für seine Arbeit auch entlohnt werden. Wir werden ihnen eben Gehalt auszahlen. Uns ist das ja ganz egal, ob wir nun Schokolade, Schlittschuhe, Puppen oder Geld geben. Und die Kinder werden wissen, daß sie ihre Pflicht tun müssen, weil sie sonst kein Gehalt bekommen."

„Das könnte man einmal versuchen", sagten die Minister.

Hänschen hatte aber vergessen, daß nun nicht mehr er regierte, sondern das Parlament. Er ließ eine Bekanntmachung schreiben und an den Straßenecken ankleben.

Gleich am nächsten Morgen kam der Journalist angelaufen und sagte böse:

„Wenn Majestät für alle wichtigen Nachrichten Plakate drucken lassen, wozu ist dann die Zeitung da?"

Gleich hinterher kam Fritz.

„Wenn Majestät allein neue Gesetze erlasse, wozu brauchen wir dann Abgeordnete?"

„Ja", gab der Journalist zu, „Baron von Rauch hat recht. Der König kann nur sagen, das und das wolle er so machen. Aber erst die Abgeordneten werden dann erklären, ob sie das auch erlauben. Vielleicht haben sie bessere Ideen?"

Hänschen sah, daß er sich zu sehr beeilt hatte. Was sollte nun werden?

„Telefonieren Majestät schnell, die Schokolade solle inzwischen ausgegeben werden, sonst kommt es zur Revolution. Und wir werden die Angelegeneit heute noch mit den Abgeordneten besprechen."

Hänschen hatte eine böse Ahnung — und wirklich geschah etwas sehr Schlimmes. Denn sie beschlossen erst einmal, die ganze Angelegenheit einem Ausschuß zur Beratung zu überweisen. Das aber wollte Hänschen nicht.

„Wenn der Ausschuß etwas tun soll, wird das sehr lange dauern. Und die Lehrer haben doch gesagt, sie würden nur vierzehn Tage warten. Dann gehen sie, und Schluß."

Der Journalist flüsterte Fritz etwas ins Ohr. Fritz lächelte, und als Hänschen fertig war, bat er ums Wort.

„Meine Herren Abgeordneten", sagte Fritz, „ich bin selbst in die Schule gegangen, und ich weiß, wie es dort zugeht. Während eines einzigen Jahres mußte ich siebzigmal ungerechterweise Strafarbeiten machen, hundertfünfmal ungerechterweise in der Ecke stehen, hundertzwanzigmal ungerechterweise die Klasse verlassen. Und Sie glauben, so sei es nur in einer Schule gewesen? Aber nein, ich bin in sechs verschiedene Schulen gegangen, und es war überall dasselbe. Die Erwachsenen gehen nicht zur Schule, daher wissen sie auch nicht, wie ungerecht da alles ist. Ich denke: Wenn die Lehrer die Kinder nicht unterrichten wollen, vielleicht erlassen wir dann ein Gesetz, sie sollen die Erwachsenen unterrichten. Wenn sie erst einmal sehen, wieviel Spaß das macht, werden sie uns nicht immer zur Arbeit treiben, und die Lehrer werden merken, wieviel schlimmer die Erwachsenen sind, denn die lassen nicht alles mit sich machen — und dann werden sie nicht mehr soviel über uns reden."

Und nun hagelte es Klagen über die Schule und die Lehrer. Der war ungerechterweise sitzengeblieben, der hatte nur zwei Fehler gemacht und doch eine schlechte Note bekommen, der war zu spät gekommen, weil ihm das Bein wehtat, und hatte dafür in der Ecke stehen müssen, ein anderer hatte sein Gedicht nicht lernen können, weil ihm sein kleiner Bruder gerade die Seite aus dem Buch herausgerissen hatte, und die Lehrerin hatte gesagt, das wäre eine Ausrede.

Als die Abgeordneten müde und hungrig waren, stellte Fritz folgenden Vorschlag zur Abstimmung: „Ein Ausschuß wird

darüber beraten, was sich machen läßt, damit in der Schule alles gerecht zugeht, und ob man den Kindern für den Unterricht ebenso Gehalt auszahlen soll wie den Beamten. Inzwischen aber sollen die Erwachsenen zur Schule gehen. Wer damit einverstanden ist, wird gebeten, die Hand zu erheben."
Ein paar Abgeordnete wollten noch etwas sagen, doch die Mehrheit hob die Hand, und Fritz erklärte: „Das Parlament hat das Gesetz beschlossen."

Was sich in Häschens Staat abspielte, als die Leute vom Beschluß des Kinderparlaments erfuhren, das spottet jeder Beschreibung.
„Was soll denn das nun wieder?" sagten die einen ärgerlich. „Wie können uns denn die Kinder befehlen, was wir tun sollen, wir haben doch unser eigenes Parlament und können einfach nein dazu sagen. Ihr Parlament kann beschließen, was die Kinder angeht, aber das Recht, uns etwas vorzuschreiben, haben sie nicht."
„Unsertwegen können wir auch zur Schule gehen, aber wer wird dann arbeiten?" fragten die anderen.
„Laßt doch die Kinder die Suppe auslöffeln, die sie da eingebrockt haben. Sie werden bald merken, so leicht, wie sie es sich vorstellen, ist das nicht."
„Warten wir erst mal ab", erklärten die Ruhigeren. „Vielleicht wird es gar nicht so schlimm. Wenn die Kinder erst sehen, daß sie ohne uns aufgeschmissen sind, dann werden sie mehr Respekt vor uns haben."
Die Arbeitslosen aber waren sogar sehr froh: Hänschen ist doch ein kluger König. Wir wollten schon Revolution machen, aber er hat sich das alles so ausgedacht, daß es gut ist. Von dem Graben und Ziegeltragen tun uns schon alle Knochen weh. So aber werden wir bequem auf der Schulbank sitzen und noch interessante Dinge lernen.
Wieviel sie uns wohl bezahlen werden? Es war nämlich ein Gesetz erlassen worden, für den Unterricht gäbe es Gehalt, denn Lernen sei auch Arbeit. Und ein anderes Gesetz bestimmte, die Kinder sollten arbeiten, die Erwachsenen aber mußten in die Schule gehen.
War das ein Tohuwabohu! Die meisten Jungen wollten nämlich Feuerwehrleute oder Schofföre und die Mädchen Verkäuferinnen in Spielwarengeschäften oder Konditoreien werden.

Na, und manche redeten ganz einfach Dummheiten: Einer wollte Henker werden, einer Indianer und einer Geisteskranker.
„Aber alle können doch nicht das gleiche tun."
„Dann sucht euch nur einen anderen dafür, warum soll gerade ich etwas machen, wofür sich die anderen zu gut sind?"
Und zu Hause gab es Zank und Streit, als die Kinder ihren Eltern Bücher und Hefte gaben.
„Ihr habt die Bücher zerrissen und die Hefte bekleckst, und wir bekommen nun Schelte, als ob wir die Dreckfinken wären", sagte die Mutter.
„Deinen Bleistift hast du verloren, womit soll ich nun zeichnen? Wenn ich keinen habe, wird die Lehrerin böse sein", brummte der Vater.
„Das Frühstück ist nicht fertig, schreib mir nur gleich eine Entschuldigung, daß ich wegen des dummen Frühstücks zu spät komme", bat die Oma.
Die Lehrerinnen aber freuten sich sehr, nun ein wenig ausruhen zu können, denn Erwachsene sind ja nicht so wild und schwatzhaft.
„Wir wollen den Kindern ein Beispiel geben, wie man lernen soll", erklärten sie. Doch gab es auch solche, die amüsierten sich einfach, für die war Hänschens Reform ein gefundenes Fressen.
„Lange dauert das ja sowieso nicht", sagten alle.
Ganz merkwürdig sah die Stadt aus, als die Erwachsenen mit dem Ranzen zur Schule gingen, die Kinder aber in Büros, Fabriken und Geschäfte, wo sie die Eltern vertreten sollten. Manchen Erwachsenen war es gar nicht recht, und sie schämten sich. Andere wieder machten sich nichts daraus. „Was ist schon dabei, daß wir wieder Kinder sind! Ging es uns denn so schlecht, als wir noch klein waren?"
Und sie dachten an frühere Zeiten zurück, manchmal trafen sich sogar ehemalige Schulfreunde auf ihrer alten Bank wieder. Die Lehrer, die Spiele und Streiche fielen ihnen wieder ein.
„Besinnst du dich noch auf unseren Lateinlehrer?" fragte ein Ingenieur seinen Schulfreund.

„Und weißt du noch, wie wir uns einmal geprügelt haben — worum ging es damals eigentlich?"
„Ach, ich weiß schon. Ich hatte mir ein Taschenmesser gekauft, und du hast gesagt, es wäre nicht aus Stahl, sondern aus Eisen."
„Und dann saßen wir im Karzer."
Ein Doktor und ein Rechtsanwalt tauschten eifrig ihre Erinnerungen aus, sie vergaßen ganz, daß sie doch keine kleinen Jungen mehr waren, schupsten sich gegenseitig in den Rinnstein und jagten einander nach, bis eine Lehrerin vorbeikam und sie zurechtwies: Sie hätten sich auf der Straße anständig zu benehmen, denn alle Leute schauten zu.
Manche aber waren einfach wütend. Eine dicke Dame zum Beispiel, eine Gastwirtin, ging, den Tornister auf dem Rücken, zur Schule und ärgerte sich grün und gelb, daß es gar nicht mehr anzusehen war. Plötzlich erkannte sie ein Mechaniker.
„Guck mal an, da geht sie ja, die alte Tonne. Das ist doch die, die uns immer betrügt: Den Schnaps verdünnt sie mit Wasser, und wenn du einen Hering willst, dann bekommst du nur ein Stückchen, mußt aber für den ganzen blechen. Weißt du was, der stellen wir ein Bein. Wenn wir schon unbedingt Kinder sein sollen, dann auch richtig. Stimmt's?"
Und er stellte ihr ein Bein. Fast wäre sie hingepurzelt. All ihre Hefte fielen aus der Schulmappe.
„Ihr Rüpel", schrie die dicke Dame.
„Entschuldigung, das war ein Versehen."
„Warten Sie nur, ich werde es der Lehrerin melden, daß Sie einen nicht ruhig über die Straße gehen lassen."
Die Kinder dagegen gingen sehr ruhig und ernsthaft zur Arbeit, und um neun Uhr waren schon alle Büros und Geschäfte geöffnet.
In den Schulen aber saßen die Erwachsenen. Die ganz Alten saßen auf den letzten Bänken, in der Nähe des Ofens. Sie wollten nämlich während der Schulstunden gerne ein Nickerchen machen.
Na, und dann wurde gelesen, geschrieben, gerechnet. Alles ging wie am Schnürchen. Die Lehrerinnen prüften, ob die Schüler

schon viel vergessen hatten. Nur ein paarmal mußte die Lehrerin sich ärgern, weil sie nicht aufpaßten. Und es fiel ihnen wirklich recht schwer, still auf dem Hosenboden zu sitzen, denn sie mußten immerzu an zu Haus, an die Fabrik, an das Geschäft denken, ob die Kinder dort auch keine Dummheiten machten.

Die Mädchen wollten beweisen, wie gut sie kochen konnten, und das erste Mittagessen sollte so fein schmecken wie nie zuvor. Aber leicht war das nicht, denn nicht alle verstanden etwas vom Haushalt.

„Weißt du was? Wir kochen keine Suppe, sondern machen Obstsalat!"

Sie gingen ins Geschäft, um alles einzukaufen.

„Ach, wie teuer, in keinem anderen Geschäft kostet es so viel."

„Ich gehe woanders hin."

„Bitte, noch zehn Apfelsinen."

„Und ein Pfund Rosinen."

„Und Schweizer Käse. Aber fett muß er sein, sonst bringe ich ihn wieder zurück."

„Ich führe nur allerfeinsten Käse. Und die Apfelsinen haben eine ganz dünne Schale."

„Das ist ja schön, wieviel macht es?"

Der Verkäufer tut, als rechne er, aber so recht will ihm das nicht gelingen.

„Und wieviel Geld hast du?"

„Hundert."

„Das reicht nicht. Es kostet mehr."

„Ich bringe dir den Rest eben später."

„Na gut."

„Und gib mir bitte heraus."

„Bist du aber dumm, du gibst mir zu wenig und willst noch etwas zurückbekommen?"

Es muß zugegeben werden, sehr höflich ging es in den Geschäften und Ämtern nicht zu, und häufig hörte man Sätze wie:

„Du Esel!"

„Das lügst du."

„Hau ab."

„Dann eben nicht, liebe Tante."
„Gib bloß nicht so an."
„Hat der aber Wünsche!"
„Mach dich dünne!"
Und so weiter.
„Warte nur, wenn meine Mutti aus der Schule kommt . . ."
Oder: „Warte nur, ich sage das meinem Vati; die Schule ist bald aus."
Am schlimmsten waren die Gassenjungen, die kamen einfach in ein Geschäft gerannt, aßen etwas und wollten überhaupt nicht dafür bezahlen.
Es gab wohl auch so etwas wie eine Polizei. Ein paar Jungen standen an den Straßenecken, aber die wußten nicht recht, was sie machen sollten.
„Und du willst Polizist sein? Da kommt einfach jemand ins Geschäft gelaufen, maust eine Handvoll Backobst und rennt wieder weg."
„Wohin denn?"
„Soll ich das vielleicht wissen?"
„Na, wenn du es nicht weißt, wie soll ich dir dann helfen?"
„Wenn du Polizist bist, dann mußt du eben aufpassen."
„Schön und gut, aber du hast ein einziges Geschäft und kannst es nicht hüten, und ich soll fünfzig Geschäfte bewachen."
„Du bist ja blöd."
„Meinetwegen, wenn ich dir nicht gefalle, ruf dir jemand anders!"
Der Polizist verließ den Laden und blieb mit der Pistolentasche an der Tür hängen.
„Ich soll den Dieb festnehmen, und sie weiß nicht einmal, wo er ist. Ein Mist ist dieser ganze Dienst. Da stehst du nun da wie eine Salzsäule und sollst alles im Auge behalten. Einen Apfel oder eine Banane hätte sie mir ruhig geben können. Ich habe es satt. Morgen sage ich, Polizist will ich nicht mehr sein, und Schluß. Sollen sie sich ihren Dreck doch allein machen. Ich kann auch wieder zur Schule gehen, wenn ihnen das nicht paßt."

Als die Eltern aus der Schule kamen, öffneten ihnen die Kinder die Tür und fragten: „Bist du aufgerufen worden, Mutti?"
„Hast du deine Aufgaben gekonnt, Vati?"
„Wer sitzt neben dir, Oma?"
Und andere Kinder gingen zur Schule, um Vater oder Mutter abzuholen, wenn sie vom Büro nach Hause kamen.
„Na, und was hast du im Büro gemacht?" fragte Vater.
„Nichts. Ich habe am Schreibtisch gesessen, dann habe ich ein bißchen aus dem Fenster geguckt, da kam gerade ein Trauerzug vorbei, dann habe ich angefangen eine Zigarette zu rauchen, aber die hat mir nicht geschmeckt. Irgendwelche Papiere lagen herum, da habe ich überall meinen Namen darauf geschrieben. Dann kamen drei Herren, aber die haben so gesprochen, wahrscheinlich französisch oder englisch, denen habe ich gesagt, das kann ich nicht. Dann sollte es Tee geben, aber der kam nicht, und so habe ich nur Zucker gegessen. Und dann habe ich meine Schulfreunde angerufen, was die machen, aber das Telefon ist wohl durcheinandergekommen oder sonst irgendwie kaputt, und ich habe nur einen erreicht, der arbeitet bei der Post, und dort haben sie angeblich viele Briefe mit ausländischen Marken."
In manchen Familien gab es ein gutes Mittagessen, in anderen aber war alles angebrannt, oder das Feuer hatte nicht brennen wollen. Schnell mußte etwas gekocht werden.
„Ich muß mich beeilen", sagte die Mutter, „denn für morgen haben wir viel auf. Unsere Lehrerin hat gesagt, Erwachsene müßten mehr aufkriegen. Das ist doch ungerecht. In anderen Schulen kriegen sie weniger auf."
„Hat jemand in der Ecke gestanden?"
Mutter schämte sich ein wenig, aber dann sagte sie doch, ja, das sei schon vorgekommen.
„Wofür denn?"
„In der vierten Bank saßen zwei Damen, die kannten sich, sie waren wohl einmal zusammen in der Sommerfrische, und nun haben sie die ganze Stunde geschwatzt. Zweimal hat unsere

Lehrerin sie ermahnt, aber sie haben einfach immer weitergeredet. Bis die Lehrerin sie in die Ecke gestellt hat."

„Und haben sie da geweint?"

„Die eine hat sogar noch gelacht, aber die andere hatte Tränen in den Augen."

„Und necken euch die Jungen nicht?"

„Ein bißchen schon."

„Dann ist ja alles genauso wie bei uns", freuten sich die Kinder.

Hänschen saß in seinem Arbeitszimmer und las die Zeitung, in der war alles ganz genau beschrieben, wie der erste Tag vergangen war. Die Zeitung gab zu, noch bestände keine rechte Ordnung, die Telefone arbeiteten schlecht, die Briefe lägen auf der Post und seien nicht befördert worden, gestern sei ein Zug entgleist; wieviel Menschen verletzt wurden, wüßte man noch nicht, denn die Telegrafendrähte hätten sich verheddert. Das sei alles nur deshalb, weil sich die Kinder noch nicht recht daran gewöhnt hätten. Jede Reform erfordere Zeit. Keine Reform sei bis jetzt ohne beträchtliche Erschütterungen im Wirtschaftsleben eines Landes durchgeführt worden.

Im übrigen arbeite die Kommission an einem neuen Gesetz über die Schulen, um alle zufriedenzustellen, Eltern, Kinder und Lehrer.

Plötzlich kam freudestrahlend Klu-Klu angerannt, klatschte in die Hände und sprang in die Luft:

„Eine Neuigkeit! Rate mal, was passiert ist?"

„Was denn?" fragte Hänschen.

„Tausend schwarze Kinder sind angekommen."

Hänschen hatte schon ganz vergessen, daß er seinerzeit über den drahtlosen Telegrafenapparat dem König Bum-Drum eine Einladung für hundert Kinder geschickt hatte. Unterwegs aber mußte wohl ein Papagei einmal mit dem Schnabel daran gepickt haben, und daraus war noch eine Null entstanden, so daß herausgekommen war, Hänschen lade nicht hundert, sondern tausend Kinder ein.

Hänschen bekam einen furchtbaren Schreck, Klu-Klu aber war selig.

„Das ist ja noch viel besser: Wenn mehr Kinder auf einmal lernen, dann wird man gleich in ganz Afrika Ordnung machen können."

Und Klu-Klu machte sich sofort an die Arbeit, was das Zeug hielt. Sie stellte alle Kinder im Park auf. Wen sie als gut erzogen kannte, machte sie zum Hundertschaftsleiter. Das hieß, jeder von ihnen war für hundert Kinder verantwortlich. Und von diesem wieder suchte sich jeder zehn Zehnergruppenleiter aus. Jeder Zehnergruppenleiter erhielt im Sommerpalast ein Zimmer, die Hundertschaftsleiter aber wohnten in Hänschens Winterpalast. Klu-Klu erzählte den Hundertschaftsleitern, was man in Europa alles tun dürfe und was nicht. Die Hundertschaftsleiter wiederholten das gleich ihren Zehnergruppenleitern, und die ihren zehn Schutzbefohlenen.

„Und ebenso werden sie lernen."

„Und wo sollen sie schlafen?"

„Erst mal auf dem Fußboden. Sie sind noch wild, ihnen ist das gleich."

„Und was sollen sie essen?" fragte Hänschen. „Die Köche gehen doch alle zur Schule."

„Fürs erste rohes Fleisch, ihnen ist das sowieso ganz egal, weil sie doch noch wild sind."

Klu-Klu verlor nicht gerne Zeit und hielt gleich nach dem Mittagessen die erste Stunde ab. Und sie machte ihnen alles so gut verständlich, daß die Hundertschaftsleiter nach vier Stunden schon ein bißchen Bescheid wußten und die Zehnergruppenleiter unterrichten konnten.

Und alles wäre auch weiter gut gegangen. Da kam plötzlich ein Bote angeritten, der sagte, die Kinder hätten im Zoo den Wolfskäfig geöffnet, und alle Wölfe waren weggelaufen. In der Stadt traute sich niemand auf die Straße. „Nicht mal mein Pferd wollte traben, ich mußte ihm erst eins überziehen", sagte der Bote.

„Wozu haben sie denn nur die Wölfe herausgelassen?"

„Daran sind die Kinder nicht schuld", sagte der Reiter. „Die Wächter sind zur Schule gegangen und haben vergessen, den Kindern zu sagen, daß die Käfige ein Schnappschloß haben. So wußten die Kinder nichts davon und haben die Tür aus Versehen aufgemacht."

„Wieviel Wölfe waren denn da?"
„Zwölf. Aber einer ist ganz besonders schlimm. Wenn ich nur wüßte, wie ich den nun wiederkriege."
„Wo sind sie denn, die Wölfe?"
„Keiner weiß es. Sie sind spurlos verschwunden. Die Leute sagen, sie laufen durch die Straßen. Aber das glaube ich nicht. Alle haben eine Heidenangst und halten nun jeden Hund für einen Wolf. Schon geht das Gerücht, alle wilden Tiere wären aus dem Zoo entsprungen. Eine Frau schwört darauf, daß ihr ein Tiger, ein Nipferd und zwei Brillenschlangen nachgelaufen sind."
Als Klu-Klu das erfuhr, fragte sie sofort, wie Wölfe eigentlich aussehen, denn weil es in Afrika keine gibt, kannte sie sie nicht.
„Brüllen sie, wenn sie jemanden anfallen?"
„Springen sie?"
„Beißen sie oder haben sie Krallen?"
„Fallen sie immer jemanden an oder nur, wenn sie Hunger haben?"
„Sind sie mutig oder feige?"
„Können sie gut hören, sehen und wittern?"
Hänschen schämte sich die Augen aus dem Kopf, daß er so wenig wußte, aber das wenige erklärte er ihr.
„Ich glaube", sagte Klu-Klu, „sie haben sich gleich im Zoo verkrochen. Ich gehe mit meinen Hundertschaftsleitern erst einmal hin. Du sollst sehen, wie schnell wir sie entdecken werden. Es ist nur schade, daß nicht die Löwen und Tiger ausgerissen sind. Dann würde die Jagd viel mehr Spaß machen."
So gingen also Hänschen, Klu-Klu und noch zehn Neger durch die Straßen. Hinter den Gardinen standen überall Menschen und schauten zu. Alles war menschenleer, die Geschäfte geschlossen, wie ausgestorben. Hänschen wurde feuerrot, weil die Weißen so feige waren.
Bald kamen sie in den Zoo und veranstalteten mit Kochlöffeln, Topfdeckeln und Trillerpfeifen einen Höllenlärm. Ein Tschinderassassa war das, als käme das ganze Militär anmarschiert. Überall gab es Büsche und Dickicht.

„Halt!“ rief Klu-Klu. „Legt die Bogen an! Da bewegt sich was.“
Klu-Klu rannte los, kletterte auf einen Baum — und kaum hatte sie die Äste ergriffen, da war ihr ein riesiger Wolf schon auf den Fersen. Der Wolf kratzte am Baumstamm und heulte, die anderen antworteten ihm.
„Das ist der Leitwolf“, schrie Klu-Klu. „Jetzt könnt ihr die anderen in den Käfig jagen. Geht um die Büsche herum und treibt sie von der anderen Seite heraus.“
So wurde es gemacht. Die erschreckten Wölfe rasten davon wie von der Tarantel gestochen, die Negerkinder schossen ihnen kleine Pfeile nach und trommelten kräftig drauf los. Die einen standen rechts, die anderen links. Es waren noch keine fünf Minuten vergangen, da saßen elf Wölfe schon wieder in ihrem Käfig.
Sofort wurde die Tür zugemacht. Als aber der zwölfte sah, daß er allein war, da galoppierte er los und verschwand irgendwo.
Klu-Klu sprang vom Baum herunter.
„Rasch!“ rief sie. „Laßt ihn nicht aus dem Zoo entkommen.“
Doch es war zu spät. Der Wolf rannte in die Stadt. Und nun sahen die Einwohner wirklich, wie ein Wolf durch die Straßen raste, Klu-Klu und zehn Neger hinterher. Ganz zum Schluß kam Hänschen. Wie hätte er sich auch mit den Wilden messen können. Schweißgebadet und todmüde war er und hielt sich kaum noch auf den Beinen. Endlich lud ihn eine alte Frau in ihre Wohnung ein und gab ihm Brot und Milch.
„Iß nur, König Hänschen“, sagte sie. „Du bist ein guter König. Ich bin schon achtzig Jahre alt und habe schon viele Könige überlebt, gute und schlechte, aber so einer wie du war nicht darunter. Du hast die alten Leute nicht vergessen, du hast uns in die Schule geschickt. Das war so lieb von dir. Und jetzt bezahlst du uns sogar noch dafür, daß wir lernen dürfen. Weißt du, mein Sohn ist weit weg in fremden Ländern, alle sechs Monate schreibt er mir einen Brief, ich habe die Briefe aufgehoben, aber ich kann sie nicht lesen. Und fremden Menschen will ich sie nicht geben, vielleicht steht da irgendein Geheimnis drin, oder sie betrügen mich und sagen etwas anderes. Aber jetzt

werde ich erfahren, wie es ihm geht, denn die Lehrerin hat gesagt, wenn ich fleißig bin, dann kann ich ihm in zwei Monaten selber schreiben. Wird sich mein Junge aber freuen!"

Hänschen trank seine Milch aus, gab der Alten die Hand, bedankte sich und ging.

Inzwischen war der Wolf in einen Gully gesprungen, und da saß er nun. Und Klu-Klu wollte hinterher kriechen.

„Nein, das erlaube ich nicht!" rief Hänschen. „Das ist ein unterirdischer Kanal, da drin ist es ganz finster. Entweder erstickst du, oder der Wolf zerreißt dich." Klu-Klu aber war eigensinnig. Sie nahm einen Hirschfänger zwischen die Zähne und kroch in den Gully. Sogar die Neger hatten Angst, denn der Kampf gegen ein wildes Tier im Dunkeln ist furchtbar gefährlich.

Hänschen stand da wie angegossen, bis ihm endlich einfiel, daß er ja eine Taschenlampe hatte. Ohne viel nachzudenken, kroch auch er in den Gully. War das aber ein enges Rohr — wo waren sie bloß hingeraten? Dann kam ein Gewölbe, weiter unten floß Wasser — das heißt, es war eigentlich Schlamm. Hier floß doch der ganze Schmutz aus dem Rinnstein ab. Es stank wie die Pest.

„Klu-Klu!" rief Hänschen, und von allen Seiten hallte das Echo wider, denn die Abflußkanäle zogen sich unter der ganzen Stadt hin. Daher wußte Hänschen nicht, ob Klu-Klu ihm nun geantwortet hatte oder nicht. Immer wieder ließ Hänschen seine Taschenlampe aufleuchten, knipste sie aber schnell wieder aus, weil er Angst hatte, die Batterie könnte ausbrennen, und dann hätte er gar kein Licht mehr. Als er bei einer Kreuzung bis zu den Knien im Wasser stand, hörte er plötzlich ein Geräusch.

Er machte die Lampe an. Da waren Klu-Klu und der Wolf. Klu-Klu stieß dem Wolf das Messer in die Kehle, der Wolf aber schnappte mit den Zähnen nach ihrer Hand. Schnell nahm Klu-Klu das Messer in die andere Hand und ging wieder auf den Wolf los. Der ließ ihre Hand fahren, senkte die Schnauze und wollte sich schon in ihrem Bauch verbeißen. Das wäre ihr Ende gewesen. Hänschen stürzte sich auf den Wolf und leuchtete ihm direkt in die Augen. In der anderen Hand hielt Hänschen

seinen Revolver. Der Wolf fletschte die Zähne, weil ihn das Licht blendete. Hänschen aber jagte ihm eine Kugel mitten ins Auge.
Klu-Klu verlor das Bewußtsein. Hänschen zog sie hinter sich her. Schon fürchtete er, er würde es allein nicht schaffen, und Klu-Klu könnte in diesem Schlamm ertrinken. Und auch ihn selbst wollten die Beine nicht mehr tragen. Vielleicht wäre das Abenteuer doch noch schlecht ausgegangen, aber die Negerkinder dort oben waren nicht faul. Zwar hatte Klu-Klu ihnen verboten, herabzusteigen, aber wie lange sollten sie hier noch von einem Fuß auf den anderen treten und Maulaffen feilhalten? So krochen sie also in das Rohr und sahen auch gleich das Licht glimmen. Da trugen sie erst Klu-Klu, dann Hänschen und zum Schluß den toten Wolf hinauf.

Hänschen, was hast du nur angerichtet?" sagte der traurige König. „Hänschen, nimm dich zusammen, du schwebst in riesiger Gefahr. Es wäre doch schade, wenn du jetzt zugrunde gehen solltest. Ich bin gekommen, um dich zu warnen. Ich fürchte, es ist schon zu spät. Ich wäre ja auch schon vor einer Woche hier gewesen, aber seit die Kinder die Lokomotiven führen, sind eure Eisenbahnen überhaupt nichts mehr wert. Von der Grenze an mußte ich auf Pferdewagen fahren. Vielleicht war das ganz gut, denn so bin ich durch viele Dörfer und Städtchen gekommen und weiß, wie das Volk von dir spricht. Hänschen, glaube mir, es steht schlecht."

Der traurige König hatte seinen Staat insgeheim verlassen und war gekommen, um Hänschen zu retten.

„Was ist denn eigentlich los?" fragte Hänschen.

„Es ist viel Schlimmes geschehen, aber sie betrügen dich und verbergen es vor dir, du weißt überhaupt nichts."

„Ich weiß alles", sagte Hänschen beleidigt. „Ich lese doch jeden Tag die Zeitung. Die Kinder gewöhnen sich langsam an alles, die Kommission arbeitet. Und keine Reform kann ohne Erschütterung durchgeführt werden. Daß Unordnung herrscht, weiß ich auch alleine."

„Hör nur, Hänschen, du liest nur eine Zeitung, deine eigene nämlich. Was da drin steht, ist doch alles gelogen, lies mal ein paar andere."

Und der traurige König legte auf den Schreibtisch Zeitungen, die er mitgebracht hatte.

Hänschen entfaltete sie langsam. Er las nur die fettgedruckten Schlagzeilen; mehr war auch gar nicht nötig, wenn er wissen wollte, was dort stand. Es wurde ihm schwarz vor Augen.

König Hänschen hat den Verstand verloren.
Der König heiratet einen afrikanischen Affen.
Die Herrschaft der schwarzen Teufel.

Der Minister ein Dieb.
Spion aus dem Gefängnis entflohen.
Zeitungsjunge Fritz wird Baron.
Zwei Festungen in die Luft gesprengt.
Wir haben weder Kanonen noch Pulver.
Am Vorabend des Krieges.
Minister schleppen Kleinodien weg.
Nieder mit dem Tyrannen!

„Das sind doch aber lauter Lügen!" schrie Hänschen. „Wo ist denn diese Herrschaft schwarzer Teufel? Weil die Negerkinder zu uns gekommen sind, um zu lernen? Die können wir ganz gut gebrauchen. Als die Wölfe aus dem Käfig weggelaufen waren, da haben sie sie unter Lebensgefahr wieder hineingejagt, und Klu-Klu hatte die Hand zerfleischt. Und als niemand da war, um die Schornsteine zu fegen, weil die weißen Kinder keine Lust dazu hatten und es Feuersbrünste gab, da wurden die schwarzen Kinder Schornsteinfeger. Kanonen haben wir, und Pulver haben wir auch. Daß Fritz Zeitungsjunge war, das weiß ich. Aber ein Dieb ist er nie gewesen, und ich bin kein Tyrann."

„Hänschen, reg dich nicht auf, das hilft dir gar nichts. Ich sage dir, es steht schlecht. Wenn du willst, gehen wir in die Stadt, dann kannst du dich überzeugen."

Hänschen zog sich an wie ein gewöhnlicher Junge, und auch der traurige König war ganz einfach gekleidet. Und sie gingen los.

Sie kamen an derselben Kaserne vorbei, an der er damals mit Fritz vorübergeschlichen war, als er zum ersten Mal nachts aus dem Palast entschlüpfte, um in den Krieg zu ziehen. Ach, war er damals glücklich gewesen. Nichts hatte er verstanden, wie kindlich war er doch noch. Jetzt wußte er schon alles und erwartete nichts mehr.

Vor der Kaserne saß ein alter Soldat und schmauchte sein Pfeifchen.

„Na, was hört man denn so beim Militär?"

„Nichts besonderes: Die Kinder sind jetzt die Herren. Mit der Munition haben sie Vivat geschossen, die Kanonen kaputtgemacht. Das Militär gibt es nicht mehr." Und er fing an zu weinen.

Sie kamen an einer Fabrik vorbei. Da saß ein Arbeiter, ein Buch auf den Knien, und lernte sein Gedicht für morgen auswendig.

„Was gibt es Neues in den Fabriken?"

„Geht doch hinein, da werdet ihr es schon sehen. Jetzt kann ja jeder hineingehen."

Sie gingen hinein. Im Büro lag überall Papier herum, der Hauptkessel war gesprungen. Die Maschinen standen. Einige Jungen liefen im Saal herum.

„Was macht ihr denn hier?"

„Fünfhundert von uns hat man hergeschickt, arbeiten sollten wir, aber die anderen haben gesagt: Wir sind doch nicht dumm, und nun schwänzen sie. Nur wir, so etwa dreißig, sind geblieben. Aber wir wissen nichts, alles ist entzwei. Wir fegen hier ein bißchen aus. Die Eltern gehen zur Schule, und zu Hause ist es langweilig. Und es ist doch nicht schön, für nichts und wieder nichts Geld zu nehmen."

Die meisten Geschäfte waren geschlossen, obwohl alle wußten, daß die Wölfe wieder im Käfig saßen.

Sie betraten ein Geschäft. Ein nettes Mädchen war Verkäuferin.

„Sag mal, Fräuleinchen, warum sind soviel Geschäfte geschlossen?"

„Weil alles gestohlen wird. Es gibt keine Polizei und auch keine Soldaten. Die Straßenjungen treiben sich überall herum und klauen. Da haben die Geschäftsleute ihre Waren nach Hause getragen und bewahren sie dort auf."

Sie gingen zum Bahnhof. Auf den Schienen lag ein entgleister Zug.

„Was ist denn hier passiert?"

„Der Weichensteller ist zum Fußballspielen gegangen, der Stationsvorsteher zum Angeln. Der Lokomotivführer aber wußte nicht, wo die Bremse ist, und da habt ihr die Bescherung: hundert Todesopfer."

Hänschen biß die Zähne zusammen, um nicht laut loszuheulen. Gleich beim Bahnhof war das Krankenhaus. Hier sollten sich eigentlich die Kinder um die Kranken kümmern; wenn die Doktoren nicht so viele Schularbeiten aufhatten, kamen sie für ein Stündchen nach dem Rechten sehen. Aber das half nicht viel. Die Kranken ächzten und stöhnten, sie starben ohne Hilfe, und die Kinder weinten, weil sie Angst hatten und nicht wußten, was sie tun sollten.

„Na, Hänschen, ich glaube, wir kehren in den Palast zurück".

„Nein, erst muß ich noch zu meiner Zeitung gehen, ich habe mit dem Journalisten ein Hühnchen zu rupfen", antwortete Hänschen ganz ruhig; man sah, wie es in ihm kochte.

„Ich kann dich nicht begleiten", sagte der traurige König, „mich würden sie erkennen."

„Ich bin gleich wieder da", sagte Hänschen und lief schnell zur Redaktion. Und der König schaute ihm nach, schaute noch einmal, nickte und kehrte in den Palast zurück.

Hänschen ging jetzt nicht mehr, er lief. Er hatte die Hände zu Fäusten geballt und spürte, wie das Blut Heinrichs des Aufbrausenden in ihm brodelte.

„Warte nur, du Verbrecher, du Lügner, du Betrüger, das wirst du noch bereuen."

Hänschen raste in das Zimmer des Journalisten. Der saß am Schreibtisch, und auf dem Sofa fläzte sich Fritz und rauchte eine Zigarre.

„Ach, du bist auch hier?" schrie Hänschen. „Das trifft sich ja gut, da kann ich gleich zwei Fliegen mit einer Klappe schlagen. Was habt ihr nur angestellt?"

„Wollen Majestät nicht Platz nehmen?" begann der Journalist mit seiner leisen und angenehmen Stimme.

Hänschen zitterte. Er war nun ganz sicher, daß der Journalist ein Spion war. Vor langer Zeit schon hatte sein Herz ihm das gesagt, jetzt aber begriff er es.

„Da hast du, du Spion!" schrie Hänschen und wollte mit dem Revolver auf ihn schießen, von dem er sich seit dem Kriege nicht mehr getrennt hatte, doch der Spion schnappte blitzschnell nach Hänschens Hand. Die Kugel ging in die Zimmerdecke.

„Kindern gibt man keinen Revolver", sagte lächelnd der Journalist und preßte Hänschens Hand so fest, daß ihm fast das Fleisch von den Knochen gefallen wäre. Die Hand öffnete sich von selbst, der Journalist legte den Revolver in den Schreibtisch und schloß ihn ein.

„Jetzt können wir ruhig miteinander sprechen. Was also haben Majestät mir vorzuwerfen? Daß ich Majestät in meiner Zeitung verteidigt habe? Daß ich immer wieder beruhigt und ermahnt und Klu-Klu gerühmt habe? Dafür nennen Majestät mich Spion und wollen auf mich schießen?"

„Und dies dumme Gesetz mit den Schulen?"

„Bin ich daran schuld? Das haben die Kinder in der Abstimmung so beschlossen."

„Warum haben Sie in der Zeitung nicht geschrieben, daß unsere Festungen in die Luft gesprengt sind?"

„Darüber hätte der Kriegsminister berichten müssen. Das Volk darf solche Dinge nicht wissen, das ist Militärgeheimnis."

„Und warum haben Sie mich über die Feuersbrunst in den Wäldern des ausländischen Königs so ausgefragt?"

„Ein Journalist muß nach allem fragen, denn aus dem, was er weiß, wählt er später die Nachrichten für die Zeitung aus. Meine Zeitung haben Majestät doch täglich gelesen. War sie schlecht geschrieben?"

„Oh, sehr gut, viel zu gut." Hänschen lächelte schmerzlich.

Der Journalist schaute Hänschen gerade in die Augen und fragte: „Werden Majestät mich auch jetzt noch einen Spion nennen?"

„Ich werde dich so nennen!" schrie plötzlich Fritz und sprang vom Sofa auf.

Der Journalist erbleichte, schaute wuterfüllt auf Fritz, und bevor die beiden Jungen es recht begriffen hatten, stand er schon an der Tür.
„Wir werden uns bald wiedersehen, ihr Lausebengels", rief er und lief schnell die Treppe hinunter.
Auf einmal stand vor dem Haus ein Auto. Der Journalist sagte dem Fahrer irgend etwas.
„Haltet ihn, faßt ihn!" rief Fritz durch das Fenster, das er aufgerissen hatte. Aber es war zu spät: Das Auto war schon um die Ecke gebraust. Wer hätte es auch aufhalten sollen. Vor dem Haus hatten sich nur Gaffer und Kinder angesammelt, die schauten, was dort für ein Lärm war.
Hänschen begriff noch nicht so ganz, was geschehen war, Fritz aber warf sich ihm weinend zu Füßen.
„König, töte mich! Das alles ist meine Schuld", schluchzte Fritz. „Ach, ich Unglücklicher, was habe ich nur getan!"

Warte Fritz, das werden wir später in Ruhe besprechen — was geschehen ist, läßt sich nicht mehr ändern. In der Gefahr muß man ruhig und vernünftig sein. Jetzt dürfen wir nicht daran denken, was gewesen ist, sondern daran, was geschehen muß."

Fritz hätte am liebsten gleich alles erzählt, aber Hänschen wollte keinen Augenblick verlieren.

„Hör mal zu, Fritz, die Telefone sind kaputt. Ich habe jetzt nur dich. Weißt du, wo die Minister wohnen?"

„Ich sollte das nicht wissen? Die wohnen in verschiedenen Straßen. Aber das macht nichts. Ich habe ja gute Beine. Nicht umsonst bin ich zwei Jahre Zeitungsjunge gewesen. Du willst sie sicher rufen lassen?"

„Und zwar sofort."

Hänschen blickte auf die Uhr. „Wie lange brauchtst du für den Weg?"

„Eine halbe Stunde."

„Gut, in zwei Stunden sollen sie alle bei mir im Thronsaal sein. Und falls einer von ihnen behauptet, er sei krank, so sag ihm nur, er solle nicht vergessen, daß ich Heinrichs Nachkomme bin."

„Die kommen, ich werde ihnen schon Bescheid sagen", schrie Fritz.

Er warf die Lackschuhe und den eleganten Gehrock mit dem Orden ab. Auf dem Schreibtisch stand ein Fläschchen mit Druckerschwärze. Fritz rieb sich die Hosen, die Hände und auch das Gesicht ein bißchen ein — und barfuß trabte er los, die Minister zu holen. Hänschen aber lief schnell in den Königspalast, denn vor der Sitzung des Ministerrates wollte er noch mit dem traurigen König sprechen.

Kaum hatte Klu-Klu ihm die Tür geöffnet, da fragte er außer Atem: „Wo ist der Herr, der heute früh bei mir war?"

„Der Herr ist weggegangen, aber er hat auf dem Schreibtisch einen Brief zurückgelassen."

Hänschen lief in sein Arbeitszimmer, denn er hatte eine schlimme Vorahnung, riß schnell den Brief auf und las: *Mein liebes, liebes Hänschen! Das, was ich am meisten gefürchtet habe, ist eingetreten. Ich muß Dich verlassen. Liebes Hänschen, wenn ich Dich nicht kennen würde, würde ich Dir vorschlagen, daß Du mit mir in mein Land fährst, doch ich weiß, Du wirst es nicht tun. Ich fahre über die Nordstraße, wenn Du willst, kannst Du mich mit dem Pferd in zwei Stunden einholen. Ich werde in der Schenke Rast machen und auf Dich warten. Vielleicht kommst Du. Falls nicht, so vergiß nie, daß ich Dein Freund bin. Vertrau mir auch dann, wenn Du glauben solltest, ich hätte Dich verraten. Was ich auch tun werde, ich tue es für Dein Wohl. Um eins bitte ich Dich: Niemand darf von meinem Besuch etwas wissen. Verbrenne diesen Brief um jeden Preis. Verbrenne ihn sofort. Du tust mir leid, mein armes Kind, Du hast weder Vater noch Mutter mehr, und ich möchte Dir gern wenigstens einen Teil des Unglücks ersparen, das Dich erwartet. Vielleicht fährst Du doch mit? Unbedingt verbrenne diesen Brief.*

Hänschen zündete eine Kerze an und hielt eine Ecke des Papiers in die Flamme. Es begann zu glimmen. Dann flammte es auf, rollte sich zusammen und wurde schwarz. Das Feuer versengte Hänschen die Finger, aber darauf achtete er nicht.

Meine Seele leidet mehr als meine Finger, dachte er.

Gegenüber vom Schreibtisch hingen die Bilder seiner Eltern.

Er seufzte. Weinen durfte er nicht, denn einen Augenblick später mußte er sich die Krone aufsetzen — dann mußten seine Augen klar sein. Lautlos glitt Klu-Klu ins Zimmer und stand so demütig da, daß Hänschen, den ihre Gegenwart im ersten Augenblick gereizt hatte, fragte: „Was willst du, Klu-Klu?"

„Der weiße König verbirgt vor Klu-Klu seine Sorgen. Der weiße König will der schwarzen, wilden Klu-Klu seine Geheimnisse nicht anvertrauen. Aber Klu-Klu weiß Bescheid und wird den weißen König in der Not nicht verlassen."

Das sprach Klu-Klu feierlich, wobei sie beide Hände erhob. Genauso hatte ihm damals Bum-Drum geschworen.

„Und was weißt du, Klu-Klu?" fragte Hänschen.

„Die weißen Könige beneiden Hänschen um das Gold, sie wollen ihn besiegen und erschlagen. Dem traurigen König tut Hänschen leid, aber er ist schwach, darum fürchtet er die starken weißen Könige."

„Schweig, Klu-Klu!"

„Klu-Klu wird schweigen wie das Grab, aber Klu-Klu hat den traurigen König erkannt. Verraten kann Hänschen nur dieser verbrannte Brief, nicht aber Klu-Klu."

„Schweig, Klu-Klu, kein Wort mehr!" rief Hänschen, warf die Asche des verbrannten Briefes auf den Fußboden und zertrat sie.

„Klu-Klu schwört, sie wird nichts mehr sagen."

Es war auch die höchste Zeit, das Gespräch zu beenden, denn eben kehrten die Lakaien aus der Schule zurück und drängten sich ins Arbeitszimmer hinein, wobei einer den anderen beiseite stieß.

Hänschen wurde vor Wut puterrot.

„Was ist das für ein Lärm", schrie er. „Seit wann wagen es die Lakaien, mit solchem Krach ins Arbeitszimmer des Königs zu kommen? Habt ihr von euren Streichen in der Schule immer noch nicht genug?"

Der Zeremonienmeister wurde so rot, daß sogar seine Ohren glühten.

„Majestät, ich flehe für sie um Verzeihung. Aber diese armen Menschen haben in ihrer Kindheit kein Spiel gekannt. Erst waren sie Pagen oder Küchenjungen, und jetzt sind sie Lakaien. Ihr ganzes Leben lang mußten sie still sein, da sind sie nun völlig außer Rand und Band geraten . . ."

„Es ist schon gut, macht den Thronsaal fertig, in einer halben Stunde ist Sitzung."

„Oh, und ich habe so viel auf für morgen", jammerte einer.

„Ich muß eine Landkarte zeichnen."

„Ich habe sechs Aufgaben zu lösen und eine ganze Seite . . ."

„Morgen geht ihr nicht in die Schule", unterbrach Hänschen sie drohend.
Sie verbeugten sich und gingen, still geworden, hinaus. Nur an der Tür hätten sie sich um ein Haar geschlagen. Denn einer hatte den anderen geschupst, so daß er mit dem Kinn auf die Türklinke fiel.
Fritz kam hereingelaufen, schmutzig, schweißtriefend, die Hosen zerissen.
„Erledigt, alle kommen!"
Und er fing an zu erzählen:
Ja, in den Zeitungen hatte die Wahrheit gestanden. Fritz hatte gestohlen und Schmiergelder genommen. Als er Hänschen bei der Audienz vertreten sollte, hatte er nur einen Teil der Päckchen ausgegeben und was ihm gefiel, für sich behalten. Wer ihm Geld oder Geschenke gab, bekam die besseren Päckchen. Er hatte einige Freunde, darunter Toni, die kamen jeden Tag und erhielten etwas. Ein Spion aber war er nicht. Und das alles hatte ihm der Journalist geraten. Er sollte sich Baron nennen und einen Orden fordern. Überhaupt hatte er sich wie ein guter Freund benommen. Eines Tages aber verlangte er, Fritz solle ein Papier fälschen, auf dem geschrieben stand, Hänschen werfe die Minister heraus und nehme den Erwachsenen alle Rechte: Die Kinder sollten regieren. Das wollte Fritz nicht. Da setzte sich der Journalist den Hut auf und sagte: „Gut, dann gehe ich eben zum König und erzähle ihm, daß du Päckchen stiehlst und Schmiergelder nimmst." Da hatte es Fritz mit der Angst zu tun bekommen. Er konnte einfach nicht begreifen, woher der Journalist immer alles wußte, aber er hatte gedacht, das müsse bei Zeitungsleuten wohl so sein. Jetzt erst begriff er, daß er sich mit einem Spion eingelassen hatte. Ach ja, noch ein Papier hatten sie gefälscht; irgendeinen Aufruf an die Kinder der ganzen Welt oder so ähnlich.
Hänschen legte die Hände auf den Rücken und ging im Arbeitszimmer auf und ab.
„Da hast du uns ja schöne Dinge eingebrockt, aber ich verzeihe dir."

„Was, verzeihen? Wenn Majestät mir verzeihen, dann weiß ich schon, was ich tue."
„Und was?" fragte Hänschen.
„Ich beichte meinem Vater; der wird mir das Fell gerben, daß ich es nie mehr vergesse."
„Tu das nicht, Fritz. Wozu. Du kannst deine Schuld anders wieder gutmachen. Der Augenblick ist ernst, Menschen werden gebraucht. Vielleicht wirst du mir gute Dienste leisten können."
„Der Kriegsminister ist vorgefahren", meldete der Hofmarschall.
Hänschen setzte die Krone auf — ach, war die aber schwer — und ging in den Thronsaal.
„Herr Kriegsminister, was haben Sie mir zu sagen? Bitte fassen Sie sich kurz, sprechen Sie ohne Umschweife. Vieles weiß ich schon selbst."
„Ich melde Majestät, daß wir drei Festungen besitzen, früher waren es fünf, vierhundert Kanonen, früher tausend, und zweihunderttausend einsatzfähige Gewehre. Munition haben wir für zehn Tage Krieg, früher für drei Monate."
„Und Stiefel, Tornister, Zwieback?"
„Die Magazine sind voll, nur die Marmelade ist aufgegessen."
„Sind Ihre Nachrichten genau?"
„Vollständig."
„Glauben Sie, es wird bald Krieg geben?"
„Mit Politik befasse ich mich nicht."
„Lassen sich die Kanonen und Gewehre schnell wieder in Ordnung bringen?"
„Ein Teil ist beschädigt, andere könnte man heilmachen, wenn nur die Öfen und Kessel in den Fabriken in Ordnung sind."
Hänschen dachte an die Fabrik, die er gesehen hatte, und ließ den Kopf sinken; die Krone wurde noch schwerer.
„Herr Minister, welcher Geist herrscht unter den Truppen?"
„Soldaten und Offiziere sind untröstlich. Am meisten tut ihnen weh, daß sie in Zivil zur Schule gehen müssen. Als ich meine Amtsenthebung schon erhalten hatte . . ."

„Die Amtsenthebung war gefälscht, ich habe davon nichts gewußt, die Unterschrift war nachgemacht."
Der Kriegsminister runzelte die Brauen.
„Als ich diese gefälschte Amtsenthebung schon in der Hand hatte, da kam eine Delegation oder so etwas zu mir, die Militärschulen forderte. Na, dieser Delegation, oder was es sonst war, der habe ich aber den Kopf gewaschen. Marsch in die Zivilschule, wenn der Befehl so lautet, marsch ins Feuer, marsch in die Hölle, Befehl ist Befehl."
„Na, und wenn wir alles wieder so machen würden wie früher, ob sie mir dann wohl verzeihen würden?"
Der Kriegsminister zog den Säbel.
„Majestät, von mir herab bis zum letzten Soldaten — alle wie ein Mann, der Heldenkönig an der Spitze — für das Vaterland, für die Soldatenehre."
„Das ist gut, das ist sehr gut. Noch ist nicht alles verloren", sagte Hänschen.

Die Minister verspäteten sich etwas, und doch waren sie ziemlich außer Atem geraten, denn sie waren nicht gewöhnt, zu Fuß zu gehen. Der Hofmarschall hatte gemeldet, sie wären vorgefahren, in Wirklichkeit aber kamen sie auf Schusters Rappen, weil die Autos Pannen hatten und die Fahrer Schularbeiten machen mußten.

Hänschen sagte, das Durcheinander hätte der Journalist angerichtet, der wäre ein Spion gewesen. Jetzt aber müsse man sich darüber Gedanken machen, was werden sollte.

Sofort wurde an die Zeitungen geschrieben, die Kinder hätten ab morgen wieder zur Schule zu gehen, die Kinder, die von dieser Anordnung nicht rechtzeitig erfuhren, dürften zu spät kommen, aber kommen müßten sie. Die Erwachsenen könnten noch bis zur großen Pause in der Schule bleiben und dann wieder an ihre gewohnte Beschäftigung gehen. Die Arbeitslosen würden noch einen Monat ihren Schullohn erhalten, dann könnten sie, falls sie dazu Lust hätten, in Bum-Drums Land fahren, der auch Häuser, Schulen und Fabriken bauen wolle. Beide Parlamente würden erst einmal geschlossen. Zuerst würde das Erwachsenen-Parlament wieder eröffnet werden, dann würde man darüber nachdenken, was mit den Jugendlichen von fünfzehn Jahren an zu geschehen habe; und wenn die Kommission die Arbeitsordnung ausgearbeitet hätte, würde auch das Kinderparlament wieder arbeiten. Aber die Kinder sollten dann sagen dürfen, was sie gerne haben wollten, und das Erwachsenen-Parlament würde nachprüfen, ob sich das verwirklichen ließe. Die Kinder dürften den Erwachsenen keine Befehle erteilen. Abgeordnete dürften nur die Kinder wählen, die ordentlich seien und gut lernten.

Diesen Aufruf unterzeichneten Hänschen und alle Minister.

Dann schrieb Hänschen einen zweiten Aufruf an seine Truppen. Darin erinnerte er sie an den letzten Krieg und ihre Siege.

Unsere beiden wichtigsten Festungen wurden gesprengt. So muß denn also die Heldenbrust unserer Soldaten eine Festung sein für jeden, der es wagen sollte, unseren Boden zu betreten.
Mit diesen Worten schloß der Aufruf, den Hänschen und der Kriegsminister unterzeichneten.

Der Handelsminister bat die Handwerker, schnell alles wieder zu reparieren, und auch die Geschäfte sollten wieder geöffnet werden.

Der Bildungsminister versprach den Kindern, ihr Parlament bald wieder zu öffnen, wenn sie nur in der Schule lernten, wie es sich gehört.

Und der Polizeipräfekt bürgte dafür, die Polizei würde morgen früh ihren Dienst wieder antreten.

„Mehr können wir im Moment nicht tun", sagte der Ministerpräsident. „Jetzt heißt es erst einmal warten, bis Eisenbahn und Post wieder funktionieren, dann werden wir ja sehen, was im ganzen Land und in anderen Staaten los ist."

„Was kann denn passiert sein?" fragte Hänschen beunruhigt, denn er hatte sich das alles längst nicht so einfach vorgestellt; ihm schien, es sei viel zu reibungslos abgelaufen. Sollte ihm der traurige König nur einen solchen Schrecken eingejagt haben?

„Wir wissen ja nicht, was passiert ist, wir wissen doch überhaupt nichts."

Am nächsten Tag ging alles gut. Nach der ersten Stunde, in der die Zeitung verlesen wurde und sich die Lehrer von ihren Schülern verabschiedeten, gingen die Erwachsenen nach Hause. Bis sie den Kindern Bücher und Hefte zurückgegeben hatten, verging einige Zeit. Doch um zwölf Uhr mittags war schon alles wieder so wie früher. Und eins muß man zugeben, alle waren sehr glücklich: die Erwachsenen, die Kinder und die Lehrer.

Die Lehrer sagten den Kindern zwar nichts davon, aber froh waren sie doch, denn mit den Erwachsenen hatten sie auch sehr viel Ärger gehabt. Unter denen, die noch keine dreißig Jahre alt waren, gab es eine ganze Menge Lümmel, die während des Unterrichts kicherten und lärmten. Die Älteren aber quengelten, die Bank sei unbequem, der Kopf täte ihnen weh, weil es so heiß sei, und die Tinte sei nichts wert; die ganz Alten schliefen einfach und lernten überhaupt nichts. Und wenn die Lehrerin mit ihnen schimpfte, dann machten sie sich nichts daraus, denn viele von ihnen hörten nicht mehr gut. Die Jüngeren spielten den Alten böse Streiche, die Alten aber jammerten, sie wollten ihre Ruhe haben. Im übrigen waren die Lehrer in der Schule an Kinder gewöhnt, darum hätten sie es lieber wieder so gehabt wie früher. In den Büros wurde zwar geschimpft, weil die Kinder alles auf den Kopf gestellt hatten, aber in Wirklichkeit machte das den Angestellten nicht viel aus; sie hielten es sogar für ganz gut, denn nun konnte irgendein wichtiges Papier ruhig einmal verlorengehen, man konnte ja den Kindern die Schuld in die Schuhe schieben. Es gibt nämlich auch unter den Angestellten verschiedene Menschen: Die einen halten immer Ordnung in ihren Papieren, die anderen nicht so sehr.

Schlimmer war es mit den Fabriken. Aber da halfen die Arbeitslosen gerne, denn wenn man erst sähe, wie gut sie arbeiteten — dachten sie — dann würde man sie vielleicht behalten.

Es gab ein paar kleine Krawalle, aber die Polizei hatte sich gut ausgeruht und machte sich vom frühen Morgen an die Arbeit. Und die Diebe ließen sich nicht blicken. Sie hatten sich ja auch die ganze Zeit über gemästet und genug zusammengestohlen, jetzt wollten sie nicht, daß es an den Tag käme, was sie alles auf dem Kerbholz hatten. Manche, die erst angefangen hatten zu klauen, brachten sogar zurück, was sie gestohlen hatten.

Als gegen Abend das königliche Auto in die Stadt fuhr, da sah man kaum noch etwas von dem, was gestern los gewesen war.

So wartete denn nun Hänschen auf Nachrichten. Abends sollte er alles erfahren.

Klu-Klu indessen begann wieder ihre Schulstunden mit den Negerkindern. Hänschen ging auch zum Unterricht und staunte darüber, daß die schwarzen Kinder so schnell lernten. Klu-Klu erklärte ihm, sie hätte die begabtesten und fleißigsten zu Hundertschaftsleitern ausgewählt, die anderen würden so schnell nicht lernen. Die arme Klu-Klu wußte ja nicht, wie bald schon und wie traurig ihre Stunden unterbrochen werden sollten.

Als erster kam wie gewöhnlich der Ministerpräsident. Denn der Kriegsminister war gestern nur der erste gewesen, weil er das Marschieren gewöhnt war. Der Ministerpräsident trug ein Päckchen Papiere unter dem Arm und sah ganz traurig und sorgenvoll aus.

„Na und, Herr Ministerpräsident?"

„Schlimm", seufzte er, „aber das war zu erwarten. Vielleicht ist es auch besser so."

„Was ist passiert, reden Sie doch schneller!"

„Krieg."

Hänschen zitterte.

Sie kamen alle zusammen.

Der alte König hatte auf den Thron verzichtet, und sein Sohn trug nun die Krone. Der neue König hatte den Krieg erklärt und war sofort mit all seinen Truppen auf Hänschens Hauptstadt losmarschiert.

„Er hat also die Grenze schon überschritten?"

„Vor zwei Tagen. Er ist bereits vierzig Meilen vorgerückt."

Man fing an, Depeschen und Briefe zu lesen. Lange dauerte das. Hänschen schloß die Augen, hörte zu und dachte nach, doch er sagte kein Wort.

Vielleicht ist es besser so?

Das Wort ergriff der Kriegsminister: „Noch weiß ich nicht, welchen Weg der Feind gewählt hat, doch ich glaube, er rückt auf unsere beiden in die Luft gesprengten Festungen vor. Wenn er schnell marschiert, kann er in fünf Tagen in der Hauptstadt sein, sonst müssen wir ihn in zehn Tagen hier erwarten."

„Was soll das heißen? Wollen wir ihm denn nicht entgegenziehen?" schrie Hänschen auf.

„Das geht nicht. Die Bevölkerung muß sich selbst verteidigen. Ein paar gute Abteilungen werden wir losschicken können, obwohl es schade ist um die Menschen und um die Gewehre. Meine Meinung ist: Sollen sie nur kommen, die Entscheidungs-

schlacht wird vor den Toren unserer Hauptstadt ausgefochten werden. Entweder wir siegen oder . . ."
Weiter sprach er nicht.
„Vielleicht werden die beiden anderen Könige uns helfen?" warf der Außenminister ein.
„Dazu reicht die Zeit nicht aus", erwiderte der Kriegsminister. „Im übrigen verstehe ich nichts davon."
Der Außenminister erzählte lange, was man tun müsse, damit die beiden anderen Könige gegen den ersten losschlügen.
Auf den traurigen König konnte man mit Sicherheit rechnen. Nur liebte er das Kriegführen nicht, und Truppen hatte er auch nur wenige. Allein würde er nicht viel helfen. Auch an dem ersten Krieg hatte er ja nicht teilgenommen, sondern nur in Reserve gestanden. Er würde dasselbe tun wie der andere. Dem hatte Hänschen alle gelben Könige überlassen, eigentlich also hatte der keinen Grund, gegen ihn zu kämpfen. Doch wer konnte das wissen? Vielleicht wollte er auch einen Teil der Schwarzen haben?
Das Wort ergriff der Ministerpräsident. „Meine Herren, mein Vorschlag ist folgender. Sie brauchen ihn nicht anzunehmen, doch ärgern Sie sich bitte nicht darüber. Und nun mein Rat: Wir schicken dem Feind eine Note, daß wir keinen Krieg wollen, und er soll uns klipp und klar sagen, worum es ihm geht. Ich glaube, er will nur Tribut von uns. Ich werde das sofort erklären. Wozu hat er uns ohne Krieg einen Hafen überlassen und uns billig zehn Schiffe verkauft? Weil er wollte, Bum-Drum solle Gold schicken. Wir haben viel Geld. Was schadet es uns, wenn wir ihm die Hälfte abgeben?"
Hänschen schwieg. Er ballte die Fäuste und schwieg.
„Herr Ministerpräsident", sagte der Finanzminister, „ich glaube, er wird dazu nein sagen. Warum soll er die Hälfte Gold nehmen, wenn er alles bekommen kann? Warum soll er den Krieg abbrechen, wenn er doch unbedingt siegen will? Herr Kriegsminister, Sie haben das Wort."
Hänschen ballte die Fäuste so fest, daß ihm die Nägel ins Fleisch schnitten. Er wartete.

„Die Note, glaube ich, müssen wir absenden", sagte der Kriegsminister. „Wenn er antwortet, werden wir ihm erwidern, aber davon verstehe ich nicht viel. Ich weiß nur, daß das vielleicht vierzehn Tage dauert, ein paar Tage, meinetwegen einen Tag. Und jede Stunde ist jetzt Gold wert. Inzwischen können wir hundert Kanonen reparieren — und wenn es nur fünfzig sind — und einige tausend Gewehre schußbereit machen."
„Und wenn er damit einverstanden ist, die Hälfte Gold zu nehmen und dann den Krieg abzubrechen?" fragte Hänschen mit leiser, sehr hohl und fremd klingender Stimme.
Stille trat ein. Alle blickten auf den Kriegsminister, der wurde bleich und wieder rot, und noch einmal bleich, und dann sagte er schnell:
„Dann müssen wir es ihm geben." Und er fügte noch hinzu: „Allein können wir diesen Krieg nicht gewinnen, und für jeden Beistand ist es zu spät."
Hänschen schloß die Augen, und so blieb er bis zum Ende der Sitzung auf seinem Stuhl sitzen. Einige Minister dachten sogar, er wäre eingeschlafen. Aber Hänschen schlief nicht, und jedesmal, wenn beim Abfassen der Note gesagt wurde: „Wir bitten den feindlichen König", bebten ihm die Lippen. Als er die Feder hielt, um zu unterzeichnen, fragte er nur: „Gibt es kein anderes Wort für bitten?"
Sie schrieben alles noch einmal ab und statt „bitten" setzten sie „wünschen" in die Note.
Wir wünschen den Krieg abzubrechen.
Wir wünschen den Streitfall friedlich beizulegen.
Wir wünschen die Kriegskosten mit der Hälfte unseres Goldes zu begleichen.
Hänschen unterzeichnete. Es war zwei Uhr nachts.
Angekleidet warf Hänschen sich auf sein Bett, doch er konnte nicht einschlafen. Es tagte schon, aber Hänschen schlummerte immer noch nicht.
„Sieg oder Untergang", sagte er immer wieder vor sich hin.

Der Sohn des alten Königs rückte mit seinem Heer auf die gesprengten Festungen vor. Das hatte der Kriegsminister ganz richtig erraten, denn er hätte es selbst auch so gemacht.
Daß aber die feindlichen Truppen so langsam marschieren würden, hatte der Kriegsminister nicht erwartet.
Der junge König durfte sich nicht zu sehr beeilen, denn er mußte überall Schützengräben ausheben. Er führte doch seinen ersten Krieg, und er hatte Angst, in einen Hinterhalt zu geraten. Hatte nicht auch sein Vater zu Beginn jenes anderen Krieges Hänschen tief in sein Land hereingelassen und war ihm dann in den Rücken gefallen? Der junge König durfte diesen Krieg auf keinen Fall verlieren, sonst hätten ihm alle gesagt: Der alte König war besser, und wir wollen ihn, nicht seinen Sohn. Darum mußte er eben beweisen, daß er besser war.
So zog er denn lieber langsam und vorsichtig dahin, und für Eilmärsche war ja auch kein Grund vorhanden. Hänschen konnte doch keinen Krieg führen, denn seine Soldaten gingen zur Schule, und die Kinder hatten die Kanonen entzweigemacht. In Hänschens Hauptstadt wachte der kluge Spion des jungen Königs, der Journalist, und sorgte dafür, daß Unordnung und Wirrwarr immer größer wurden. Es paßte ihm fein in den Kram, daß die Kinder — vielleicht waren es auch die Spione gewesen — Eisenbahnen und Telegrafenapparate zerstört hatten. So würde Hänschen nicht so bald etwas vom Krieg erfahren und auch nicht genügend Truppen an die Front schicken können. So dachte der Sohn des alten Königs und beeilte sich nicht. Wozu sollten sich die Truppen auch unnütz anstrengen? Es war doch besser, sie für die Schlacht vor Hänschens Hauptstadt zu schonen. Denn das war klar: Ohne Schlacht ging es nicht.
Die Truppen marschierten, marschierten, marschierten, und niemand war da, der sie aufgehalten hätte. Die Bevölkerung sah keine Verteidiger, und außerdem wollten die Leute auch gar

nicht verteidigt werden, böse auf Hänschen, wie sie waren. Im Gegenteil, sie freuten sich sogar noch und begrüßten die Feinde wie Befreier.

Ab in die Schule, Kinder, Hänschens Regierung ist vorbei ...

Da kam plötzlich ein Parlamentär, der schwenkte eine weiße Fahne.

Aha, Hänschen hatte vom Krieg schon erfahren.

Der junge König las Hänschens Brief durch und lachte.

„Oho, euer Hänschen ist aber freigiebig, die Hälfte seines Goldes bietet er mir an. Ein Geschenk! Hoho, wem sollte da nicht das Wasser im Mund zusammenlaufen?"

„Was soll ich meinem König antworten? Wenn die Hälfte des Goldes nicht reicht, können wir auch mehr geben. Ich bitte um Antwort."

„Na, dann sag deinem Hänschen, mit Kindern verhandelt man nicht, Kinder — verprügelt man. Und bring mir ja keine Briefe mehr, sonst kannst du auch noch etwas abbekommen. Mach dich aus dem Staube, aber ein bißchen dalli!"

Er warf Hänschens Brief auf den Fußboden und stampfte mit den Füßen darauf herum.

„Majestät, nach dem Völkerrecht müssen königliche Briefe beantwortet werden."

„Meinetwegen, dann will ich antworten."

Nur fünf Worte schrieb er auf die Rückseite von Hänschens zerknittertem und beschmutztem Brief: *Ich bin doch nicht dumm.*

Inzwischen hatte die Hauptstadt vom Krieg und von Hänschens Brief erfahren und wartete voller Ungeduld auf die Antwort. Und nun sah sie so aus. Alle waren wütend.

„Ist der aber überheblich. So ein gemeiner Kerl. Na warte nur, dich werden wir schon Mores lehren."

Und die Stadt begann sich auf die Verteidigung vorzubereiten.

„Dir werden wir's schon zeigen!"

Wie ein Mann traten alle auf Hänschens Seite. Zorn und Ärger waren vergessen, man dachte nun wieder an Hänschens Verdienste. Und nicht nur eine Zeitung, alle schrieben sie jetzt von Hänschen, dem Reformator, von Hänschen, dem Helden.

In den Fabriken wurde Tag und Nacht gearbeitet. Die Truppen exerzierten auf Straßen und Plätzen. Alle wiederholten Hänschens Worte: „Sieg oder Untergang."

Jeden Tag gab es neue Nachrichten und Gerüchte, die einen gut, die anderen schlecht:

Der Feind nähert sich der Hauptstadt.

Der traurige König hat Hänschen Hilfe versprochen.

Bum-Drum schickt alle seine schwarzen Truppen.

Und als Klu-Klu ihre tausend schwarzen Freunde zum ersten Mal auf die Straßen führte, da erhob sich Begeisterungsgeschrei. Klu-Klu wurde mit Blumen überschüttet und auf den Schultern getragen. Und viele Leute sagten nun: „Klu-Klu ist ja wirklich schrecklich schwarz, aber es ist doch nicht so schlimm, daß Hänschen sie überhaupt nicht heiraten könnte."

Inzwischen kam der Feind näher.

Na, und eines schönen Tages begann die Schlacht.

In der Stadt hörte man es schießen. Abends kletterten die Menschen auf die Dächer und sagten, Feuerschein sei zu sehen. Das stimmte.

Am zweiten Tag der Schlacht waren die Schüsse schon nicht mehr so deutlich zu hören, und alle sagten, Hänschen habe gesiegt und verfolge nun den Feind.

Am dritten Tag war es ganz still.

„Der Feind ist sicher schon weit geflohen."

Aber vom Schlachtfeld kam die Nachricht, der Feind sei zwar um fünf Meilen zurückgegangen, doch sei er nicht aufgerieben, er habe nur die Gräben besetzt, die er sich vorher schon ausgehoben hatte.

Und fast hätten sie die Schlacht auch gewonnen, wenn Hänschen nur mehr Kanonen und Pulver gehabt hätte, denn der Feind hatte nicht damit gerechnet, daß sich die Hauptstadt so heftig verteidigen würde. Aber Hänschen mußte mit dem Pulver sehr sparsam umgehen, um nicht auf einmal ohne Munition dazustehen. Schade war das, aber was sollte er machen?

Inzwischen war der Spion, der Journalist, beim feindlichen König angelangt. Voller Wut fuhr der junge König ihn an:

„Was hast du mir vorgeschwatzt, Hänschen habe kein Pulver und keine Kanonen? Ach du, ich weiß gar nicht, wie ich dich nennen soll. Wäre ich nicht so vorsichtig gewesen, dann hätte ich jetzt den Krieg verloren."

Da erst erzählte ihm der Spion, was geschehen war: Wie Hänschen ihn entlarvt habe, wie er ihn habe erschießen wollen, daß er nur um Haaresbreite entkommen sei und sich eine ganze Woche im Keller versteckt habe. Ein Verräter müsse da im Spiel sein, denn Hänschen sei selbst durch die Stadt gegangen und habe die fürchterliche Unordnung mit eigenen Augen gesehen. Er erzählte von Fritz, von allem.

„Mit Hänschen steht es nicht gut: Er hat wenig Pulver und Kanonen. Verteidigung ist immer leichter als Angriff. Außerdem stehen wir dicht vor seiner Hauptstadt, und er hat alles gleich bei der Hand. Wir dagegen müssen alles aus der Ferne hertransportieren. Auf uns gestellt werden wir mit ihm nicht fertig, der Freund der gelben Könige muß uns zu Hilfe eilen."

„Ob er das muß, weiß ich noch nicht. Er hat mich nicht sehr gern. Und außerdem muß ich mit ihm teilen, wenn er uns zu Hilfe eilt."

„Das wird sich kaum vermeiden lassen."

Vielleicht sollte ich lieber die Hälfte des Goldes nehmen und den Krieg abbrechen? dachte der junge König.

So war das also.

Der Spion fuhr in die Hauptstadt des Freundes der gelben Könige und verhandelte mit ihm, er solle gegen Hänschen vorgehen.

Der wollte aber nicht.

„Hänschen hat mir nichts Böses getan."

Immer stärker redete der Spion auf ihn ein.

Er müsse helfen, weil Hänschen den Krieg sowieso verlieren würde. Der junge König stehe doch schon vor Hänschens Hauptstadt. Und wenn er diesen ganzen Weg allein zurückgelegt habe, dann würde er das letzte Stückchen wohl auch noch schaffen. Was solle dann aber geschehen? Er würde alles für sich nehmen. Der junge König brauche gar keine Hilfe, er wolle nur brüderlich mit ihm teilen, damit es nachher keinen Neid gäbe.

„Also gut: Ich werde noch mit dem traurigen König darüber beratschlagen. Entweder ziehen wir beide los oder keiner von uns."

„Wie lange soll ich auf Antwort warten?"

„Drei Tage."

„Gut."

Also schrieb der Freund der gelben Könige dem traurigen König und fragte ihn, was dieser zu tun gedenke. Die Antwort aber lautete, der traurige König sei schwerkrank und könne ihm nicht schreiben. Dann kam Hänschens Brief mit der Bitte um Hilfe; er sei überfallen worden.

Was das doch für ein Kerl ist: Er sagt, er ist mein Freund, schenkt mir einen Hafen und verkauft mir Schiffe, und jetzt hat er zwei meiner Festungen in die Luft gesprengt, hat die Gelegenheit beim Schopf ergriffen, daß die Kinder die Telefone und Telegrafen entzweigemacht haben, und ist mit seinen Truppen einmarschiert. Und als ich ihn fragte, was er eigentlich gegen mich hätte, vielleicht meinte er es gar nicht ernst, als er mir den Hafen gab; und als ich ihm die Hälfte meines Goldes anbot, da redete er Unsinn und schrieb: Ich bin doch nicht dumm. So benimmt man sich doch nicht. Einen ähnlichen Brief, nur viel herzlicher, schrieb Hänschen dem traurigen König.

Der traurige König war aber gar nicht krank, nur als er damals insgeheim zu Hänschen gefahren war, da hatte er den Doktor rufen lassen, und nun durfte niemand außer dem Doktor sein Schlafzimmer betreten.

Jeden Morgen ging der Doktor in das leere Schlafzimmer, als wollte er den König untersuchen, Arzneien trug er hinein, schüttete sie ins Waschbecken, und die Speisen, die er angeblich dem König brachte, aß er selber auf.

Und als der traurige König endlich von seiner Reise zurückkehrte und sich nun wirklich zu Bett legte, da war er so abgerackert, daß alle ihm gern glaubten, er sei eben erst wieder gesund geworden. Denn in einem Lande reisen, wo Krieg

herrscht, ist anstrengend und gefährlich, besonders, wenn man sich dabei verstecken muß.
Kaum hatte der traurige König sein Arbeitszimmer betreten und die beiden Briefe gelesen, da sagte er: „Stellen Sie mir bitte den Hofzug bereit, ich fahre zum Freund der gelben Könige."
Der traurige König dachte, er könnte ihn überreden, Hänschen zu Hilfe zu eilen, denn er ahnte nicht, was für eine Schandtat der mit allen Wassern gewaschene Spion noch auf Lager hatte.

„So, Hänschen hat dir also nichts Böses getan", sagte der Spion, als er zornerfüllt das Zimmer des Königs verließ. „Na, ich habe drei Tage Zeit. Da muß ich irgend etwas erfinden, damit du dich über Hänschen grün und gelb ärgerst. Dann wirst du anders mit mir sprechen."

Der Spion hatte nämlich ein Papier mit Fritzens Unterschrift und seiner gefälschten Unterschrift von Hänschen in der Tasche. Und dieses Papier sollte ein Manifest an die Kinder der ganzen Welt werden.

Kinder! hieß es in diesem Aufruf. *Ich, Hänschen I., wende mich an Euch, damit Ihr mir helft, meine Reformen durchzuführen. In Zukunft sollen die Kinder den Erwachsenen nicht mehr gehorchen müssen. Ich will, daß die Kinder tun und lassen können, was ihnen Spaß macht. Uns sagt man immer nur: Das darfst du nicht, das ist nicht schön, das ist nicht artig. Ungerecht ist das. Warum dürfen die Erwachsenen alles tun und wir nicht! Immerzu sind sie böse auf uns, schimpfen uns aus und werden wütend. Sie hauen uns sogar. Ich will, daß die Kinder die gleichen Rechte haben wie die Erwachsenen.*

Ich bin König und kenne die Geschichte gut. Früher hatten weder die Bauern noch die Arbeiter noch die Frauen noch die Neger Rechte. Heute haben sie alle welche, nur die Kinder nicht.

In meinem Staat habe ich den Kindern schon Rechte gegeben, im Land der Königin Campanella haben sich die Kinder aufgelehnt. Macht auch Ihr Revolution und fordert Rechte. Und wenn Eure Könige nicht auf Euch hören wollen, dann setzt sie ab und wählt mich. Ich will der König aller Kinder auf der Welt sein: der weißen, der gelben und der schwarzen. Ich schenke Euch Freiheit. Also helft mir und macht auf der ganzen Welt Revolution.

König Hänschen

Minister Baron von Rauch

Der Journalist ging in eine Druckerei und ließ sehr viele Flugblätter mit diesem Aufruf drucken, die verteilte er dann in der ganzen Stadt, einige ließ er in den Straßenschmutz fallen, trocknete sie wieder, knüllte sie zusammen und steckte sie in die Tasche.
Die beiden Könige saßen eben beieinander, um zu beraten, was sie tun sollten. Sie waren schon bereit, Hänschen zu Hilfe zu eilen, da kam der Journalist herein und sagte: „Schaut euch nur an, was Hänschen macht; er hetzt die Kinder auf und will König der ganzen Welt werden. Diese drei Flugblätter habe ich eben auf der Straße gefunden. Verzeihung, sie sind ein wenig schmutzig."
Die Könige lasen und machten sich große Sorgen.
„Da müssen wir gegen Hänschen vorgehen, wenn er sich an unsere Kinder wendet, die ihm doch gar nicht gehören, und an die gelben Kinder, die ihm auch nicht gehören, dann ist das sehr häßlich von ihm."
Der traurige König hatte Tränen in den Augen.
„Was hat dieses Hänschen nur gemacht, was hat er da nur angestellt, warum hat er das geschrieben?"
Aber es gab keinen Ausweg mehr.
Vielleicht ist es für Hänschen sogar besser, wenn auch ich ihm den Krieg erkläre. Besiegt worden wäre er sowieso, und wenn nur der junge König Sieger wird, dann gibt es keine Gnade mehr für ihn. So kann ich ihm vielleicht irgendwie helfen, dachte der traurige König.
Als Hänschen erfuhr, daß auch die beiden anderen gegen ihn vorgingen, wollte er es im ersten Augenblick gar nicht glauben.
„Also hat auch der traurige König mich verraten. Ich habe ihnen in dem anderen Krieg gezeigt, wie Hänschen zu siegen versteht, jetzt werde ich ihnen zeigen, wie Hänschen untergeht."
Die ganze Stadt zog mit Spaten auf der Schulter aus und begann für die Truppen Gräben auszuheben und Wälle aufzuschütten. Drei Grabenlinien wurden angelegt: eine zwanzig

Meilen von der Stadt entfernt, und dann je eine im Abstand von fünf Meilen.
„Wir werden nur Schritt für Schritt zurückweichen."
Als der junge König erfuhr, daß ihm die anderen Heere zu Hilfe eilten und schon in der Nähe waren, begann er die Schlacht, weil er der erste sein wollte. Er dachte, alles würde gut gehen. Und im Anfang war es auch so, denn die erste Grabenlinie konnte er erobern. Die zweite Linie aber war stärker, die Wälle höher, die Gräben breiter, und mehr Stacheldraht war da. In diesem Augenblick kam der Nachschub. Und nun gingen alle drei Heere gemeinsam gegen Hänschens Truppen vor.
Und wieder dauerte die Schlacht einen ganzen Tag. Der Feind hatte große Verluste, Hänschen aber hielt sich tapfer.
„Vielleicht hören wir auf?" begann der traurige König, aber die anderen beiden wurden so wütend, daß er sah, es hatte keinen Sinn.
„Nein, diesen Frechling müssen wir erdrücken."
Und wieder tobte die Schlacht vom frühen Morgen an.
„Oho, sie schießen schon weniger."
Und wirklich schossen Hänschens Soldaten an diesem Tag weniger, denn es war befohlen worden: Pulver und Kugeln sparen!
„Was sollen wir nur tun?" fragte Hänschen.
„Ich meine", sagte der Ministerpräsident, „wir müssen sie noch einmal um Waffenstillstand bitten. Wie können wir denn ohne Pulver Krieg führen?"
Aber auf dem Kriegsrat war auch Klu-Klu, die Führerin der schwarzen Abteilung. Diese Abteilung hatte noch nicht im Kampf gestanden, weil sie unbewaffnet war. Die schwarzen Kinder konnten nur mit Pfeil und Bogen schießen. Zuerst hatten sie für ihre Pfeile und Bogen nicht das richtige Holz finden können, und als sie es endlich hatten, mußten sie erst einmal Pfeile schnitzen. Jetzt aber waren sie fertig.
„Hört mal zu", sagte Klu-Klu. „Mein Rat ist folgender: Heute nacht ziehen wir uns auf die dritte Verteidigungslinie zurück.

Irgend jemand geht heute abend ins feindliche Lager und sagt, Bum-Drum habe schwarze Truppen und wilde Tiere geschickt. Morgen früh lassen wir die Löwen und Tiger aus den Käfigen heraus und fangen an zu schießen. Und erst, wenn wir ihnen einen rechten Schreck eingejagt haben, fragen wir sie, ob sie sich mit uns vertragen wollen oder nicht."

„Wird das kein Betrug sein?" fragte Hänschen beunruhigt.

„Nein, das nennt man eine Kriegslist", sagte der Justizminister.

„Also gut." Alle waren einverstanden.

Fritz verkleidete sich als feindlicher Soldat, schlich sich, auf dem Bauche kriechend, ins feindliche Lager und fing an, dem einen und anderen, als sei das gar nichts Neues, von den Löwen und den Negern zu erzählen.

Die Soldaten lachten ihn aus und wollten ihm zuerst nicht glauben.

„Ach, du Dummkopf, das hast du doch sicher geträumt."

Fritz ging weiter, da hielten ihn Soldaten an:

„Hör mal, Kamerad, weißt du schon das Neueste?"

„Was denn?" fragte Fritz.

„Bum-Drum soll mit seinen Negern und Löwen Hänschen zu Hilfe gekommen sein."

„Das sind ja Märchen", sagte Fritz.

„Das sind keine Märchen. Das Brüllen der wilden Tiere soll schon zu hören sein."

„Dann laß sie doch brüllen, ich mach mir nichts daraus", sagte Fritz.

„Warte nur, du wirst dir schon etwas daraus machen, wenn so ein Löwe dich zerreißt."

„Bin ich vielleicht schwächer als ein Löwe?"

„Bist du aber eigensinnig. Du und ein Löwe! Schaut ihn euch doch einmal an! Du siehst ja nicht mal aus wie ein richtiger Soldat."

Fritz ging weiter, und nun erzählten die Soldaten schon, Bum-Drum habe ein ganzes Schiff voller furchtbar giftiger Schlangen geschickt. Fritz selbst sagte gar nichts mehr, er hörte nur noch zu oder grinste. Sie aber schrien ihn an, er solle sich nur nicht lustig machen, lieber solle er beten, denn mit seinem Gelächter male er den Teufel an die Wand.

Wieso eigentlich waren die Soldaten so leichtgläubig?

Ja, seht ihr, wenn so ein Soldat ein paar Tage im Kampf steht, dann ist er müde und nervös, denn er ist doch so weit von der Heimat weg. Und man hatte ihm gesagt, die Schlacht würde ein Kinderspiel werden, Hänschen habe kein Pulver und könne sich gar nicht verteidigen. Nun aber merkten die Soldaten, daß es nicht so leicht war — da wurden sie noch nervöser und glaubten jeden Unsinn.

Als Fritz zurückkam und alles erzählte, bekam Hänschen wieder neuen Mut.

„So oft ist es mir gelungen, vielleicht geht es auch diesmal gut!"

Heimlich still und leise verließen sie nachts die Gräben und zogen sich zurück, näher zur Stadt. Die Soldaten schleppten die Käfige mit den Löwen und Tigern heran, bei denen die Hälfte der Neger aufgestellt wurde. Die andere Hälfte verteilte sich in Zehnergruppen auf alle Abteilungen, damit der Feind sie überall sehen könnte.

Also folgendermaßen sollte es vor sich gehen: Die Feinde würden anfangen, auf die leeren Gräben zu schießen, und wenn sie sahen, daß niemand zurückschoß, würden sie zum Angriff übergehen. Doch in den Gräben würden sie niemanden vorfinden, sich darüber freuen, Vivat rufen und froh sein, daß die Hauptstadt schon zu sehen war, daß sie bald in die Stadt gehen, plündern, essen und trinken könnten. Plötzlich aber sollten die Neger ihre Trommeln schlagen, ein schreckliches Kriegsgeschrei erheben, die wilden Tiere loslassen und sie mit Pfeilen gegen den Feind jagen. Dort würde es Unordnung, Durcheinander und Wirrwarr geben. Und dann würde Hänschen an der Spitze der Reiterei über sie herfallen, ihm nach die Infanterie. Die Schlacht würde schrecklich sein, aber das war gut so. Ein für allemal hätten die Feinde dann ihre Lehre weg.

Es mußte gelingen. Das Schrecklichste ist nämlich, wenn der Mensch nichts Böses erwartet und fröhlich ist, und wenn dann wie der Blitz aus heiterem Himmel etwas auf ihn einstürzt.

Zwei Dinge habe ich noch zu erzählen vergessen: Erstens: Hänschens Soldaten hatten in den Gräben sehr viel Schnaps, Bier und Wein hinterlassen. Und zweitens: Um die Tiere noch wilder zu machen, hatte man um die Käfige große Holzstöße, mit Stroh und Papier gemischt, aufgestapelt, und das alles wollte man anzünden, wenn die Käfige geöffnet wurden. Denn sonst bestand die Gefahr, daß sich die Löwen auf Hänschens Truppen stürzten. Auch wurde vorgeschlagen, ein paar Schlangen in Freiheit zu setzen.

„Die Schlangen wollen wir lieber in Ruhe lassen", sagte Klu-Klu, „die haben nämlich ihre Launen. Man kann nie genau voraussehen, was sie tun werden. Aber mit den Löwen geht alles in Ordnung."

Doch auch der Feind hatte seinen Plan.
„Hört mal", sagte der junge König. „Morgen müssen wir in der Stadt sein. Sonst kann es uns schlecht ergehen. Wir sind weit von zu Hause entfernt. Alles müssen wir mit der Eisenbahn herbeischaffen, Hänschen aber ist so gut wie zu Hause. Und es ist sehr bequem, sich in der Nähe seiner eigenen Stadt zu schlagen, weil man alles bei der Hand hat. Andererseits sind Städter aber gefährlich, weil sie immer Angst haben. Also muß man sie noch mehr erschrecken. Morgen früh fangen unsere Flugzeuge an, die Stadt zu bombardieren, dann wird sie Hänschen zur Übergabe zwingen. Die Truppen müssen wir so formieren, daß sie sich nicht zurückziehen können. Wir werden in ihrem Rücken Maschinengewehre aufstellen, und wenn sie die Flucht ergreifen wollen, wird geschossen."
„Was, auf unsere eigenen Leute sollen wir schießen?"
„Morgen müssen wir in der Stadt sein, sonst geht es uns schlecht", wiederholte der junge König. „Und ein Soldat, der die Flucht ergreift, gehört nicht mehr zu uns, er ist ein Feind."
In den Abteilungen wurde verkündet, morgen wäre der Generalangriff und die letzte Schlacht.
Wir sind drei und Hänschen ist allein, hieß es im Befehl. Er hat keine Kanonen und kein Pulver mehr. In seiner Hauptstadt ist Revolution. Seine Soldaten wollen nicht mehr kämpfen. Sie sind hungrig und zerlumpt. Morgen ist Hänschen unser Gefangener und seine Hauptstadt in unserer Gewalt.
Die Piloten erhielten den Befehl, bei Sonnenaufgang loszufliegen. Benzin und Bomben wurden verteilt.
Hinter den Truppen aber wurden Maschinengewehre aufgestellt.
„Warum das?" fragten die Soldaten.
„Maschinengewehre braucht man zur Verteidigung, nicht zum Angriff", sagten die Offiziere.

Das gefiel den Soldaten gar nicht.

In dieser Nacht schloß weder in Hänschens noch im Lager seiner Feinde jemand die Augen.

Die einen putzten ihre Gewehre, die anderen schrieben Briefe nach Hause und nahmen Abschied von ihren Lieben.

Es herrschte tiefe Stille, nur die Lagerfeuer prasselten.

Doch stark schlugen in dieser Stille die Herzen der Soldaten.

Der Morgen graute.

Noch war der Himmel fahl, da begannen die feindlichen Kanonen Hänschens leere Gräben zu beschießen. Sie schossen und schossen, in Hänschens Lager aber lachte man nur.

„Vergeudet ihr nur euer Pulver“, sagten die Soldaten.

Hänschen stand auf einem Hügel und guckte durch den Feldstecher.

„Oh, da kommen sie!“

Die einen liefen, die anderen krochen vorsichtig, immer mehr und mehr Soldaten kamen aus den Gräben hervor — anfangs furchtsam, dann schon etwas mutiger. Den einen machte die Stille in Hänschens Gräben Mut, die anderen beunruhigte sie.

Plötzlich stiegen zwanzig Flugzeuge auf und flogen direkt auf die Hauptstadt zu. Leider besaß Hänschen nur fünf, denn die Kinder hatten sich für Flugzeuge am meisten interessiert und während ihrer Herrschaft fast alle entzweigemacht.

Und nun begann eine verbissene Luftschlacht, in der sechs Feinde abgeschossen wurden, aber auch Hänschens Flugzeuge stürzten ab oder wurden zur Landung gezwungen.

Der Anfang der Schlacht verlief genauso, wie der Kriegsrat vorhergesehen hatte.

Der Feind nahm die vordersten Gräben ein — und nun erhob sich ein Triumphgeheul.

„Aha, sie haben das Hasenpanier ergriffen. Sie haben ja auch keine Kanonen. Och, sind die aber schnell ausgerissen: Nicht einmal den Schnaps haben sie mitnehmen können.“

Der eine und andere machte eine Flasche auf

„Gut ist der, probiert ihn mal.“

Sie tranken, lachten, lärmten und wollten schon im Graben übernachten.

„Wozu sollen wir uns eigentlich beeilen, wenn es uns hier doch so gut geht?"

Aber der junge König wiederholte beharrlich: „Heute noch müssen wir in der Stadt sein."

Kanonen und Maschinengewehre wurden vorgeschoben.

„Zum Angriff!"

Nur ungern gingen die Soldaten, und der Schädel brummte ihnen. Aber ein Befehl muß erfüllt werden. Und etwas Unangenehmes tut man lieber gleich. Also gingen sie nun ungedeckt, und dann liefen sie auf Hänschens letzte Gräben vor der Stadt zu.

Da donnerten plötzlich die Kanonen los, die Maschinengewehre hämmerten, Kugeln pfiffen über sie dahin, und — was das Merkwürdigste war — Pfeile kamen geflogen.

Plötzlich ertönte in Hänschens Gräben ein wildes Geschrei, und man hörte Trommeln dröhnen, schrille Pfeifen, Kessel . . .

Auf einmal sah man in den Gräben schwarze Krieger. Ziemlich klein waren sie ja, aber vielleicht sah das nur von weitem so aus. Es waren auch nicht sehr viele, aber sie waren da — und die Soldaten sahen sie vor Schreck doppelt. Plötzlich sprangen Löwen und Tiger, von Schüssen aufgehetzt, von dem glühenden Eisen verbrannt, direkt auf den angreifenden Feind los. Und das ist seltsam: Hundert Erschlagene machen nicht solchen Eindruck wie ein einziger, den ein Löwe zerfleischt. Erschossene hatten die Soldaten schon oft gesehen, aber das erblickten sie zum ersten Mal. Die Klauen eines wilden Tieres erschienen ihnen schlimmer als stählerne Kugeln.

Was nun geschah, läßt sich kaum beschreiben. Die einen liefen wie wahnsinnig direkt in den Stacheldraht und warfen die Gewehre auf die Erde, die anderen flohen ins Feuer ihrer eigenen Maschinengewehre hinein. Da dachten sie, sie würden von zwei Seiten beschossen, ließen sich zu Boden fallen oder hoben die Hände.

Die feindliche Reiterei, die den Angriff unterstützen sollte, raste in vollem Galopp auf die Maschinengewehre, trat die Menschen zu Boden und verwundete sie.
Qualm, Staub, Verwirrung, niemand sah und niemand wußte, was los war. So ging es etwa zwei Stunden lang.
Als später die Geschichtsschreiber über diese Schlacht berichteten, da schrieb jeder etwas anderes, nur in einem waren sie alle der gleichen Meinung: Eine ähnliche Schlacht habe es noch nie gegeben.
„Ach", der Kriegsminister weinte fast, „wenn wir wenigstens noch für zwei Stunden Kugeln und Pulver hätten!"
Aber was sollte er tun? Es war nichts mehr da.
„Reiterei, vorwärts!" schrie Hänschen und bestieg selbst einen schönen Schimmel.
Ja, das war das einzig richtige: Das Durcheinander auszunutzen und den Feind weit verfolgen, all seine Vorräte wegnehmen und ihn von der Stadt wegtreiben. Denn er durfte nie erfahren, daß nicht Bum-Drums Hilfe, sondern eine Handvoll Negerkinder und ein Dutzend wilder Tiere aus Hänschens Zoo den Sieg herbeigeführt hatten.
Doch plötzlich, als Hänschen in Eile sein Pferd bestieg, warf er einen Blick auf seine Stadt – und verlor fast die Sprache.
Nein, das konnte ja nicht sein! Das war irgendein furchtbarer Irrtum. Nein, das kam ihm sicher nur so vor.
Aber es stimmte.
Auf allen Türmen der Stadt flatterten weiße Fahnen: Die Hauptstadt ergab sich.
Schon rasten Boten auf die Stadt zu mit dem Befehl: „Die weißen Lappen abreißen! Feiglinge und Verräter erschießen!"
Es war zu spät.
Der Feind schöpfte gleich neuen Mut.
So ist es nun einmal in der Schlacht, man braucht nur ein Gläschen zu trinken und ist betrunken, es braucht aber auch nur eine Kugel zu pfeifen, dann ist man gleich wieder nüchtern.
Angst, Hoffnung, Verzweiflung, Vergeltungssucht folgen einander rasch.

Die Soldaten rieben sich die Augen. Was war das? Träumten sie, oder war es wirklich so? Hänschens Kanonen schwiegen, Löwen und Tiger lagen da, von Kugeln durchbohrt. Und hier sagten die weißen Fahnen, die Stadt wolle sich ergeben. Was sollte das alles bedeuten?

Der junge König wußte gleich, was zu tun war. Er rief: „Vorwärts!"

Offiziere und dann die Soldaten sprachen es ihm nach.

Hänschen war machtlos.

Sie kehrten zurück, formierten sich in Reihen und hoben die weggeworfenen Gewehre wieder auf. Die weißen Fahnen verschwanden, aber es war schon zu spät.

Sie kamen — schon zerschnitten sie mit den Scheren den Stacheldraht.

„Majestät", sprach mit zitternder Stimme ein alter General.

Hänschen wurde kreidebleich, sprang vom Pferd und sagte langsam und vernehmlich:

„Wer sterben will, der folge mir."

Es fanden sich nicht viele. Fritz, Toni, Klu-Klu und einige Dutzend Soldaten.

„Wohin gehen wir?" fragten sie.

„Leer und fest ist das Haus, wo die Löwenkäfige standen. Dort werden wir uns wie Löwen verteidigen."

„Das ist zu klein für uns alle."

„Um so besser", flüsterte Hänschen.

Fünf Autos standen in der Nähe. Sie stiegen ein, nachdem sie so viel Waffen und Munition mitgenommen hatten, wie sie transportieren konnten.

Als sie abfuhren, drehte Hänschen sich um und schaute zurück.

Über dem Lager wehte die weiße Fahne.

Und Hänschen kam der Gedanke, wie merkwürdig doch das Schicksal mit ihm gespielt hatte: Er hatte den Befehl erteilt, die Stadt solle dieses Zeichen der Schande und Sklaverei abwerfen, und nun hatte sich nicht nur die Stadt mit ihren Greisen, Kindern und Frauen von ein paar Dutzend Bomben ins Bockshorn

jagen lassen und dem Feind auf Gnade und Ungnade ergeben. nein, auch die Armee hatte kapituliert.
„Gut, daß ich nicht bei ihnen bin“, sagte Hänschen. „Weine nicht, Klu-Klu, wir werden einen schönen Tod haben, und nun wird niemand mehr sagen, die Könige führen zwar Krieg, aber nur die Soldaten fallen.“
Ein schöner Tod, das war nun sein einziger Wunsch. Plötzlich aber erwachte seine Neugier.
„Was mir wohl meine Feinde für ein Begräbnis bereiten?“

Doch nicht einmal dieser Wunsch Hänschens sollte in Erfüllung gehen. Statt einer Minute Leiden hatte das grausame Schicksal lange Stunden Demütigung und Schmerz, und später dann lange Jahre bitterer Buße für ihn bereit.

Das Heer hatte sich ergeben, von Hänschens großem Staat war nur ein einziges Fleckchen freigeblieben: das Quadrat, in dem der Löwenkäfig stand. Man versuchte, das Gebäude zu stürmen, aber vergeblich. Man schickte einen Parlamentär, aber weil er unter dem Schutz einer weißen Fahne zu Hänschen kam, wie das Brauch ist, und weil Hänschen sich darüber ärgerte, erhielt er zwei tödliche Wunden: Eine Kugel zerschmetterte ihm die Schädeldecke, und Klu-Klus Pfeil durchbohrte sein Herz.

„Einen Parlamentär hat er getötet."

„Er hat das Völkerrecht mit Füßen getreten."

„Er hat ein Verbrechen begangen."

„Unerhört ist das."

„Die Hauptstadt muß für das Verbrechen ihres Königs streng bestraft werden."

Aber die Hauptstadt hatte schon vorher gesagt: „Hänschen ist unser König nicht mehr."

Als die feindlichen Flugzeuge die Stadt angriffen, da hatten sich die reichen und angesehenen Bürger der Stadt zu einer Beratung versammelt.

„Wir haben die Regierung dieses unbändigen Jungen, wir haben die Tyrannei dieses wildgewordenen Bengels satt. Wenn er auch diesmal wieder siegen sollte, dann wird es noch schlimmer, als wenn er geschlagen wird. Wer kann voraussehen, was er sich dann wieder ausdenkt, er und sein Fritz."

Es gab aber auch Menschen, die Hänschen verteidigten.

„Immerhin hat er doch auch viel Gutes getan. Seine Fehler entsprangen dem Mangel an Erfahrung. Aber einen hellen Kopf

hatte er, und die Lehren, die das Leben ihm schenkt, wird er schon richtig anwenden."
Und wer weiß, vielleicht hätten Hänschens Freunde den Sieg davongetragen, doch in diesem Augenblick schlug ganz in der Nähe eine Bombe ein, und alle Fensterscheiben im Sitzungssaal zersprangen.
„Weiße Fahnen heraushängen!" schrie einer voller Entsetzen.
Niemand brachte den Mut auf, sich dem Verrat zu widersetzen.
Und was dann geschah, wißt ihr ja schon.
Die schändlichen Fahnen der Unterwerfung wurden herausgehängt, die Bürger erklärten schriftlich, die Stadt sage sich los von Hänschen und wolle für seinen Wahnsinn nicht verantwortlich sein.
„Schluß mit der Komödie!" schrie der junge König. „Wir haben Hänschens ganzen Staat erobert, nur dieser Hühnerstall da will sich nicht ergeben. Herr General der Artillerie, stellen Sie eine Kanone auf und schießen Sie zweimal direkt neben die Kate, und wenn Hänschen dann immer noch nicht herauskriecht, dann muß man den Bau dieses bösartigen Wolfsjungen eben dem Erdboden gleichmachen."
„Zu Befehl!" sagte der General der Artillerie.
Da sagte der traurige König: „Holla, holla, Majestät, wollen Majestät bitte nicht vergessen, daß Majestät hier nicht allein zu bestimmen haben. Hier stehen drei Armeen und drei Könige."
Der junge König biß sich auf die Lippen.
„Zu dritt sind wir schon, aber nicht alle haben die gleichen Rechte. Ich habe als erster den Krieg erklärt, und in der Schlacht habe ich das meiste geleistet."
„Ja, und die Truppen Eurer Majestät waren die ersten, die vom Schlachtfeld flohen."
„Aber ich habe sie aufgehalten."
„Weil Majestät wußten, daß wir Majestät im Falle der Gefahr rechtzeitig zu Hilfe kommen würden."
Der junge König antwortete nicht. Es stimmte. Der Sieg hatte ihn viel gekostet: Die Hälfte seines Heeres war tot oder verwundet oder kampfunfähig. Unter diesen Bedingungen hieß es

sehr vorsichtig sein, damit seine beiden Bundesgenossen nicht schon bald zu seinen Feinden wurden.

„Was wollt ihr also tun?“ fragte er notgedrungen.

„Wir brauchen uns nicht zu beeilen. Hänschen kann uns dort im Haus der wilden Tiere ja nichts Böses tun. Wir werden den Zoologischen Garten umzingeln, vielleicht wird der Hunger Hänschen zwingen, sich zu ergeben. Inzwischen aber werden wir in aller Ruhe beraten, was wir mit ihm machen wollen, wenn wir ihn lebendig gefangennehmen.“

„Ich denke, wir werden ihn ohne lange Zeremonien erschießen.“

„Ich aber glaube“, erwiderte der traurige König, „die Geschichte würde es uns nie verzeihen, wenn auch nur ein Haar vom Haupte dieses armen und mutigen Kindes fallen würde. Das wäre eine ewige Schande für uns.“

„Die Geschichte ist gerecht!“ rief wütend der junge König. „Und wenn jemand die Schuld trägt an diesem Blutvergießen, dann ist er kein Kind mehr, dann ist er ein — Verbrecher.“

Der dritte König, der Freund der gelben Könige, schwieg. Und die beiden sich streitenden Könige wußten sehr gut, daß er den Ausschlag geben würde. Er war aber sehr klug.

Wozu sollen wir die schwarzen Könige reizen, deren Freund Hänschen ist, dachte er. Es ist gar nicht notwendig, Hänschen totzuschlagen, man kann ihn doch auf einer unbewohnten Insel aussetzen, und dort soll er nur bleiben. Und jeder wird zu seinem Recht kommen.

Und so wurde es auch in dem Vertrag geschrieben.

Erster Punkt: König Hänschen ist lebendig gefangenzunehmen.

Zweiter Punkt: Er wird auf einer unbewohnten Insel ausgesetzt.

Beim dritten Punkt zankten sie sich wieder, denn der traurige König forderte, Hänschen sollte das Recht haben, zehn Personen mitzunehmen, die er sich selbst auswählen dürfte und die ihn begleiten konnten; aber der junge König war dagegen.

Mit Hänschen sollten nur drei Offiziere und dreißig Soldaten fahren. Von jedem Sieger ein Offizier und zehn Soldaten.
Zwei Tage lang konnten sie sich nicht einigen, zum Schluß gab jeder ein bißchen nach.
„Also gut", sagte der junge König, „meinetwegen sollen zehn Freunde zu ihm fahren, aber erst nach einem Jahr. Und Hänschen wird gesagt, er sei zum Tode verurteilt, erst im letzten Augenblick darf er begnadigt werden. Es ist notwendig, daß das Volk sieht, wie Hänschen bettelt und fleht, damit dieses dumme Volk, das sich so untertänig hat an der Nase herumführen lassen, ein für allemal begreift, daß Hänschen kein Held, sondern ein frecher, feiger und dummer Junge ist. Sonst könnte sich das Volk nämlich später einmal erheben und Hänschens Rückkehr fordern. Dann aber wird Hänschen erwachsen sein und noch viel gefährlicher als heute."
„Zankt euch nicht so lange", sagte der Freund der gelben Könige. „Inzwischen stirbt Hänschen nämlich vor Hunger, und ihr habt euch ganz umsonst gestritten."
Der traurige König gab nach. Und zwei neue Punkte wurden im Vertrag festgelegt:
Dritter Punkt: Hänschen wird von einem Kriegsgericht zum Tode verurteilt. Erst im letzten Augenblick werden ihn die drei Könige begnadigen.
Vierter Punkt: Das erste Jahr seiner Gefangenschaft wird Hänschen allein mit seiner Wachmannschaft verbringen. Nach einem Jahr darf er zehn Personen, die zu ihm fahren wollen, zu sich nehmen.
Man ging zu den weiteren Punkten über und legte fest, welche Städte und wieviel Gold jeder König bekommen sollte, wieviel Land und Gold die Hauptstadt erhalten sollte und so weiter.
Plötzlich wurde gemeldet, draußen warte ein Herr, der in einer sehr wichtigen Angelegenheit unbedingt zur Beratung kommen wolle.
Es war ein Chemiker, der hatte ein Schlafgas erfunden, das man im Garten ausströmen lassen sollte — und dann würde Hänschen, der doch vor Hunger bestimmt schon ganz schwach war,

einschlafen, so daß man ihn binden und in Fesseln schlagen konnte.

„Wir können die Wirkung meines Gases ja vorher an Tieren ausprobieren", sagte der Chemiker.

Gleich wurde ein Behälter gebracht, man stellte ihn eine halbe Meile vom Stall des Königs auf und spritzte eine Flüssigkeit aus, die war wie ein Wasserstrahl, der sehr schnell verdampfte. Der ganze Stall war wie in Nebel gehüllt. Das dauerte fünf Minuten.

Als sie in den Stall kamen, schliefen alle Pferde. Und sogar der Stallknecht, der auf dem Stroh gelegen und vor sich hingeträumt hatte, weil er nichts von dem Versuch wußte, schlief so fest, daß er nicht einmal mit der Wimper zuckte, als man ihn schüttelte und direkt an seinem Ohr vorbei mit dem Revolver schoß. Eine Stunde später wachten Knecht und Pferde wieder auf. Der Versuch war gelungen. Darum beschloß man, heute noch mit der Belagerung Hänschens Schluß zu machen.

Und es war auch höchste Zeit. Hänschen hatte nämlich drei Tage lang nichts gegessen, damit seine treuen Kameraden nicht Hunger leiden sollten.

„Wir müssen uns mit dem Gedanken abfinden, daß wir uns vielleicht einen ganzen Monat lang wehren müssen", sagte er.

Denn Hänschen hatte noch immer nicht die Hoffnung verloren, daß seine Hauptstadt ihre Tat bereuen und dem feindlichen Heer an die Gurgel springen würde.

Und als Hänschen nun bemerkte, daß im Garten Zivilpersonen herumschlichen, da dachte er schon, eine Delegation aus der Hauptstadt sei gekommen, und verbot das Schießen.

Doch was war das?

Wie Regen sah das aus, irgendeine kalte Flüssigkeit schlug so stark gegen die Scheiben, daß einige Sprünge bekamen. Dann war es wie Nebel oder Rauch. In Mund und Nase hatte er einen süßlich beklemmenden Duft und Geschmack. Hänschen wußte selber nicht, war das nun angenehm oder nicht. Er griff nach seinem Gewehr, denn er dachte, dies wäre eine List. Aber die Hände wurden ihm auf einmal bleischwer; er strengte seine

Augen an, um die Wolke mit dem Blick zu durchdringen und festzustellen, was eigentlich los war.

„Aufpassen!“ rief er mit letzter Kraft.

Immer schneller schnappte er nach Luft. Die Augen fielen ihm zu. Das Gewehr entglitt seiner Hand. Hänschen bückte sich, um es wieder aufzuheben, aber er konnte nicht mehr hochkommen.

Alles wurde ihm ganz gleichgültig.

Er vergaß, wo er sich befand.

Er schlummerte ein.

Schmerzlich war das Erwachen.

Hänschen wußte was Gefangenschaft ist, aber beim ersten Mal hatten die Feinde keine Ahnung, daß er der König war. Jetzt war das anders.

An Händen und Füßen trug Hänschen Fesseln. Die Fenster seiner Zelle waren dicht vergittert und lagen ganz hoch oben, direkt unter der Decke. In die schwere Eisentür war ein kleines rundes Guckloch eingelassen, durch das ständig der wachthabende Soldat schaute.

Auf einmal wußte Hänschen wieder alles, was geschehen war. Mit offenen Augen lag er da.

Was soll ich tun?

Hänschen gehörte nicht zu den Menschen, die im Unglück immer nur an das denken, was geschehen ist. Nein, immer schon hatte er in solcher Lage überlegt, was geschehen muß, um von der Pechsträhne loszukommen.

Aber um zu wissen, was man tun soll, muß man erst einmal erfahren, was geschehen ist. Und er wußte gar nichts.

Da lag nun also Hänschen auf seinem Strohsack auf dem Boden, dicht an der Wand. Leicht pochte er gegen die Mauer. Vielleicht antwortete ihm jemand? Er klopfte ein und das andere Mal, aber niemand ließ sich hören. Wo war Klu-Klu? Was war mit Fritz geschehen? Was ging in der Stadt vor?

Der Schlüssel knarrte in der Eisentür, und zwei feindliche Soldaten kamen herein. Der eine blieb an der Tür stehen, der andere stellte Hänschen einen Becher Milch und ein Brötchen hin. Im ersten Augenblick wollte Hänschen den Becher umkippen und die Milch ausgießen, aber dann dachte er, das hätte doch gar keinen Sinn. Nichts war zu machen: Er hatte den Krieg verloren, war in Gefangenschaft, Hunger hatte er auch, und er brauchte Kraft. Er richtete sich auf seinem Strohsack auf und griff, von der eisernen Kette behindert, mühsam nach dem Becher. Der Soldat stand da und schaute zu.

Hänschen aß das Brötchen und sagte: „Eure Könige sind aber geizig. Ein Brötchen — das ist wirklich zu wenig. Als sie bei mir zu Besuch waren, habe ich ihnen mehr aufgetischt. Und als der alte König mein Gefangener war, hat er auch alles bekommen, was er wollte. Und jetzt schicken mir drei Könige einen kleinen Becher Milch und ein einziges Brötchen." Hänschen lachte.

Die Soldaten antworteten nicht, denn es war ihnen streng verboten, sich in ein Gespräch einzulassen. Aber sie erzählten sofort alles dem Gefängnisaufseher, und der telefonierte, was er machen sollte.

Nach einer Stunde wurden Hänschen drei Brötchen und drei Becher Milch gebracht.

„Oh, das ist zuviel. Ich will meine Wohltäter nicht schädigen. Sie sind ja zu dritt, ich nehme von jedem ein Brötchen, und eins nehmen Sie bitte wieder mit."

Hänschen aß sich satt und schlief wieder ein. Lange schlief er, und er hätte noch viel länger geschlafen, aber kurz vor Mitternacht wurde er geweckt.

Der ehemalige König Hänschen-Reformator wird um zwölf Uhr nachts vor dem Kriegsgericht stehen. Der feindliche Militärstaatsanwalt verlas ein Papier, an dem die Siegel aller drei Könige hingen.

„Sagen Sie bitte dem Gericht, es soll mir die Fesseln abnehmen lassen, sie sind schwer und reiben mir die Füße auf."

Die Ketten taten Hänschen gar nicht weh, sie waren ihm sogar viel zu groß. Aber Hänschen wollte aufrecht vor Gericht erscheinen, und diese lächerlichen Ketten für erwachsene Gefangene sollten ihn nicht behindern.

Und Hänschen erreichte, was er wollte: Die schweren Eisenfesseln wurde er los und bekam hübsche goldene Kettchen dafür.

Er betrat den Saal mit stolz erhobenem Haupt und leichten Schrittes, den gleichen Gefängnissaal, in dem er vor gar nicht

langer Zeit noch den Vertrag mit seinen gefangenen Ministern abgeschlossen hatte.
Neugierig schaute er sich um.
Am Tisch saßen die rangältesten Generäle aller drei Könige. Die Könige hatten linkerhand Platz genommen, rechts saßen einige Herren in Zivil, im Frack und weißen Handschuhen. Wer war denn das? Sie benahmen sich ganz merkwürdig und wandten die Köpfe ab, so daß er sie nicht erkennen konnte.
Die Anklageschrift lautete:
1. König Hänschen hat einen Aufruf an alle Kinder erlassen, sie sollten sich erheben und den Erwachsenen nicht mehr gehorchen.
2. König Hänschen wollte eine Weltrevolution hervorrufen, um selbst König der ganzen Welt zu werden.
3. Hänschen hat einen Parlamentär erschossen, der mit der weißen Fahne zu ihm kam. Weil Hänschen damals nicht einmal mehr König war, ist er ein gemeiner Verbrecher, und er muß dafür entweder aufgehängt oder erschossen werden.
„Was hast du dazu zu sagen, Hänschen?"
„Daß ich den Aufruf erlassen habe, ist eine Lüge. Daß ich nicht mehr König war, als ich den Parlamentär erschoß, ist die zweite Lüge. Und ob ich König der ganzen Welt werden wollte oder nicht, das kann außer mir niemand wissen."
„Also gut, meine Herren, lesen Sie bitte Ihren Beschluß vor", wandte sich der Vorsitzende an die Herren in Frack und weißen Handschuhen.
Ob sie nun wollten oder nicht, sie standen auf, und einer von ihnen las laut, aber seine Hände zitterten, und er war genauso weiß wie das Papier in seiner Hand.
Wir Einwohner der Stadt wollen im Hinblick darauf, daß die Bomben die Stadt ruinieren und daß selbst in unserem Tagungssaal eine Bombe alle Fensterscheiben zerschlagen hat, unsere Frauen und Kinder retten und wollen nicht mehr, daß Hänschen König bleiben soll. Die Hauptstadt entzieht Hänschen Thron und Krone. Wir tun das sehr ungern, aber wir können es nicht länger ertragen. Also hissen wir weiße Fahnen zum Zeichen,

daß wir keinen Krieg führen wollen; den Krieg führt nun nicht mehr unser König, sondern irgendein gewöhnliches Hänschen, das ganz allein für alles verantwortlich ist. Wir aber sind unschuldig.

Der Vorsitzende reichte Hänschen eine Feder.

„Unterzeichne bitte."

Hänschen nahm die Feder, dachte einen Augenblick nach und schrieb dann auf den unteren Rand:

Den Beschluß einer Bande von Verrätern und Feiglingen, die das Land verkauft haben, erkenne ich nicht an. Ich bin und bleibe König Hänschen I.

Darauf las er mit lauter Stimme vor, was er geschrieben hatte.

„Meine Herren Richter und Generäle", sagte Hänschen zu seinen Feinden.

„Wenn Sie über mich urteilen wollen, dann fordere ich, daß Sie mich König Hänschen nennen, denn der bin und bleibe ich, solange ich lebe und auch nach meinem Tode. Wenn dies aber kein Gericht ist, wenn Sie an einem besiegten König ein Verbrechen begehen wollen, sollten Sie sich schämen als Menschen und als Soldaten. Dann können Sie sagen, was Sie wollen, ich werde nicht antworten."

Die Generäle verließen den Saal, um zu beraten, was sie tun sollten. Hänschen aber pfiff sich ein Soldatenliedchen.

Sie kehrten zurück.

„Hänschen, gibst du zu, an die Kinder der ganzen Welt einen Aufruf erlassen zu haben?" fragte der General, der den Vorsitz führte.

Keine Antwort.

„Geben Majestät zu, einen Aufruf an die Kinder der ganzen Welt erlassen zu haben?" fragte der General.

„Nein, das gebe ich nicht zu. Einen solchen Aufruf habe ich nicht erlassen."

„Den Zeugen hereinrufen!" befahl der Richter.

Den Saal betrat der Journalist, der in Wirklichkeit ein Spion war. Hänschen zuckte nicht einmal zusammen.

„Da ist der Zeuge", sagte der Richter.

„Jawahl", sagte der Journalist, „ich kann bezeugen, daß Hänschen König der Kinder der ganzen Welt werden wollte."

„Stimmt das?" fragte der Richter.

„Es stimmt", antwortete Hänschen, „das wollte ich. Ich hätte das ganz bestimmt gemacht, aber die Unterschrift auf diesem Aufruf ist gefälscht. Dieser Spion hat meine Unterschrift gefälscht. Daß ich König der Kinder werden wollte, stimmt jedoch."

Die Richter sahen sich Hänschens Unterschrift an, sie wiegten die Köpfe, als könnten sie das nicht verstehen und taten so, als wüßten sie von nichts. Aber das war sowieso gleichgültig. Hänschen hatte es ja selber zugegeben.

„Hänschen muß unbedingt getötet werden, sonst werden wir nie wieder Ruhe und Ordnung bekommen."

„Hänschen, soll dich jemand verteidigen?"

Keine Antwort.

„Wünschen Majestät, daß jemand zur Verteidigung Eurer Majestät das Wort ergreift?" wiederholte der Vorsitzende.

„Das ist überflüssig", antwortete Hänschen. „Es ist schon spät, schade um die Zeit: Gehen wir lieber schlafen."

Hänschen sprach das mit froher Stimme. Er ließ es sich nicht anmerken, was in seiner Seele vorging, er hatte beschlossen, bis zum Ende den Kopf hoch zu tragen.

Die Richter verließen den Saal, als wollten sie sich im nächsten Zimmer miteinander beraten — und kehrten mit dem Urteil zurück:

„Erschießen."

„Unterschreibe, bitte", sagte der Vorsitzende.

Keine Antwort.

„Wollen Majestät bitte unterzeichnen, daß die Verhandlung rechtmäßig vor sich gegangen ist?"

Hänschen unterzeichnete.

Da warf sich einer der Herren in Frack und Handschuhen plötzlich auf den Boden, umfaßte Hänschens Füße und rief unter Tränen: „Geliebter König, verzeih mir meinen Verrat! Jetzt

erst sehe ich, was wir angerichtet haben. Und wenn unsere nichtswürdige Feigheit nicht gewesen wäre, dann wären nicht sie die Sieger, dann würdest jetzt du Gericht halten!"
Kaum konnten ihn die Soldaten vom König losreißen. Und es nützte auch nichts mehr, die Reue kam zu spät.
„Ich wünsche Ihnen eine gute Nacht, meine Herren Richter", sagte Hänschen und schritt königlich, ernsthaft und ruhig aus dem Saal.
Zwanzig Soldaten mit blanken Säbeln führten ihn über Korridor und Hof in die Zelle.
Er legte sich sofort auf seinen Strohsack und tat, als schlafe er.
Dann kam der Pfarrer, aber es tat ihm leid, den Schlafenden zu wecken. Er sprach ein Gebet, wie man für Leute betet, die zum Tode verurteilt sind, und ging wieder hinaus.
Hänschen tat, als schlafe er fest, woran er aber in dieser Nacht dachte und was er fühlte, das blieb für immer sein Geheimnis.

* *
*

Hänschen wurde zur Hinrichtung geführt.
In seinen goldenen Ketten schritt er mitten auf dem Fahrdamm. An den Straßenrändern standen Soldaten und hinter den Truppen die Einwohner der Hauptstadt.
Es war ein schöner Tag. Die Sonne schien, alle waren auf die Straße gegangen, um zum letzten Mal ihren König zu sehen. Viele Menschen hatten Tränen in den Augen. Hänschen aber sah diese Tränen nicht, es wäre ihm sonst leichter gefallen, in den Tod zu gehen.
Diejenigen, die Hänschen liebten, schwiegen, denn sie fürchteten sich, ihm angesichts des Feindes ihre Liebe und Achtung zu zeigen. Und was hätten sie auch rufen sollen? Sie waren so daran gewöhnt: „Vivat, er lebe hoch" zu schreien, aber paßte das jetzt, da der König zum Tode geführt wurde? Um so lauter dafür schrien all die Säufer und Taugenichtse, denen der junge König mit Absicht in Hänschens Keller hatte Wein und Schnaps ausschenken lassen:

„Oh, da kommt er ja, der König, der Zaunkönig. Ist der aber klein. Weine nur nicht, Zaunkönig Hänschen, komm, wir putzen dir das Näschen."

Hänschen hob sein Haupt nur noch mehr, damit alle sehen sollten, daß seine Augen trocken waren, nur die Stirn runzelte er. Er schaute zum Himmel, zur Sonne empor.

Er hörte und sah nicht einmal, was um ihn herum geschah. Sein Kopf war voll anderer Fragen: Was war mit Klu-Klu geschehen? Wo war Toni? Warum hatte der traurige König ihn verraten? Was sollte aus seinem Staat werden? Ob er wohl Vater und Mutter wiedersehen würde, wenn ihm die Kugel den Lebensfaden zerriß?

So schritt er durch die ganze Stadt, so stand er vor dem Pfahl am Rande seines Grabes. Und so stand er auch blaß und ruhig da, als ein Zug Soldaten die Gewehre lud und auf ihn anlegte.

Und genauso ruhig hörte er im letzten Augenblick seine Begnadigung an:

„Statt der Erschießung – Verbannung auf eine unbewohnte Insel."

Ein Auto fuhr vor und brachte Hänschen ins Gefängnis zurück: In einer Woche würde die Reise losgehen.

Liebe Leser,

als der Verfasser dieser Geschichte aussah wie auf der Fotografie der ersten Seite, hieß er noch nicht Janusz Korczak, sondern Henryk Goldszmit. Noch waren seine Eltern wohlhabend und er ein behütetes ,,Salonkind''; so heißt der Titel eines seiner frühen Romane, und für sie nahm er dann den Schriftstellernamen Janusz Korczak an.
Henryks Vater starb früh, die Familie verarmte und der junge Medizinstudent mußte sein Studium verdienen und seine Mutter unterstützen. Schon damals sammelte er die vernachlässigten Kinder der Armenviertel in Warschau um sich, erzählte ihnen Geschichten und arbeitete in Sommerlagern als Erzieher unter ihnen. Er wurde ein bekannter Kinderarzt und Schriftsteller. Mit 32 Jahren jedoch brach er seine Laufbahn ab, um ganz für die Kinder zu leben, die am nötigsten der Hilfe bedurften: er übernahm das Warschauer Waisenhaus für arme jüdische Kinder.
Er war 45 Jahre alt, als er ,,König Hänschen'' schrieb, heute noch ein Lieblingsbuch der polnischen Kinder.
Als dann das nationalsozialistische Deutschland in Polen einmarschierte und Warschau besetzte, kämpfte er bis zuletzt um Brot, Gesundheit und ein bißchen Fröhlichkeit für seine Kinder. Obwohl es ihm freistand, das eigene Leben zu retten, bestieg er mit ihnen den Eisenbahnwagen, der sie alle in den Tod führte. An der Spitze des Zuges der 200 Kinder durch die Straßen von Warschau zum Verladeplatz nach Treblinka aber flatterte die grüne Fahne des Waisenhauses, die Fahne König Hänschens, die im zweiten Band dieser Geschichte eine wichtige Rolle spielen wird. Dieser zweite Band ist unter dem Titel ,,König Hänschen auf der einsamen Insel'' im Herbst 1971 erschienen.
Janusz Korczak wurde 1878 in Warschau geboren und starb im Vernichtungslager Treblinka im Jahre 1942.
1972 wurde er posthum mit dem Friedenspreis des Deutschen Buchhandels ausgezeichnet. *E. H.*

Janusz Korczak

König Hänschen I

Aus dem Polnischen von Katja Weintraub. Mit einem Nachwort von Elisabeth Heimpel. Vier farbige Illustrationen von Jerzy Srokowski. 4. Auflage 1973. 322 Seiten, Leinen. ISBN 3-525-39106-4

König Hänschen auf der einsamen Insel

Mit einem Nachwort von Elisabeth Heimpel. Aus dem Polnischen von Katja Weintraub. Durchges. von Klaus Staemmler. Sieben farbige Illustrationen von Jerzy Srokowski. 2. Auflage 1973. 186 Seiten, Leinen. ISBN 3-525-39144-7

Wie man ein Kind lieben soll

Einleitung von Igor Newerly. Hrsg. von Elisabeth Heimpel und Hans Roos. Aus dem Polnischen von Armin Dross. 9. Auflage 1989. XXXIV, 366 Seiten, kartoniert. ISBN 3-525-31510-4 und Leinen. ISBN 3-525-31502-3

Das Recht des Kindes auf Achtung

Einleitung von Igor Newerly. Mit einem Nachwort von Elisabeth Heimpel und Hans Roos. Aus dem Polnischen von Armin Dross. 4. Auflage 1988. 379 Seiten, Paperback. ISBN 3-525-31508-2

Wenn ich wieder klein bin

Und andere Geschichten von Kindern. Aus dem Polnischen von Ilka Boll und Mieczyslaw Wojcicki. 1973. 386 Seiten, Leinen. ISBN 3-525-31509-0

Begegnungen und Erfahrungen

Kleine Essays. Aus dem Polnischen von Ruth Roos und Nina Kozlowski. (Kleine Vandenhoeck-Reihe 1372). 4., unveränderte Auflage 1991. 66 Seiten, kartoniert.
ISBN 3-525-33332-3

Tagebuch aus dem Warschauer Ghetto 1942

Mit einem Vorwort von Friedhelm Beiner. (Kleine Vandenhoeck-Reihe 1562). 1992. 119 Seiten mit einer Abbildung, kartoniert. ISBN 3-525-33579-2. Der Text ist in »Das Recht des Kindes auf Achtung« enthalten.

dtv junior Bücher für Leser ab 8 Jahren

dtv junior 70241

dtv junior 70164

dtv junior 70110

dtv junior 7258

dtv junior 7231

dtv junior 7305